修習止觀之鑰

《菩提道次第略論·上士道·止觀品》解說

宗喀巴大師　造論

法尊法師　翻譯

大寂法師　解說

止，用來修定

觀，用來發慧

止觀雙運，才能證得究竟解脫、空性、無我

CONTENTS

第六卷　止觀
奢摩他——止

CONTENTS

第七卷　止觀
毗婆舍那──觀

第八卷　止觀

毗婆舍那——觀

前言

　　當你看到本書從第六卷開始講解時，可能會想尋找前面的講解內容，不用找了，我只有針對第六卷之後的〈止觀品〉作講解。

　　雖然師父沒有從頭解說，只是解說上士道的最後兩品──止觀二品，那是因為全台灣有不少地點在不斷解說前面的部分，但是他們很少解說最後兩品，因為這部分必須要實修實證，而他們多數不禪修，只解說而不禪修，是無法獲得實證，而且也難以真正解說得清楚，這是當初我發心解說最後兩品的原因，實在太少人講了。

　　《廣論》內容較多，《略論》內容較少，但該講的重點，《略論》不會少於《廣論》，該有的重點，《略論》都列舉了，只是引經據典較《廣論》少而已。願大家讀完上士道的最高兩品，皆能生起修止觀的興趣，早日實修求解脫，切莫耽溺於生死輪迴，痛苦沒有休止的一天啊！

第六卷　止觀

奢摩他──止

1・作為因緣及果報的止觀

【原文】

學後二度，即修止觀，以止觀即後二度所攝故。解深密經說：「大小乘世出世間一切功德，皆是止觀之果。」問，止觀豈非修所成之功德，說一切功德皆是彼二之果，云何應理。曰，真實止觀，如下所說是修所成之功德，非大小乘一切功德皆是彼果。今將緣善所緣心一境性以上之三摩地皆收入止品，簡擇如所有性，或盡所有性之善慧，皆攝入觀品，故密意說三乘一切功德皆是止觀之果，亦不相違。

　　學習六波羅蜜的後兩個波羅蜜──禪定及般若──即是修止觀，因為止觀方法乃由後兩個波羅蜜所總攝。《解深密經》說：「大小乘佛法、世間法、出世間法的一切功德，皆是修止觀之後所得的果報。」

　　1. 止觀之嚴格意義：由修所成慧修出的功德，是真實止觀，此時的止觀是果報，修所成慧是因緣。

　　2. 然而，在未成就真實止觀前，在修行過程中，只要把心放在善的所緣境，心專注在一境，因而成就三摩地，皆屬於「止」。

　　3. 凡是用智慧簡擇諸法之如所有性及盡所有性的，皆屬於「觀」。

　　依第2點及第3點，密意說菩薩乘、聲聞乘、獨覺乘修行的一切功德，都是修習止觀所生出的結果，此時的止觀

是因緣，三乘之一切功德是果報。

2 · 止觀之所斷

【原文】

又解深密經云：「眾生為相縛，及為粗重縛，要勤修止觀，爾乃得解脫。」言粗重者，謂最能增長顛倒心之習氣。相，謂貪著邪境，能長養前後習氣者。慧度教授論說：「前者是觀所斷，後者是止所斷。」此等是已有止觀名者之勝利，餘未說止觀名者，凡說是靜慮般若之勝利，當知皆是此二之勝利也。

眾生被兩種情況綁住：
1.被貪著的外相綁住
2.因充斥煩惱而被內心的粗重感綁住
結論：勤修止觀，才能從以上兩種情況中解脫出來

修止：能斷除所貪著的種種外相
修觀：能斷除因煩惱而引發的種種內心粗重感

修止，正是修六波羅蜜的第五波羅蜜 —— 靜慮波羅蜜
修觀，正是修六波羅蜜的第六波羅蜜 —— 般若波羅蜜

3 · 止觀能總攝一切禪定

【原文】

解深密經說：「大小乘無邊三摩地，皆是止觀所攝。」故求三摩地者，不能廣求無邊差別，當善求三摩地總結之止觀修法也。

　　《解深密經》提到：「大小乘法的無量無邊三摩地，皆是止觀所總攝。」

　　所以，想實修實證種種禪定的人，實在沒辦法廣求無量的三摩地，返歸一切三摩地之總結──止觀之修法，才是比較切合實際的做法。

4 · 止的自性

【原文】

如解深密經云：「即於如是善思惟法，獨處空閒，內正安住，作意思惟，復即於此能思惟心內心相續作意思惟。如是正行多安住故，起身輕安，及心輕安，是名奢摩他。」義謂令心不散相續安住，故心能任運住於所緣，若時引生身心輕安之喜樂，此三摩地即成奢摩他。此由內攝其心令不散亂，即能引生，不待通達諸法真理也。

　　止，梵文śamatha，音譯是奢摩他，凡是善思惟法的人，開始獨自一個人住在空閒的地方，安住於內在，注意

力投向禪修的所緣境，相續地注意目標，不斷安住在這樣子的行持後，有一天生起身輕安及心輕安，這就是奢摩他（或止）。

修止，意味著令心不散亂，相續安住於所緣。當心能自然而然、任運而住在所緣境時，引發身心輕安之喜樂，這樣子的禪定或三摩地，即是奢摩他的成就。

這樣的成就，只需把心向內收攝，令心不散亂地安住於所緣，即能引生如此的成就，此種成就並不需要通達諸法之真實義。因為通達諸法之真實義，是修觀所引發的，不是修止所引發的。修止所引發的，是入定、身心輕安、喜樂。

5・觀的自性

【原文】

解深密經云：「彼由獲得身心輕安為所依故・捨離心相・即於如所善思惟法內三摩地所行影像・觀察勝解。即於如是勝三摩地所行影像・所知義中・能正思擇・最極思擇・周遍尋思・周遍伺察・若忍・若樂・若覺・若見・若觀・是名毘婆舍那。如是菩薩能善巧毘婆舍那。」正思擇・謂思擇盡所有性・最極思擇・謂思擇如所有性。尋思・謂粗尋思・伺察・謂細伺察。

宗喀巴引用《解深密經》：

「經由禪修，獲得身心的輕安後，非常輕鬆自在地捨離『對外在攀緣而顯現於心的種種貪愛相』，進而對於禪定所生出的種種幻相加以觀察，並以佛法的真理來確認那些幻相是否都符合真理。亦即通過殊勝的禪定中所顯現的影像或幻相，修四種毗婆舍那──能正思擇、最極思擇、周遍尋思、周遍伺察。」

四種毗婆舍那，在《瑜伽師地論》有解釋：

一、能正思擇

對於三種境界思擇「盡所有性」。先解釋盡所有性：窮盡一切雜染法及清淨法，窮盡蘊、處、界，盡一切可能性去觀察。

（一）淨行所緣境界

1. 貪愛較多的修行者，修不淨觀

2. 瞋恨較多的修行者，修慈悲觀

3. 愚癡較多的修行者，修緣起觀

4. 驕慢較多的修行者，修界差別觀

5. 妄想較多的修行者，修入出息念

（二）善巧所緣境界

1. 蘊善巧，觀察五蘊

2. 界善巧，觀察十八界

3. 處善巧，觀察十二入處

4. 緣起善巧，觀察十二因緣

5. 處非處善巧，觀察善行、善心生善處，惡行、惡心生惡處。

（三）淨惑所緣境界：修四聖諦

二、最極思擇：觀察「如所有性」

什麼是如所有性？即諸法的真實義，例如聲聞乘的無常、苦、無我，大乘的空性。

三、周遍尋思：盡可能窮盡一切可能性地粗略觀察。

四、周遍伺察：盡可能窮盡一切可能性地細緻觀察。

6 · 若忍、若樂、若覺、若見、若觀

禪坐修觀時，對於禪定出現的幻相，經過周遍尋思（粗思）及周遍伺察（細察）後，對照於佛所說的真理，生起無疑、無懼之心，此即若忍。

無疑無懼後，進一步對止觀生起興趣與意樂，此即若樂。禪修中，於諸法清晰覺照，此即若覺。禪修中，生起能見殊勝境界的心，此即若見。最後，不捨觀境所現之正理，此即若觀。

【原文】

寶雲經云‧「奢摩他‧謂心一境性‧毘婆舍那‧謂正觀察。」彌勒菩薩云‧「應知寂止道‧總集諸法名。應知妙觀道‧思擇諸法義。」又云‧「正住為所依‧為令心住故‧及善擇法故‧是名為止觀。」此說依止正定‧令心安住‧為奢摩他‧善擇法慧為毘婆舍那。菩薩地中亦如是說。

《解深密經》引用《寶雲經》說：

「止或奢摩他，即是心維持在單一的所緣境；觀或毗婆舍那，即是以正理來觀察諸法。」

彌勒菩薩說：

「應該知道『止』的寂靜之道，是把一切法總集為一個單一概念，心專注不移、無分別地維持在此單一概念上。例如把一切法總集為無常，心專注不移、無分別地維持在無常的概念上。

應該知道『觀』的微妙之道，是思擇種種的法義。例如於無常的所緣境上，以觀慧個別地、有分別地去觀察細部的無常，到底哪裡發生無常。」

彌勒菩薩又說：

「止，是為了令心『正安住』下來；觀，是為了善於簡擇諸法。」

依止正定，能令心安住，這是奢摩他或止；善於簡擇

諸法的智慧，這是毗婆舍那或觀。

7‧止觀之區別

【原文】

修次中篇云‧「止息外境散亂已‧於內所緣‧恆任運轉‧若時安住歡喜與輕安俱心‧名奢摩他。若住奢摩他‧思擇真實‧名毗婆舍那。」慧度教授論中亦如是說。如瑜伽論及慧度教授論說‧止觀各有緣如所有性與盡所有性二種‧故止觀不由所緣而分。既有緣空性之奢摩他‧亦有未達空性之毗婆舍那。由能止心向外境轉‧令住內所緣‧即名為止。由增上觀照故名勝觀。有謂心不分別而住‧無明了力者名止‧有明了力者名觀‧此不應理‧與前引經論皆相違故。又彼僅是三摩地有無沈沒之差別故。一切奢摩他之三摩地‧皆須遠離沈沒‧凡離沈沒之三摩地‧內心定有明了分故。故是否緣空性之定慧‧就要就彼心是否通達二無我性隨一而定‧心未趣向真實境者‧亦有無量樂明不分別之三摩地故。即未得真實見者‧只要持心令不分別‧現可成辦‧故未達空性者‧生無分別定‧全不相違。若由此門久持其心‧由持心力‧生風堪能‧身心法爾發生喜樂‧故生喜樂亦不相違。生喜樂已‧由喜樂受明了之力‧心亦明了。故不能安立一切樂明不分別定‧皆是通達真實義者。以是當知‧通達空性之三摩地‧固有樂明不分別‧即心未趣向空性之三摩地‧亦多有樂明不分別者‧故當善辨此二之差別也。

《修習次第》中篇提到：

「止息心散亂於外境後，於內在的禪修所緣境，任運恆轉，此時若能安住於歡喜心與輕安之覺受，稱爲奢摩他或止；住於奢摩他的基礎之上，思擇眞實義，稱爲毗婆舍那或觀。」

《瑜伽師地論》及《慧度教授論》都說，止與觀各有緣取如所有性及盡所有性的所緣境，所以止觀不是從所緣境來區別。既有緣取空性之奢摩他，亦有未達空性之毗婆舍那。例如把空性當作一個概念，以無分別心專注於空性，心得寂止，這反而不是修空性之觀慧，而是修止了。相對來說，空性之修習，本來是偏於修觀，可是若把空性當作止的所緣境來修，那就不是修觀了。必須以分別心，於禪定中的種種幻相，以空性勝解作意，簡擇諸影像是否都符合空性正理，如此細膩之簡擇，方屬修觀。

本來心能安止下來，可是心卻攀緣外境，通過禪修，令心重新向內安住，即稱爲止；發心增上觀照，稱爲勝觀。

有人說：心無分別地安住，無明了力，是止，有明了力，是觀。宗喀巴認爲沒道理，因爲違背前面引的經論，充其量，這只能說明禪修中帶不帶有昏沈蓋而已，並不能拿來區別止與觀。眞正來說，一切修止而引發的禪定，

皆需遠離昏沈蓋，凡遠離昏沈蓋的禪定，內心一定非常明了。

因此，緣取空性之禪定與智慧的區別，端看心是否通達人無我與法無我的其中一個來判定。若心未通達無我之真實義，也能有「無量的『喜樂、明了、無分別』」之內涵的禪定，也就是說，沒有真實見到無我的人，只要令心緣取空性、不加分別，雖未通達空性，修久了，當下仍可成就無分別之禪定，未達空性與成就禪定，兩者完全不相違背。

按照這個方式修持久了，風大於內在產生堪能，令行者的身心發生喜樂，所以生起喜樂與未達空性，兩者也互不違背。生喜樂後，由於喜樂的感受特別清楚明了，所以認識樂受的心也明了起來。由此證明，不能安立一切喜樂、明了、無分別之禪定，皆是在通達無我之真實義後，始能發生。沒通達真實義，照樣能成就如此特質的禪定。

因此當知，通達空性之三摩地，肯定有喜樂、明了、無分別心，然而，一顆未通達空性之三摩地的心，也多有喜樂、明了、無分別的特質。所以，應當善於分辨通達空性之觀與未通達空性之止的區別。

8・止觀雙修的理由

【原文】

何故隨修止觀一種不為完足，必須雙修耶。曰，譬如夜間燃燈觀畫，要燈明亮，無風吹動，方能明見諸像。若燈不明或有風動，則必不能明見諸色。如是觀甚深義，亦須了解真實義之無倒智慧，與心安住於所緣而不動，方能明見真義。若但有心不散動之不分別定，而無通達真理之慧，則於三摩地任何薰修，終必不能通達真理。若僅有了解無我之見，而無心一境性之定，亦必不能明見真理，故須雙修止觀。如修次中篇云：「唯觀離止，則瑜伽師心於境散亂，如風中燭不堅穩住，不生明了智慧光明，故當雙修。」又云：「由止力故，如無風燭，諸分別風不能動心，由觀力故，能斷一切諸惡見網，不為他破。」月燈經云：「由止力無動，由觀故如山。」故正攝法經云：「由心住定，乃能如實了知真實。」修次初篇云：「心動如水，無止為依，不能安住，非等引心，不能如實了知真實。故世尊說，由心住定，乃能如實了知真實。」又成就奢摩他，非但能遮正觀無我慧動之過，即修無常、業果、生死過患、慈悲、菩提心等，凡以觀慧修觀察時，散失所緣之過，皆能遮止，各於所緣不散亂轉。故隨修何善，力皆強大。未得奢摩他前，多分散緣餘境，故所修善，力極微弱。入行論云：「諸人心散亂，常被煩惱齧。」又云：「雖經長時修，念誦苦行等，佛說心散亂，所作無義利。」

問：

爲什麼只修止觀其中一種，並不完整或足夠呢？爲何需要雙修止觀二種呢？

答：

譬如夜晚燃燈，觀賞畫作，必須燈夠明亮，且無風吹動油燈，才能看清畫作。如果燈不明亮，或有風吹動油燈，必然不能明顯看見畫中的種種顏色與細節了。按照這個道理來了解止觀雙修的甚深義，就能明白「了知眞實義的無顚倒智慧」與「心安住於所緣境而如如不動」，兩者具足，才能清清楚楚地看見諸法實相。

如果只具有「心不散動的無分別定」，卻沒有「通達眞理之智慧」，那麼不管在禪定中怎麼薰修，終究不能通達眞理。若僅有了解無我之正見，卻不具足「心一境性」之禪定，必然也不能清楚地見到眞理，所以需要雙修止觀。

如同《修習次第·中篇》說：

「唯有觀照，沒有定力的話，禪修中的瑜伽師，心於所緣境就會散亂，就像風中的油燈無法穩定，散亂心無法產生明了的光明智慧，故止觀應當雙修。」

又說：

「由於止的力量，心如無風的油燈，諸分別風不能動亂心；由於觀的力量，能斷除一切種種的惡見，他人無法輕易破壞我們的正見。」

《月燈三昧經》說：
「由止的力量，心如如不動；由觀的力量，心如須彌山般地徹底不動。」

故《正攝法經》說：
「由於心住於禪定，乃能如實了知諸法真實義。」前者是止，後者是觀。

《修習次第·初篇》說：
「心如果像流水那樣動盪不安，沒有依止於『止』的話，不能安住下來。沒有定心，不能如實了知諸法實相，故世尊說：『由於心住在禪定中，乃能如實了知諸法實相。』」

成就了止，不但能避免「正觀無我之智慧」過度動亂的過患，即使在修「無常、業果、生死過患、慈悲、菩提心……等等」時，凡是運起觀慧修觀時，於所緣散亂而無法集中之過失，都能避免，皆能於各種所緣不散亂地修持與運轉。

故不論隨修任何善法，力量都很強大。未得定之前，

注意力很容易流散到其他所緣境，因此，所修的善法，力量極微弱。

《入菩薩行論》說：「眾生的心散亂，常被煩惱啃咬。」

又說：「雖然經歷長時間的修行，以念誦等種種方式修苦行，然而，佛說心散亂的話，所修所作的，將變成沒有利益的。」

9・次第修止觀

【原文】

入行論云：「當知具止觀・能斷諸煩惱・故應先求止。」此說當先修止・次依止修觀。若作是念・修次初篇云・此所緣無定。此說奢摩他所緣無定・前文亦說奢摩他所緣・通法與法性・故可先了解無我義・緣彼而修・則心不散亂之止與緣空性之觀・同時生起。何故必先求止・次乃修觀耶。曰・此言觀前先修止者・非說生無我見須先修止・以無止者亦能生正見故。即生轉變心力之見・亦不須止為先・以雖無止・但以觀慧數數觀察而修・亦能生轉變心力之感觸・不相違故。若相違者・則修無常・生死過患・菩提心等・引生轉變心力之感觸・亦應依止・理相等故。若爾・何為觀前先修止耶。此言生觀者・是說未得修所成之異生。此除下說無上瑜伽部中以證空智修無我理之外・顯教與密教下三部・若未以觀慧觀無我義而修觀察・則定不

生修所成之毘婆舍那，故須修觀。若未成止之前，先求無我了解，數數觀察彼義者，由先未成止故，唯依觀修，不能成止。若不觀察而修安住，依此雖能成止，然除修止法外仍無修觀法，後更須求修觀之法，故仍不出先求止已，次依彼修觀之次第也。此派若不以觀修引生輕安建立為生觀者，則說先求止已次依彼修觀，全無正理。若不作如是次第而修，亦極非理。解深密經說：「要依先得奢摩他而修毘婆舍那。」論云，依前而生後。說明六度中靜慮與般若之次第，即依增上定學引生增上慧學之次第，皆是先修奢摩他，後修毘婆舍那。中觀心論，入行論，修次三篇，智稱論師，寂靜論師等，皆說先求止已後修觀故。雖有少數印度論師說不別求止，初以觀慧觀察，便能生觀，然相背諸大轍論教，非是智者所憑信處。此止觀次第，是約初生時說。後則亦可先修觀，後修止，次第無定也。

集論中說：「有先得觀未得止者，彼應依觀勤修寂止。」此義云何，曰，彼非未得第一靜慮未到定所攝之止，乃未得第一靜慮根本定以上之止。彼復是說證四諦後，依彼進修第一靜慮以上之止。如本地分云：「又已如實善知從苦至道，然未能得初靜慮等，於此無間住心，更不擇法，是依增上慧而修增上心。」總為便如言說故，說九住心通名為止，思擇等四通名為觀，然真實止觀如下所說，要生輕安，乃能安立。

《入菩薩行論》說：「當知具足止觀，能斷除諸煩惱，故應先修止。」

這是說應當先修止，接著才依止修觀。

如果有人這麼想：

「按照《修習次第‧初篇》的說法，止與觀的所緣不一定，例如觀可緣取空性，止也一樣可以緣取空性，並非止有止的所緣、觀有觀的所緣。例如一開始即緣取無我義來修觀，觀慧成就後，再以無我或空性來修止，那麼，心不散亂之『止』與緣取空性之『觀』，便可同時生起，何必一定要先修止，之後才修觀呢？」

宗喀巴答：

「這裡說的修觀之前、先修止，不是說生起無我見，需先修止，因為無止的人也能生正見，也就是說，因正見而產生轉變內心之力量，不須以止為先，就算沒有止，只是以觀慧不斷觀察正見而修，也能感覺到『生起轉變內心的力量』，感覺到那股力量與不先修止，是不相互違背的。

若相互違背，那麼修無常、生死過患、菩提心……等等時，要感覺到『生起轉變內心的力量』，就必須先有止的基礎了。然而，事實上，在修無常、生死過患、菩提心……等等時，很多時候不需要有禪定，也能思惟正理。」

既然很多時候不需要有禪定，也能思惟正理，若是如此，到底為什麼修觀前，要先修止？

這裡說的觀，特指修行還沒有成就的凡夫，如果沒有以觀慧觀察無我義，那麼一定無法成就真實勝觀，故須修觀。如果在沒有禪定之前，先求無我之了解，數數觀察無我義，由於沒有先成就止的緣故，只是保持觀照，是不能修出禪定的。若不觀察無我義，而只是令心安住，依此雖然能成就禪定，然而，除了止法，還有觀法，修止後，應更須求取修觀的方法。所以，仍然不超出先求止、再依止而修觀的次第。

先得止，依止而緣取無我來修觀，這樣的次第才符合正理。依觀引生輕安，不符正理；依止引生輕安，始符正理。因為修觀的所緣境比較錯綜複雜，例如緣取交錯的蓮花花瓣，不易引生輕安。修止，只是單純緣取一個所緣境，易生輕安，生輕安後，再緣取像蓮花花瓣般、較錯綜複雜的對象來修觀，也容易引生輕安了，因為已生起之輕安，容易再生起。而修觀中有輕安之覺受，《瑜伽師地論》說「這才是真實的毘婆舍那」。

總之，止與觀的界限不容易區分，直接修觀，不易引發輕安。【產生輕安的關鍵，在於心調柔與否。】以不調柔心來修觀，無法引生輕安。以調柔心來修觀，易生輕安。然而，心要調柔，主要是通過修止而達成的。是故，欲達成修觀又有輕安的境界，決定不能越過「先修止、再修觀」的次第。

《解深密經》說：

「要先得奢摩他，即止，再依著止修毘婆舍那，即觀。」

《六度論》說：

「依著前面的止而生後面的觀。」

這說明了六度中，靜慮與般若的前後關係，即說明了「依增上定學，引發增上慧學」之次第，皆是先修止，後修觀。

《中觀心論》、《入菩薩行論》、《修習次第》三篇、智稱論師、寂靜論師……等等，皆說先求止的成就，之後修觀。雖然有少數印度論師說不必特別求止的成就，一開始修行便以毘婆舍那觀察五蘊，便能產生觀慧，然而，這些少數論師的教法，與龍樹、無著等諸大論師的教法互相違背，不是有智慧的人所可相信之處。

以上止觀之修學次第，是就剛起修的人而言，修下去之後，也可以先修觀、再修止，次第就不一定了。

【師父解釋：

例如剛修六妙門的人，一定要先按照次第修數、隨、止等六妙門，修了之後，便可不按次第來修，可活用六妙門。

上文提到的印度論師的教法，其實，南傳佛教中，馬

哈希也是純觀之修法，他這種修法，即是宗喀巴所評破的對象。不要以為只有宗喀巴反對一開始就修觀，有一位南傳大長老，也依著四部尼柯耶，引經據典寫了一本書，說明止觀的修習次第，因而也破斥了純觀行者的修行方式。】

問：

《現法集論》中說：「有的人先得觀，未得止，他應該依著觀，精勤修習寂止。」這裡講依觀而修止，這又怎麼說？

答：

這裡並不是說沒有得證未到地定之止，而是說尚未得證初禪及初禪以上的禪定，但是，至少得證初禪的前分定──未到地定。而且論裡又說證得四聖諦後，依著四聖諦，進修初禪以上的禪定。如《瑜伽師地論‧本地分》說：

「已經如實善知四聖諦苦集滅道的人，然而尚未能得初禪以上等定，故以此現觀四聖諦的心，不再修觀、簡擇諸法，而是依著增上慧，進修增上心，加強禪定。」

總之，不能混淆兩件事情：

1. 初學者，必須先修止，再修觀，不能顛倒修習次第。

2. 已得止者，止觀可隨意而修，不必再依次第。

　　爲了便於言說，說九住心爲止（即九相心住，禪七期間講過），「思擇、最極思擇、尋、伺」等四種，稱爲觀。然而，眞實止觀之後會說，要生出輕安，才能安立爲眞實止觀。

10・修止資糧

　　修止觀前，必須先各別學止觀，即先學止法，再學觀法，最後止觀雙運。先學止時，止有六資糧：
　　一、住隨順處
　　二、少欲
　　三、知足
　　四、離諸雜務
　　五、戒清淨
　　六、遠離貪欲等諸煩惱之尋伺

【原文】
一、住隨順處・成就五德之處・一・易得・謂無大劬勞得衣食等。二・善處・謂無猛獸等凶惡眾生及無怨敵等居住。三・善地・謂不引生疾病之地。四・善友・謂戒見相同之友。五・善相・謂日無多人夜靜聲寂。如莊嚴經論云：「具慧修行處・易得・賢善處・善地及善友・瑜伽安樂具。」

二、少欲，不貪眾多上妙衣服等事。

三、知足，僅得微少粗敝衣等，常能知足。

四、離諸雜務，若貿易等事，及太親近在家出家，或行醫藥、算星相等，皆當遠離。

五、尸羅清淨，別解脫戒，與菩薩戒性罪遮罪一切學處，俱不應犯，設放逸犯，當速追悔，如法懺除。

六、遠離貪欲等尋伺，常思貪欲等現法有殺縛等過犯，後法有墮惡趣等過患。或思凡生死事隨愛非愛，皆是無常有壞滅法，彼等不久決定與我分離，我復何為貪著彼等。如是修習，斷除貪欲尋伺。道炬論云：「失壞止支分，雖力勵修行，縱經百千劫，終不得正定。」故諸真欲修止觀三摩地者，當勤集聲聞地所說十三種奢摩他資糧，極為切要。

一、住隨順處，必須住在具足五種品質的地方：

1. 易得：不需要太勞累，就能得到飲食、衣服。（若太勞累，沒有精神再禪修）

2. 善處：沒有猛獸之類的凶惡眾生，並且沒有和怨仇人住在一起。

3. 善地：不引生疾病的地方。

4. 善友：持戒內容、法的見解一致的朋友。

5. 善相：白天沒有很多人，夜晚沒什麼聲音，非常寂靜。如《莊嚴經論》云：「開發智慧的修行處，必須具足『易得、賢善處、善地、善友，心能安樂地修瑜伽』」。

修止有六種資糧，第一種住隨順處已經講完。下面接著講第二種：

二、少欲：不貪求眾多高品質或美麗微妙的衣服等等事情。

三、知足：只是得到微少粗糙的衣服，常能因此就知足。

四、離諸雜務：貿易的俗事、太親近沒修行的在家人或出家人、到處幫人看病、卜卦算命等等，都應當遠離。

五、戒清淨：出家眾的別解脫戒、菩薩戒、性罪、遮罪等一切該持守的戒律，都不應犯，如果放逸懈怠而犯戒，當快速追悔，如法懺悔，清除罪業。

六、遠離貪欲等諸煩惱之尋伺：常常思維貪欲等事，會讓自己做出犯法或害人的事，馬上會面臨司法上被判死罪或被關押，來世則有墮入惡道的過患。或者思維所有凡俗生死的事情，無論相愛或不相愛，都是無常的、導向壞滅的，再怎麼相愛，對方不久之後，決定與我分離，既然一定會分離，我現在又是為了什麼而貪著對方呢！這樣子修習，斷除貪愛等等思維。

《菩提道炬論》說：「失去或毀壞支持『止』的因素，縱然努力、勉勵修行，即使修了百千劫，終究無法得到正定。」所以那些真正想修止觀、得三摩地的人，應當

精進地聚集《瑜伽師地論・聲聞地》所說的十三種止的資糧，極為切中要點。

【師父提醒：

這些多是出家後的事情，在家居士請別對號入座，免得讀完之後，深覺矛盾。另外，你會發現一件事，即使宗喀巴大師整理出修止觀的內容，也是大乘菩薩道禪定波羅蜜及般若波羅蜜的內容，但仍然大量地引用《瑜伽師地論》的〈聲聞地〉，如果深深去理解這裡頭的意趣，你將會發現：所有大乘的修法，都無法脫離聲聞乘的內容。例如空性，無法脫離聲聞乘的緣起法，若脫離緣起法而講空性，將墮入外道的惡取空、頑空。為此之故，學大乘者，應頂禮聲聞乘，失去了聲聞乘的內容，大乘即成外道法，修行者於此，應更加謹慎小心，學法態度應更謙虛才是。會提醒大家這件事，主要是看到很多人講大乘法時，把大乘抬到無比的高，與此同時，貶斥聲聞乘，這種做法，非常不禮貌。看看宗喀巴多麼謙虛，明明在講大乘止觀，每每引用聲聞乘，就可以知道許多修行內涵脫離不了聲聞法。由此，也可知道，學大乘法的核心，一定會同時學到南傳法，一定能通達南傳佛教，因為牽涉到的聲聞法，共通南北傳，南北傳只是不同的部派傳承而已，在部派佛教時代，他們傳的同是聲聞法。】

11・修止之加行

如前所說六加行法及菩提心，當久修習。彼支分中亦應淨修共下中士所緣體性。

　　修止分為加行與正行，加行的部分，必須按照〈道前基礎〉所說的六加行法及〈上士道〉發菩提心的方法，長久修習。也應修習〈下士道〉及〈中士道〉講的所緣體性。

　　欲學大乘禪定，需學〈上士道〉發菩提心之加行法，需學〈中士道〉之出離心，更需學〈下士道〉畏惡趣業果，均莫輕視。

　　〈道前基礎〉所說的六加行法，如下：
　　一、灑掃居住、修行的處所，莊嚴地安置佛像。
　　二、不經由諂諛及誑語所得的種種東西，即如法得到的東西，拿來供養佛。
　　三、接著如《瑜伽師地論・聲聞地》中所說的，「對治昏沈蓋時，必須起身經行，不要再坐著。除了昏沈蓋，對治五蓋的其餘四蓋時，應於自己禪修的地方，結跏趺坐，好好禪修。」

　　四、打坐安住後，緣取皈依境、發菩提心，決定讓這

樣的心取代粗重煩惱，於當前的虛空觀想「廣大瑜伽行與甚深中觀見」的諸大祖師，也觀想無量的諸佛菩薩、阿羅漢、辟支佛及龍天護法，這些都是我們菩提資糧的福田。

五、若自己的修行資糧不夠，修行沒有順緣，那就要積集資糧，並去除逆緣，令業障獲得清淨。修止的條件不具足的話，禪定也生不起來，所以應修習「七支行願」，七支行願能淨治身心，七支統攝了集資與淨罪。修不上去，無非是資糧積集不夠、罪業尚未淨除。

六、經過集資之後，皈依境一定能明顯，這時要把三千大千世界觀想成釋迦牟尼佛的淨土，以最好的東西供養佛，並且以「猛利意樂」，在佛面前多次祈禱：「唯願諸佛加持：『從不恭敬善知識開始，乃至執著人我、法我二種我相，所有一切顛倒的分別心，急速滅除；從恭敬善知識，乃至通達無我的真實義，所有一切無顛倒心，急速生起。內外一切障礙的因緣，悉當寂滅。』」

上述第五加行的七支行願，意思如下：
一、禮敬支
「所有十方世界中，三世一切人師子，我以清淨身語意，一切遍禮盡無餘。」緣取十方三世一切諸佛，以至誠心，以身口意三門總禮敬，不是看別人拜而跟著拜，應觀照三門而敬禮諸佛。智軍阿闍黎解釋：「若只是頂禮一佛，所得福德已經是無量，何況緣取十方三世一切佛。」

二、供養支：分為上供及無上供

上供：「以諸最勝妙華鬘，伎樂塗香及傘蓋，如是最勝莊嚴具，我以供養諸如來。」

無上供：「我以廣大勝解心，深信一切三世佛，悉以普賢行願力，普遍供養諸如來。」

三、悔罪支

「往昔所造諸惡業，皆由無始貪瞋癡，從身語意之所生，一切我今皆懺悔。」

四、隨喜支

「十方一切諸眾生，二乘有學及無學，一切如來與菩薩，所有功德皆隨喜」。

五、勸請轉法輪支

「十方所有世間燈，最初成就菩提者，我今一切皆勸請，轉於無上妙法輪。」

六、請住世支

「諸佛若欲示涅槃，我悉至誠而勸請，惟願久住剎塵劫，利樂一切諸眾生。」

七、迴向支

「所有禮讚供養福，請佛住世轉法輪，隨喜懺悔諸善

根，迴向眾生及佛道。」

12・修止之正行：身體用什麼威儀來修

【原文】
如修次論說，於安樂坐具，身具八法而修。謂足全跏趺或半跏趺。眼注鼻端，不應太開太閉。身不可太俯太仰，應端身內含。肩要平衡。頭應從鼻至臍正直而住，不可過於低昂，及偏一方。齒與唇部隨其自然而住，舌抵上齒。息之出入莫令有聲粗滑，必使徐徐出入無所感覺，無功用而轉。如是先應令身具足八法，尤應善為調息也。

　　講完修止之加行後，開始講解修止之正行，正行分為兩點：一、身體用什麼威儀來修；二、修止次第。

　　一、身體用什麼威儀來修
　　《修習次第・中篇》：「於令人安樂的坐墊上，身體具足八法而修。」

　　八法是指：
　　1. 腳可雙盤或單盤
　　2. 眼注視鼻端，不應開太大，不應閉得太用力。
　　3. 身體不可向前傾或向後仰，應端正身體，稍微含胸。
　　4. 肩保持平衡，不要歪一邊。

5. 頭不歪一邊，從鼻子到肚臍，是一直線。頭不可過於低垂、昂揚或偏於一邊。

6. 牙齒與嘴唇自然閉上。

7. 舌抵上排牙齒。

8. 出入息不要因太粗糙而有聲音，也不要因太急促而顯得太滑，必使呼吸徐徐出入而無所感覺，修到即使沒特別用功，注意力也能於入出息之專注上，任運而轉。

就像這樣，禪坐時，先應令身體具足八法，尤其應該好好調呼吸。【這裡宗喀巴沒再講如何調呼吸，智者大師的《小止觀》有講。】

13・修止之正行：修止次第

【原文】

道次第論多依辨中邊論所說，由八斷行，斷五過失，修奢摩他。善知識拉梭瓦所傳之教授，更於彼上加聲聞地所說之六力，四作意，九住心。慈尊於莊嚴經論與辨中邊論中，亦說九種住心方便及八種斷行。印度智者，如獅子賢論師，蓮花戒論師，寂靜論師等，亦多隨順此論，著有修定次第。此等於密教中亦當了知，如五過失等修定之過失及除過之方便，顯教較密宗說之尤詳也。

大部分講修道次第的論典多依《辨中邊論》而說：「由八斷行，斷五過失」，以此為修止的主幹。

五過失是：

一、懈怠

修止的時候，不樂意修，很快就不想修，覺得困難，感到很多障礙。

二、忘聖言

忘記師父、佛陀、經論的教導。

三、惛沈掉舉

惛沈是心欲振乏力，昏暗無光，頭好低垂，想睡。掉舉是心散亂、太過昂揚、起伏不定或激動。

四、不作行

惛沈或掉舉時，不加以對治，成為過失，稱為不作行。

五、作行

已經入定，克服了惛沈與掉舉，心處於寂靜平穩，卻還繼續修對治法，成為過失，稱為作行。

八斷行是：信、欲、勤、安、念、知、思、捨。

《辨中邊論·中卷》說：

為斷除懈怠，修習「信、欲、勤、安」。

所依——希欲真理，依著此種希欲，才會發起精進之
修行

能依——精進修行，由於希欲真理，發起精進

所因——信受正理，因為此信，生起希欲真理之動力

能果——輕安，此乃精進修習之成果

為了斷除其餘四種過失，修習「念、知、思、捨」。

念：憶念、記住聖人及經典的言說，不忘記聖言。

知：正知，隨時覺察惛沈或掉舉而加以對治。

思：由於能覺察惛沈與掉舉，為了降伏與拔除它們，
發起加行。

捨：惛沈與掉舉斷滅之後，心便安住於捨，心平等地
流動著。

八斷行及五過失的關係如下圖：

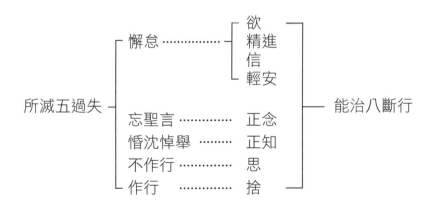

善知識拉梭瓦所傳之教授內容，更於八斷行之上，加上《瑜伽師地論‧聲聞地》的九相心住、六力、四作意。【這部分內容，我在每次的禪七中，已多次教授，不再贅述。】

　　彌勒菩薩於《莊嚴經論》及《辨中邊論》中，也說明了九相心住及八斷行。印度智者，例如獅子賢論師、蓮花戒論師、寂靜論師等，也多隨順以上論點，寫了有關修定的次第。這些內容，在密教中，也應當了解，像五過失等修定之過失及去除過失之善巧方便，顯教的論述比密宗更為詳盡。

　　修止次第分為兩點來說明：一、無五過失而達到三摩地的修法；二、引生住心之次第。

　　五過失，即八斷行所斷除的五種過失，上一篇文章已說明。無五過失而達到三摩地的修法，又分為三點：

　　一、心住於所緣境之前，應如何修持；二、心住於所緣境之時，應如何修持；三、心住於所緣境之後，應如何修持。

【原文】

若不能滅除不樂修定樂定障品之懈怠，初即不趣向修定，縱修一次亦不能繼續，旋即退失，故滅除懈怠為首要。若得身心喜樂之輕安，則能畫夜勤修善行，無所厭倦，懈怠已滅，然引生輕安必常精進修三摩地。引發精進，復須

於三摩地常有猛利之欲。此欲之因，須由見三摩地之功德，引發堅固之信念，故當多思三摩地之功德，修習信念也。如辨中邊論云：「即所依能依，及所因能果。」所依謂欲，勤修依故。能依謂勤，或名精進。深信功德是欲之因。輕安是精進之果。此中所修三摩地之功德，謂成就奢摩他已，身樂心喜現法樂住。由得身心輕安故，於善所緣心能隨願久住。由於邪境已息滅散亂無主，故不生諸惡行，隨作何善皆強有力。由此為依，即能引生神通變化等功德。又由依彼，便能引生通達空性之毘婆舍那，速能斷除生死之根本等。由思何種功德能增修定之勇心，即當了知修習。若生此心，便能相續修定，定極易得。已得定者，若數數修，定則難失。

先說明心住於所緣境之前，應如何修持：

前面論及五過失，第一種是懈怠，若不能滅除「不樂於修禪定」或「樂於禪定的障礙」──懈怠，那麼在一開始修行的時候，就不會往禪修的方向走了，縱然禪修過一次，也無法繼續修下去，只修一次的功夫與境界，馬上退失，無法累積、往上進步，故滅除懈怠，最為首要。

禪修之後，若得身心喜樂之輕安，則能日夜精進地修下去，不會感到厭倦。懈怠滅除後，才會引生「輕安且必然常常精進修持」的三摩地。引發禪修之精進後，復須於禪定常常有猛利之希欲，引發此希欲之原因，必須經由深見禪定之功德引發堅固的禪修信念，所以，應當多多思惟

禪定的功德，令禪修之信念堅固不動搖。

如《辨中邊論》說：「即所依、能依，及所因、能果。」

「所依靠」的體，是希欲，能依是精進，精進必須依靠希欲，才會生起精進。深信禪修有功德，是希欲生起的原因，輕安是精進的結果。這裡頭談到的「禪定功德」，是指成就「止」後，身體安樂、心裡喜悅，現法樂住——當下住於安樂中。由於得到身心輕安的緣故，對於禪修的善所緣境，心能隨著自己的心願，長久安住，心裡想住禪定多久，就住多久。

由於注意力已經不再注意邪惡的對象，滅除了散亂無主的心，所以不再產生種種惡行，因此，隨著做任何一種善法，心專注的緣故，所做的善法都強而有力。依於止的力量，即能引發神通變化等功德。又依於止的緣故，便能引生通達空性之觀慧，此慧速能斷除生死之根本。

由於思惟何種功德能增進修定的勇猛心，了知哪種功德有幫助之後，就經常修習與思惟。若生勇猛心，便能持續修禪定，禪定就會變得極容易獲得。已經得到禪定的人，若數數修習，禪定將很難失去。

【原文】
世尊說有四種瑜伽所緣‧初周遍所緣有四‧謂不分別與分

別之二種所緣。如所有性盡所有性立事邊際性。由前二修法，緣如所有性盡所有性而修，得轉依時，立所作成辦。二·淨行所緣有五，謂由前生中多行貪欲·瞋恚·愚癡·我慢·尋思，其對治法，如其次第為修不淨·慈悲·緣起·界別·出入息所緣。三·善巧所緣，亦有五，謂善巧蘊·界·處·十二緣起·處非處所緣。四·淨惑所緣有二，謂上下地之粗靜相與無常等四諦十六行相也。其中淨行所緣，易滅貪等增上行者之貪等煩惱，依此易得妙三摩地，故是殊勝所緣。善巧所緣，易破離彼諸法之人我，順生通達無我之毘婆舍那，故是賢善奢摩他所緣。淨惑所緣，能總對治煩惱，義利極大。周遍所緣，非離前所緣而別有，故當依止具殊勝義之奢摩他所緣修三摩地。若緣木石等修三摩地，顯是不知三摩地所緣之建立也。

　　心住於所緣境之時，應如何修持？

　　可分兩點說明：一、說明心所住的所緣；二、心如何安住。

　　說明心所住的所緣，又可分為兩點：一、總建立所緣；二、說明此處的所緣。

　　總建立所緣，又分為兩點：一、正明所緣；二、說明何種人應緣取何種所緣境。

　　現在開始解釋「正明所緣」，世尊說有四種瑜伽所緣境：

　　一、周遍所緣有四種

1. 無分別

2. 有分別

3. 事邊際

4. 成所作

前兩種，依心而安立，3是依境而安立，3的內容包含了如所有性、盡所有性。4是依果而安立。依著1與2，緣取3而修，得以轉依時，4得以安立。

二、淨行所緣有五種

隨著前世多行貪欲、瞋恚、愚癡、我慢、尋思之煩惱，所以分別有其對治法。

1. 不淨觀——對治貪欲

2. 慈悲觀——對治瞋恚

3. 緣起觀——對治愚癡

4. 界分別觀——對治我慢

5. 出入息——對治尋思（胡思亂想）

三、善巧所緣有五種

1. 蘊善巧

2. 界善巧

3. 處善巧

4. 十二緣起

5. 處非處

四、淨惑所緣有二種

1. 觀察下地之粗相與上地之靜相
2. 觀察由四聖諦所開展的十六行相

　　其中，第二類的淨行所緣，容易滅除懷有比較嚴重的貪等修行者的煩惱，依此容易得到微妙的三摩地，所以是殊勝的所緣境。第三類善巧所緣，容易破除我執，順利生起通達無我之觀慧，所以是非常賢善之止的所緣。淨惑所緣，能總合起來對治煩惱，利益極大。周遍所緣，並非離開前面那些所緣而另外存在，所以應該依止具足殊勝意義的止的所緣，修習三摩地。如果緣取石頭或木頭來修三摩地，顯然不懂三摩地所緣如何建立了。

【原文】

若是貪欲增上乃至尋思增上之人，則如頡隸伐多問經所說，如其次第當修不淨乃至出入息所緣，各別決定。若是等分行及薄塵行人，則於上說諸所緣中，隨何種即可於彼攝心，無須決定。其貪等五增上行者，謂往昔生中於貪等五亦多修習，故於下品貪等五境，亦生長時貪等。等分行者，謂往昔生中，於貪等五不曾修習，然於彼等未見過患，故於彼境無有猛利長時貪等，然非不生。薄塵行者，謂往昔生中，於貪等五不曾修習，見彼過患，故於眾多上品可貪等境貪等徐起，於中下境則全不生。又貪等五增上行者要長時修，等分行者非極長時修，薄塵行者速證心住。

若是貪欲嚴重，乃至胡思亂想嚴重的人，就應該像《頡隸伐多問經》中所說，按照順序當修不淨觀、……、乃至觀呼吸，根據哪種煩惱嚴重而決定對治法。若是每種煩惱都差不多、沒有哪個煩惱較重的人，或者煩惱非常薄的人，那麼就按照淨行所緣的五種修法，每個都修修看，看哪一種能對治自己的煩惱，就用那一種修法，不需要一定修某一種特定的修法。

　　至於貪欲嚴重，乃至胡思亂想嚴重的人，是因為過去世中，於貪等五種煩惱過多薰習的緣故，所以對於低層的貪等五種境界，產生了長時間的貪等煩惱。至於五種煩惱都差不多、沒有哪個煩惱較重的人，那就是於貪等五種煩惱未曾薰習，然而於五煩惱還沒見到過患，雖然於貪等五種境界沒有生起嚴重猛利的長時間貪等五煩惱，卻不是完全不生起。

　　至於煩惱非常薄的人，是過去世中，於貪等五煩惱不曾薰習，卻有見到它們的過患，所以對於眾多高層微妙的貪等境界，貪等煩惱少量生起，於中層及低層較粗的境界，貪等煩惱完全不生。

　　五煩惱嚴重的人，要花很長的時間修習；五種煩惱都差不多、沒有哪個煩惱較重的人，則不需要花太長時間修習；煩惱非常薄的人，心非常快速穩定、寂靜、入定。

【原文】

問·此處當依何種所緣修奢摩他耶。曰·總如前說諸人所緣·各別決定·尋思增上者·修息尤為切要。又修次中下二篇·依於現在諸佛現住三摩地經與三摩地王經說緣佛身修三摩地·覺賢論師亦說緣佛身修三摩地。如道炬論釋中所引緣佛身像持心·即隨念佛故·能生無邊福德·若彼佛身明顯堅固·可作禮敬·供養·發願等·修福懺罪之田·故緣彼最勝。又臨命終時·有不失念佛等功德。若修密宗·於本尊瑜伽尤為殊勝。有如是等眾多利益也。如三摩地王經云：「佛身如金色·相好最端嚴·菩薩應於彼·住心修正定。」此復有新觀想者·與於原有令重光顯之二法。後法易生信心·且順共乘·故當如彼修。先求持心之所緣·謂當覓一若畫若鑄工最精妙之大師像·數數瞻視·善取其相·令心中現·或由師長曉喻·思所聞義·令意中現·以此為所緣境。然不應作繪鑄等像想·當令現為真實佛像。有說將佛像置於面前·用目注視而修者·智軍論師善為破斥·極其應理。以三摩地非由根識而修·要由意識中修。故三摩地之親所緣境·即是意識親境·要於彼境攝持心故·及說是緣前述真境之形像或總義故。又身像之粗細二分·有說先緣粗分·待彼堅固之後·再緣細分。自心亦覺粗分易於現起·故當先以粗分作所緣境·尤於真奢摩他未修成之前·不可多換異類所緣。若多換異類所緣修三摩地·反成修止之最大障礙故。如聖勇論師云：「應於一所緣·堅固其意志·若轉多所緣·意為煩惱擾。」道炬論亦云：「隨於一所緣·令意住善境。」如是初得攝心所緣

之量，謂先漸觀想頭部、雙手、身軀、二足，令其明顯，次於身之總體作意思惟，若粗支分於心現起，縱無光明，亦應知足，於彼持心。若不於彼知足持心，欲求明顯，更數觀想，縱使所緣略為明顯，非但不得堅固妙三摩地，反成得定之障礙。又彼所緣雖不甚顯，但於粗分持心，亦能速得妙三摩地。次令明顯，極易成故。此本智軍論師教授，極為重要。又緣總身時，若身一分明顯，即緣彼分。若不明顯，仍緣總身。若欲修黃色而現紅色等顏色不定，若欲修坐像而現立像等形像不定，或欲修一尊而現二尊等數量不定，或欲修大像而現小像等形量不定，則不可隨轉。唯應以根本所緣為所緣境也。若修密咒本尊瑜伽，本尊形相必須明顯，相未顯時，以多方便修令顯現。此中佛像若太難現，可於前說隨一所緣，或於真實見上攝持其心修三摩地，以此主要在修止故。

這裡開始「說明修止之所緣」：

有人問：這裡要依何種所緣修止呢？

答：就像前面說過，每個人的所緣應各別決定，並非都是同樣的所緣。胡思亂想嚴重者，觀呼吸尤為切要。又《修習次第》中篇、下篇，依於《現在諸佛現住三摩地經》與《三摩地王經》，說緣取佛身來修三摩地，覺賢論師也說緣取佛身來修三摩地。《道炬論釋》提到緣取佛的身像來修持心，由於隨時隨地隨念佛的緣故，能生無邊福德。

如果修到緣取的佛身非常明顯與堅固，就可以開始作為禮敬、供養、發願、修福、懺悔罪業的福田了，所以緣取佛身最殊勝。又臨終時，念頭不會離開念佛，有這樣的功德。

例如《三摩地王經》說：
「佛陀的身體如黃金般的顏色，相好最端嚴，菩薩應於佛身，住心修正定。」

以佛身為所緣境，又分兩種：一、心新觀想的佛身；二、緣取原有的佛像，使它更為明顯。後者易生信心，而且順於下士道與中士道，因此應當按照此法來修。

先求心所專注的所緣境：
先尋找一尊畫的或鑄造的最精妙的佛像，無數次地瞻視，善取其相，令佛像於心中顯現。或者由師父用譬喻的方式指導，行者思惟所聽聞的內容，令佛於意念中顯現，以此為所緣境。

重點是：不應把意念中的佛身，當作只是繪畫或鑄造的佛像，而應把它當作真實的佛身顯現。有人說把佛像放在面前，用眼睛注視佛像而修，智軍論師完全破斥此種教法，智軍的破斥非常正確。因為三摩地並不是經由前五根或前五識而修出來的，而是經由意識中修出來的。故三摩地的「親所緣」，即意識親近的對境，要於此境攝持自

心，即緣取前述真境之佛的形象。

【師父解析：

一、所緣境分爲親所緣及疏所緣，疏所緣指的是外在世界，即前五識所認識的「前五塵」，前五塵即疏所緣。親所緣指的是內在，即意識所認識的「法塵」，法塵即親所緣。宗喀巴強調所緣境並不是外面的佛像，而是內在意念所現之佛身。

二、宗喀巴雖然反對「有人說把佛像放在面前，用眼睛注視佛像而修」，但他又說「先尋找一尊畫的或鑄造的最精妙的佛像，無數次地瞻視，善取其相，令佛像於心中顯現」，這兩種說法是互相矛盾的。事實上，南傳《清淨道論》的「十遍處」修法，及北傳《釋禪波羅蜜》的「十一切處」的修法，或者南北傳都共許的光明想、日輪觀修法，都允許緣取外境而得心一境性。緣取外境，並不是一直看著外境，緣取外境是爲了不必再緣取外境，而能在閉上眼睛時，牢牢記住，令境相顯現於心中。爲此之故，宗喀巴反對的論點，似乎前後不一致，因爲：一、他自許先數數地瞻視外在的佛像，二、其它論師緣取外相的修法，與宗喀巴是一致的，都是爲了令心中的影像明顯。因此，宗喀巴的這個破斥點，應該是針對那些一直張開眼睛緣取外在佛像的人而說的。張開眼睛，是爲了記住佛像，使得閉上眼睛時，佛像能清晰顯現。】

以佛身為修止之所緣境的話，佛身又分粗與細，有人說先緣取粗的部分，等待這部分修持到很堅固之後，再緣取細的部分。自心也感覺粗的部分容易現起的話，就應當先以粗的部分作為所緣境，尤其在真的止未修成之前，不可常換不同類的所緣境。若常換不同類的所緣境來修三摩地，反而成為修止的最大障礙。

　　就如聖勇論師說：
　　「應於同一個所緣境，堅固你的意志，不斷修下去，若轉換太多所緣，意念容易被煩惱所擾亂。」

　　《菩提道炬論》也說：
　　「應該於同一個所緣，令意念安住於善所緣境。」

　　最初，想從佛身的所緣得以攝心的話，可依次觀想頭部、雙手、身軀、二足，令它們明顯。接著，把注意力投向佛身總體，加以思惟。如果粗的部分於心中現起，縱然沒有發出光明，也應感到知足，繼續修下去，繼續持心。若不於此知足而繼續持心，想求佛身光明與更明顯之相，因而數數觀想，縱然因此而稍加明顯，非但無法得到堅固的微妙三摩地，反而成為得定的障礙。

　　雖然剛開始修的時候，所緣不甚明顯，但是只要對於粗的部分持心，也能快速得到微妙的三摩地。接著再求更明顯的相，也極容易成功。這本來是智軍論師所教授的內

容，極為重要。

又緣取佛身全體時，若身體有一部分明顯，就緣取明顯的部分。若緣取一部分而不明顯，仍回過來緣取全身。如果想修黃色的相，卻顯現紅色等其它顏色的相；如果想修坐的相，卻顯現站立等其它姿勢的相；若想修一尊的相，卻顯現二尊等其它數量的相；或者想修大的相，卻顯現為小相或其它形量的相；這些情況，就不可以隨著情況而轉變所緣境了。此時，都必須回到你本來所修的根本所緣，作為你本該注意的所緣境。

若修密咒、本尊瑜伽，本尊形相必須明顯，形相未明顯時，以種種善巧方便修持，令它明顯。此中，如果佛像太難顯現，可以按照前面說過的種種所緣，隨取一種來修，或者於真實的空性見地上，攝持自心而修三摩地，因為這裡主要在於說明修止的緣故。

14・修止之正行：無過軌

【原文】

此中所修之三摩地．要具二種殊勝．謂心具極明顯分之力．及具專注所緣之無分別住分。有於此上加安樂為三者。有更加澄淨為四者。然澄淨有二．一．能緣心之澄淨．較淨玻璃器中滿注淨水．置日光下．尤為澄淨。二．境之澄淨．如柱等境相．細至極微．似亦能數。此二皆由

斷盡微細沈沒，極明顯分之所引生，故離初分不須別說。適悅行相之喜樂受，是此處所修三摩地之果德，初靜慮未到定所攝之三摩地中猶不得生，故此不說。沈沒能障如是明顯，掉舉能障無分別住，故沈掉為修清淨三摩地之最大障礙也。若不認識粗細沈掉及除沈掉修淨定法，尚不能生正奢摩他，況云毘婆舍那。故求三摩地之智者，應當善巧彼理也。沈掉是修止之違緣，正明違緣與破除之法，俱如後說。此唯當說修止順緣引生三摩地之理。此中之三摩地，謂心專注所緣之住分，復是相續住於所緣，此須令心專注所緣不散亂之方便，及散未散亂如實了知之二事。初即正念，次即正知。如莊嚴經論釋云，念與正知，是能安住。一於所緣，令心不散，二心已散能正了知，若失正念，忘失所緣，於此無間便失所緣，故不忘所緣之念為根本。由此念故，令心安住所緣之理，謂如前說觀慧所緣，若能現起，最低限度即應令心用力攝持，使心策舉，不新觀察。如集論云，云何為念，於串習事心不忘為相，不散為業。此說念具三種差別，一，境之差別，謂未曾習境念即不生，故云於串習事，此處即令現起先所決定之所緣境相。二，行相差別，謂心不忘，此處即不忘所緣境也。不忘之理，非因他問或自觀察，僅能憶念師長所教之所緣如此，是要心住所緣一類記念，不少散亂，倘少散亂其念便失，故心住所緣後，當念如是已住所緣，將護此心勢力，相續不斷，次即不復重新思察，是為修念最重要處。三，作用差別，謂於所緣令心不散。如是謂心令住所緣，如調象喻，謂如一牢樹或柱，用多堅索繫縛野象，若依象師所

教而作者善。若不依作，即用利鉤數數治罰而令調伏。心如未調之象，用正念索，繫於前說之所緣堅柱。若不安住者，當以正知鉤擊，漸得自在。如中觀心論云：「意象不正行，於所緣堅柱，當以念索縛，慧鉤漸調伏。」修次中篇亦云：「以念知索，於所緣柱，繫意狂象。」此說以念修三摩地。又說正念如索，能於所緣相續繫心，故三摩地之主要修法，即修正念法。正念即是堅定行相之心。故修三摩地者若無堅定行相明了之定解力，心縱明淨，不能引生有力之正念，不能滅除細微沈沒，其三摩地必有過失。即不緣佛像等其他所緣，唯修不分別心，亦必念云，心當於境全不分別，次即令心不流不散。令心不散，與不忘所緣之正念義同，故仍未出修念之法。如是修者，亦是修有定解力之念也。

所修之禪定，具足兩種殊勝：一、心具有極明顯的力量，二、具有專注所緣的無分別心，有的人再加第三點──安樂，有的人更加第四點──澄淨。

然而，澄淨有兩種：一、能緣心的澄淨，比起「放置在陽光下的乾淨玻璃器皿中所注滿的淨水」，還要澄淨。二、所緣境的澄淨，例如心所幻現的柱子的境相，極為微細，好像能數出裡面的細節似的。這兩種澄淨，都是由於斷盡了微細的昏沈蓋，由具有極明顯力量之心所引生，所以第四點的澄淨，不需要從第一點獨立出來而另外說明。

上述第三點提到感受到喜樂的適悅心行，是得定後的結果，精進禪修而準備進入未到地定或初禪的過程中，還無法生起，四禪處於捨受中，也沒有樂受，所以這裡不列入。

　　昏沈蓋能障礙令心明顯的力量，掉舉蓋能障礙無分別心，故昏沈與掉舉是修習禪定的最大障礙。若不認識粗糙與細膩的昏沈、掉舉，又不認識除去沈掉而修清淨的禪定之法，尚且不能生起真正的奢摩他，何況要生起毘婆舍那，更不可能。故求禪定的智者，應當善巧這個道理。

　　昏沈與掉舉是修止的違緣，真正說明此種違緣與破除的方法，後面再講，這裡只說明修止時，如何以順緣引生禪定的道理。

　　這裡的禪定，是指心專注於所緣境的「安住部分」，又指相續安住於所緣時，能令心專注所緣而不散亂的善巧方便，及「如實了知」「散亂」與「沒散亂」這兩件事情。

　　安住部分，即正念；如實了知，即正知。例如《莊嚴經論釋》云：「正念與正知，能令心安住。」一、於所緣境，正念能令心不散亂；二、心就算已散亂，馬上以正知來了知。若失去正念，就會忘失所緣，失去所緣之現觀，故以不忘所緣之正念為根本。

用此正念令心安住於所緣的道理，如同前面說過的觀慧所緣，先令心顯現所緣的粗相，顯現之後，心略提起、稍微用力地觀察同一個所緣，無分別地安住，不再生起其他分別，不對新的所緣作觀察，不想其他的事情。

《集論》說：「什麼是正念？於所串習的事情上，心不忘記為相，心不散亂為業。」這是說正念具有三種差別：

一、所緣境之差別

不要串習的所緣境，念頭就不生起，對於要串習的所緣境，令心現起決定要修的所緣境。

二、行相差別

指心不忘記，此處指不忘記所緣境。不忘記的道理，不是因為他人問起或自己思惟觀察時，僅能憶念師長所教授的所緣境而已，而是令心於所緣境安住，相續明確記住所緣境，沒有少少的散亂。倘若有一點點散亂，正念便失去，所以心安住所緣後，當念此已安住的所緣，並護持住此所緣心的勢力，相續不間斷，然後不要再重新思察新的所緣，這是修習正念最重要的關鍵。

三、作用差別

指心於所緣境不散亂。令心安住所緣，就像調伏野象

的譬喻，例如有一棵牢固的樹或一根柱子，用多條堅固的索鍊綁住野象，野象若按照象師所教的動作而做，那就很好，若沒按照象師的指示來做，就用銳利的鉤子數次處罰，直到調伏為止。心就如未調伏的野象，用正念的索鍊，綁在堅固的所緣柱子，心若不安住，當以正知的鉤子擊打，心因此漸漸得到自在。如《中觀心論》說：「意念的野象不好好做，當以正念的索鍊，綁於堅固的所緣柱，以智慧的鉤子漸漸調伏它。」《修習次第‧中篇》也說：「以正念正知的索鍊，綁於所緣的柱子，打擊意念的狂象。」

這是說以正念來修禪定，又說正念有如索鍊，能把心相續地綁在所緣上，所以禪定的主要修法，即是修正念之法。正念即是堅定無散亂行相之心，故修禪定的人，如果沒有堅定無散亂之行相與明了之定解力，心縱然明淨，由於不能引生有力量之正念，無法滅除細微的昏沈蓋，這樣的禪定必有過失。

此外，完全不緣取佛像等的其他所緣，而單單只修無分別心的人，亦須正念於師父所教授的所緣，令心於所緣境，無分別地專注。然後應令心不流竄、不散亂。令心不散亂，與不忘失所緣之正念的意義相同，故仍未超出修習正念之法。這樣子修的話，也是在修習「與定相應而有力量」之正念了。

15・修止之正行：破有過軌

【原文】

有如是邪執，是所應破。謂如上說策舉其心不分別住，此雖無沈沒，然掉舉增上，現見不能相續久住。若心弛緩，現在住心速能生起是善方便，故說舒緩即是善修也。此是未能分辨生沈與善修之差別。故無過之三摩地須具前說二種殊勝，非為令心無分別住一分而足。若謂令心於境惛昧可名為沈，令心明淨，無彼惛昧，故三摩地無有過失。此是未辨惛沈與沈沒之差別，後當廣說。以是當知，若太策舉，雖能明了，然掉舉增上，難生住分。若太舒緩，雖有住分，然沈沒增上，又不明了。由緩急適中之界限，極為難得，故難引生俱離沈掉之妙三摩地。如大德月云：「若精進修生掉舉，若捨精進復退沒，此等轉界極難得，我心擾亂云何修。」又云：「若力勵行起掉舉，若緩策勵復退沒，此之中道極難得，我心擾亂云何修。」此說力勵精進便生掉舉，若見彼過，棄捨精進，放緩策勵，心復退沒，其離沈掉二邊，中道平等運轉之心極為難得。若緩即可，復有何難。既說緩生沈沒，故以此法修三摩地不應道理。又緩急適中之界限，當自觀內心，若覺過此而警策便生掉舉者，即當略舒緩。若覺較此再緩便生沈沒者，即當稍警策。如無著菩薩云：「於內住等住中，有力勵運轉作意。」此是於初二心時所說。修次初篇亦云，「除沈沒者，當堅持所緣。」若不知前說修念法而盲修者，修時愈久，忘念愈重，擇法之慧日亦遲鈍，當有此等眾過發生

也。若以正念繫心住所緣已，可否分別偵察內心持不持所緣耶。修次中篇說，必須偵察。復非放棄三摩地後如是偵察，是住三摩地中，觀其住否根本所緣。若不住者，觀為沈為掉。復非纔住定，或時太久乃偵察要於中間時時偵察也。若前心力猶未盡，即作此偵察者，能生心力長時安住，設有沈掉能速了知。如是能於中間時時憶念所緣而修者，亦須具備有力相續正念之因。故聲聞地中說修念法，辨中邊論釋云：「言念不能忘境者，謂不忘住心教授意言。」修念是為遮止忘所緣之散亂。故不忘所緣，即數數作意所緣，名所緣意言，如恐忘失已知之義，數數憶念，即不易忘失也。

下面邪惡的執著，是所應破斥的：

這種邪惡的說法認為，前文提到把心策舉起來，並用一點心力，無分別心地安住在所緣，這樣子雖然不會陷入昏沈蓋，然而掉舉蓋卻較嚴重起來，當下可發現心不能相續而長久地安住。若把心舒緩下來，「安住於當下的心」能快速生起，故說舒緩是一種善巧方便，認定舒緩是善巧修持。這是不能分辨「產生昏沈」與「善巧修持」之差別，無過失的禪定必須具足前面提及的兩種殊勝——心極明顯、心無分別地安住，禪定都必須具足這兩種，而非只能令心無分別地安住就足夠。

如果說令心於所緣境昏昧，可稱為沈；只要令心明淨，去除昏昧而使禪定沒有過失，這是沒有辨別昏沈與沈

沒的差別，之後會廣加解釋。

由此可知，若讓心策舉過度，所緣境雖然明了，卻是掉舉增上，難以令心安住。若讓心太舒緩，雖能安住，卻是沈沒增上，反而於所緣境不明了。由於「舒緩與策舉」適中之界限，極為難尋，自然很難引生沈沒與掉舉皆遠離的微妙禪定了。

例如大德月居士說：「若精進禪修，易生掉舉，若捨精進，變成沈沒，適中的界限極難尋得，我的心擾亂不止，到底該怎麼修？」又說：「若努力地策勵其心，生起掉舉，若策勵舒緩下來，變成沈沒，適中之道極難尋得，我的心擾亂不止，到底該怎麼修？」

這是說努力策勵自己精進，便生掉舉，若見掉舉的過失，棄捨精進，讓策勵放緩下來，心又變成沈沒。遠離沈沒與掉舉二邊而能在中道平等心中運轉的狀態，極難尋得。若舒緩就可以的話，就沒什麼困難可言了。既然說舒緩將導致沈沒，故以舒緩的方法修習禪定，是不合理的。

如何找出「舒緩與急切」之適中的界限？應當自己觀察內心，若發覺警策過度而生起掉舉，即當略為舒緩。若發覺太舒緩後，又生起沈沒，即當稍加警策。例如無著菩薩說：「於內住、等住中，有力勵運轉作意。」這是對最初的二心而說的。

【師父廣說：

前文提到無著菩薩說：「於內住、等住中，有力勵運轉作意。」這是對最初的二心而說的。

此乃宗喀巴引用無著菩薩《瑜伽師地論》中的九相心住，九住心最初的二種心為：內住、等住。這二種住心，屬於努力策勵自心注意禪修所緣而相續運轉的階段。宗喀巴引用此文，說明修行的開始階段，必須策勵自心精進，遠離沈沒，但是，不代表修行的全部階段都要一直策勵自心，如果心已遠離沈沒，又無止盡地策勵下去，恐怕心變成掉舉，因而無法安住所緣。】

《修習次第·初篇》也說：「除去沈沒的人，當繼續堅持所緣。」沈沒去除之後，當使所緣明顯，若不知道之前說過的修習正念之法，乃是所緣越修越明顯的道路，不知此理而盲修瞎煉者，修的時間越久，忘記正念的情況越嚴重，能揀擇諸法的智慧也日漸遲鈍，當有此等眾多過失發生。

若以正念把心綁在所緣後，可否在這個時候偵察內心有沒有保持在所緣？《修習次第·中篇》說：「必須偵察。」所謂的偵察，不是放棄禪定後才偵察，而是安住在禪定中，觀察心有沒有安住於根本所緣？偵察後，若發現心沒安住所緣，再觀察心處於沈沒或掉舉？偵察的時間點，不是剛入定就觀察，也不是入定太久才觀察，而是在

住定的中間階段，時時偵察。

住定的中間階段，時時偵察自心是否處於沈沒或掉舉，若前面的心力還未窮盡、心力還有，即作此觀察的話，能生起新的心力，令心長時間安住所緣，如果有沈沒或掉舉，也能快速了知。

能在入定的中間階段，持續不斷憶念所緣而修持者，同時要具備持續維持正念的能力。

故《瑜伽師地論‧聲聞地》中說：「不斷地隨念『從師父那裡獲得的教授、教誡』，於此所緣正念流注，直到禪定出現爲止。」《辨中邊論釋》說：「之所以說正念是不能忘記所緣境，是指不忘記心裡聽過的教授內容與言論。」修習正念，是爲了遮止「忘記所緣的『散亂』」。

因此，爲了不忘記所緣，就不斷地把注意力投向禪修的所緣，此即所緣不忘失的重點。就如害怕忘記已知的法義，因而不斷憶念法義，就不容易忘掉了。

16‧修止之正行：說明所修的時間量

【原文】
由念繫心安住所緣，應住幾久，有無定量。答：聲聞地等大論中，未見明說時量，雖修次下篇云：由是次第或於一

時，或半修時，或一修時，隨力而住。此是成就奢摩他，已於修觀時所說時量，則前修止時，量亦應爾。又若能如前說修念知之法，時憶念所緣，時時偵察內心，則時間稍久亦無過失。然初發業者，若時長久多生忘念，起散亂心，心生沈掉，時久方知，不能速知。即未忘念，亦易隨逐沈掉而轉，沈掉生已不能速知也。前者障礙有力記念，後者障礙有力正知，是則沈掉極難斷除。其忘失所緣，起沈掉而不覺知，較未忘失所緣起沈掉而不知者，過為尤重。故為對治忘念，修前所說之護念法，最為重要。若忘念重，易於散亂及正知力弱，沈掉生起不能速知者，修時宜短，若少忘念，及沈掉起，速能了知者，時間稍長亦無過失。故密意說云：「或於一時」等，未說決定時間。總應隨順自心能力，故曰「隨力而住」也。又若身心未生病患，即可安住，若生病患，不可勉力安住，當先治療諸界病患再修，是諸智者所許。當知此亦是修時之支分也。

問：

經由正念而把心安住在所緣，應住在所緣多久時間，有沒有一定的規定？

答：

西藏各派傳承師長都說：「時間要短，次數要多。」持這種說法的理由，有人說：「禪修時間短，在好樂修習的時候停下來，下一次就會很好樂再修習，如果禪修時間太長，就容易厭煩而失去好樂心。」有人說：「時間太

長，心容易隨著沈沒或掉舉而轉，就非常難生起無過失的
三摩地了。」

《瑜伽師地論・聲聞地》等各大論中，沒有明白說出
修習多久。《修習次第・下篇》說：「或修二十四分鐘；
或者在『上午、下午、初夜、後夜』，各修四小時；或者
在『上午、下午、初夜、後夜』，各修二小時。隨著自己
的能力而安住所緣。」這是針對已經成就禪定的人，於修
觀時所說的時間量，然而，修止的時候，時間長短也是這
個道理。

若能按照前面說的正念正知之法而修習，時時憶念要
修的所緣，時時偵察內心的沈沒或掉舉，這樣子保持正念
的話，時間修久一點也沒過失。然而，剛禪修者：一、
修久了，易忘失正念，起散亂心，心生沈沒或掉舉，沈沒
與掉舉生起很久才察覺，無法快速察覺。二、就算沒有忘
失正念，心也容易隨逐沈沒與掉舉而轉，沈沒與掉舉生起
了，不能快速察覺。第一點障礙有力量的正念，第二點障
礙有力量的正知，這樣子，沈沒與掉舉就非常難以斷除
了。

既忘失所緣，又生起沈沒、掉舉也沒覺知，比起無忘
失所緣，卻生起沈沒、掉舉而不覺知，過失更重。因此，
為了對治忘失正念，修持前面所說的以警策自心來護持正
念的方法，最為重要。

如果忘失正念嚴重，容易散亂，正知力又弱，沈掉生起而不能快速了知的人，禪修時間宜短；如果忘失正念的情況少，沈掉生起而能快速了知的人，禪修時間稍長也沒問題。所以《修習次第》才會密意地說：「或修二十四分鐘；或者在『上午、下午、初夜、後夜』，各修四小時；或者在『上午、下午、初夜、後夜』，各修二小時。隨著自己的能力而安住所緣。」

　　這裡面沒有說出確定的時間長短，總之，應隨順自心的能力，故說「隨著自己的能力而安住所緣」。而且，如果身心無病，即可禪修安住在所緣；若生病，不可勉強安住在所緣，當先把病治好再修，這是諸智者所允許的。這也是禪修時間長短當知的一個環節。

17・心安住所緣後應如何修行 —— 沈、掉之相

【原文】

掉舉．如集論云：「云何掉舉．淨相隨轉．貪分所攝．心不靜相．障止為業。」此中有三．一．所緣．謂可愛淨境。二．行相．謂心不寂靜．向外流散．是貪分中愛著境相。三．作用．謂能障心安住所緣．即心安住內所緣時．由貪著色聲等之掉舉牽引內心．於境散亂而無自在．如悔讚云：「如緣奢摩他．令心於彼住．惑索令離彼．貪繩牽

趣境。」沈沒，亦云退沒。有謂住境不散，心不明澄之惛沈為沈沒者，實不應理。修次中篇與解深密經說，從惛沈生沈沒故。集論亦說，沈沒，為隨煩惱中之散亂。但集論所說之散亂，亦通善性，非決定染汙。惛沈，如集論與俱舍說，是癡分攝，身心粗重，無堪能性。沈沒，謂心於所緣執持力緩，不能明了取所緣境，故心縱澄淨，若取所緣不甚明了，即是沈沒。如修次中篇云，若時如盲，或如有人趣入暗室，或如閉目，其心不能明見所緣，應知爾時已成沈沒。餘大論中，未見明說沈沒之相。故沈沒有善與無記之二。惛沈則屬不善及有覆無記，唯是癡分。諸大論中說除沈沒，修佛像等諸可愛境及光明相，令心策舉。故心不明了如入黑暗，及心力低劣，皆當滅除，要使所緣明顯與心力開張也。掉舉易知，唯沈沒相，諸大經論皆未明說，故難了解。然極重要，以易於此誤為無過三摩地故。應照修次論所說，於修驗上審詳觀察而求認識也。

掉舉，如同《大乘阿毗達磨集論》說：「什麼是掉舉？心隨著貪愛的對象而轉，心不寂靜，障礙修定。」

這裡面分為三點：
一、掉舉的所緣：是可愛境界
二、掉舉的行相：讓心不寂靜，向外境流散，因貪愛而執著境相
三、掉舉的作用：能障礙心安住所緣，由於貪著色聲等之掉舉，因而牽引內心於境界散亂，不得自在。如同月

官菩薩的《懺悔讚》說：「例如緣取『止』的所緣，令心安住於上，煩惱的繩索令心離開止的所緣，貪愛的繩子牽引心趣向外境。」

沈沒，又稱爲退沒。有的人說安住在境界不散亂，心不澄澈明了的昏沈，是爲沈沒，實在不對，因爲《修習次第・中篇》與《解深密經》說「從昏沈而生沈沒」的緣故。《大乘阿毘達磨集論》說：「沈沒爲隨煩惱中的散亂」，《集論》所說的散亂，也通善性，不一定都是染汙煩惱生起的。

昏沈，如同《大乘阿毘達磨集論》及《俱舍論》所說，屬於愚癡，身心粗重，心無力量。

沈沒，指心於所緣境的專注力不夠，不能明了地取所緣境，故心縱使澄澈清淨，若取所緣不甚明了，即是沈沒。

【師父提醒：宗喀巴非常強調昏沈與沈沒的不同，昏沈是一種心理狀態，沈沒是指在這種心理狀態中，心緣取所緣的能力不足，就算勉強緣取，所緣也不明了。】

如同《修習次第・中篇》說：「修行者的心，如果像盲人、走入暗室的人、閉眼睛的人，心看不清楚對象，應知那個時候，已經是沈沒。」其他大論中，沒明白說明沈沒之相。

在三性中，沈沒屬於善性或無記性；昏沈則屬於不善性或無記當中的有覆無記，唯是愚癡。諸大論中說：「要除去沈沒，應緣取佛像等可愛境界及光明想，令心策舉。」故心不明了，就像走入黑暗，心力低劣，這些狀態皆當滅除，要使所緣明顯，心力打開。只是沈沒之相，諸大經論皆未明說，故難了解，但是特別重要，因為很容易誤解自己進入無過失的禪定。應按照《修習次第》所說的方法，於修證的檢驗上，審慎詳細地觀察而求認識自己的心，是否真的遠離沈、掉而無過失了。

18・於修行時生起覺察沈、掉之正知

【原文】

唯能了知沈掉猶非完足，要修行時生未生沈掉而有如實能知之正知。復當漸生有力正知，沈掉起已，無間能知固不待言，即未生而將生者，亦須正知預為覺了。如修次後二篇云：「見心沈沒，或恐沈沒。」又云：「見心掉舉，或恐掉舉。」即是此義。若未能生如是正知，縱自斷言，始從某時，終至某時，全無沈掉，所修無過，亦不定然，以發生沈掉亦不盡能知故，未生有力之正知故。如辨中邊論云：「覺沈掉。」覺了沈掉要正知故。若未能生凡沈掉起決定了知之正知，縱長時修，沈掉生已不能了知，徒以微細沈掉，虛度時日。若爾，云何生正知耶。曰：前修念法，即修正知一重要因。謂若能生相續正念，即能遮止忘

失所緣之散亂，亦能遮止沈掉生已久而不知，故沈掉起易於覺了。又覺已失念時之沈掉，與覺未失念時之沈掉，二時遲速（久暫），自觀內心極為明顯。故入行論密意說云：「若時住正念，守護於意門，爾時生正知。」辨中邊論疏亦說念為正知之因。其另一因，謂心緣佛像等境，或緣領受明了等心相時，住前說之念中，偵察內心散未散亂，攝持其心。此是修習正知最切要處。入行論云，「數數審觀察身心諸分位，當知彼即是守護正知相。」由此能引（生）沈掉將生便預了知之正知。前修念法，能遮散後所起之忘念，故當善分別。

只能了知沈沒與掉舉，還不夠，禪修時有沒有生起沈沒與掉舉，要有隨時如實知道的正知才行。而且，當漸漸生起有力量的正知後，沈沒或掉舉已生起時，立刻可以覺察，就不必多說了，即使未生而即將生起的沈、掉，也必須正知，預先覺了。

如《修習次第》後二篇說：「見到心的沈沒或恐怕要沈沒了。」又說：「見到心的掉舉或恐怕要掉舉了。」即是這個意思。如果不能生起這樣的正知，縱然自己斷言：「我從幾點修到幾點，完全沒有沈沒與掉舉，所修的內容無過失。」也不一定是這樣，因為發生沈沒與掉舉時，不盡然都能了知的緣故，未能生起有力量之正知的緣故。

如《辨中邊論》說：「覺察沈沒與掉舉」，覺察沈沒

與掉舉需要正知。凡沈、掉生起時，若未能生起決定了知之正知，縱然長時間修習，沈、掉生起後，不能了知，致使每天的禪修，徒以微細的沈、掉，虛度時日。

問：
若是如此，如何生起正知呢？

答：
前面講過的修習正念之法，就是修習正知的重要原因。若能生起相續不斷的正念，就能遮止忘失所緣的散亂，也能遮止沈、掉生起後而久久不自知，因此沈、掉生起後，易於覺了。而且，覺察已失去正念之沈、掉，與覺察未失去正念之沈、掉，這兩種時候，你覺察速度的快慢，自己的內心是非常清楚的，騙不了自己。

所以《入菩薩行論》密意地說：「若時時住於正念，守護好意根，此時能生正知。」《辨中邊論疏》也說正念是正知的原因。另一個修習的因地在於，心緣取佛像等所緣境時，或者緣取當下感受很明顯的心相時，住於之前提及的正念中，偵察內心散不散亂，以此收攝自心。這是修習正知最重要的點。

《入菩薩行論》說：「一再審慎觀察身心每個部分，當知這就是『守護正知』之相。」把如此修習之因地培養起來，就能引生「每次沈、掉將生起時便能預先了知」的

正知。之前的修習正念之法，能遮止散亂後所生起的「忘失正念」，故應當好好學習。

【師父提醒：

前面的修習正念之法，是指：一、通過正念，令心相續不絕地維持在同一個所緣境；二、通過正知，每當心散亂，流向其他境界，無法維持在同一個所緣時，立刻了知自己散亂、忘失正念、忘失所緣，因而再把自心拉回原來的所緣上，復以正念繼續修習原來的所緣。】

19・斷除沈、掉

【原文】

若如前說修念正知，已善修習，生起有力正念，而微細沈掉，皆能以正知覺了，則無沈掉生已不知之過。若彼生已不起功用無間滅除，忍受不斷，是三摩地最大過失。對治此者，當修功用作行之思。

如果按照前面說的內容，修習正念正知，已妥善修習後，生起有力量的正念，微細的沈沒與掉舉，皆能以「正知」覺了，那就不會發生「沈、掉生起而不知道」的過失。

若沈、掉生起後，不用功、不立刻滅除，反而忍受不斷除，這是禪定的最大過失。要對治這個問題的話，應當

修持「有破除沈、掉作用」的思惟。如何思惟滅除沈、掉？

【原文】

如集論云：「云何為思，令心造作意業，於善不善無記役心為業。」此義如磁石力吸鐵隨轉。其於善不善無記三法令心轉動之心所，即是思心。此中是取掉舉生時，令心造作斷彼之思也。若爾如何斷沈掉耶。曰，心沈沒是由(心)太向內攝，失能緣力，故當作意諸可欣事，如觀佛像等，令心開放。然非引生煩惱之可欣法。復可作意日光等明相。沈沒除已，即應無間緊持所緣。此如修次初篇中說，此不應修可厭患境，由厭令心向內攝故。又以觀慧思擇樂觀之境，亦能滅除沈沒。如攝波羅密多論云：「由勤修觀力，退沒能策舉。」如是沈沒與退沒者，若取所緣力漸低降，名曰沈沒。若太內攝，則名退沒。（退弱），由心策舉及開張所緣便能滅除，如中觀心論云：「退沒應寬廣，修廣大所緣。」又云：「退沒應策舉，觀精進功德。」滅除沈沒最主要之對治，謂思惟三寶，菩提心與暇身義大等功德，令心警覺，如冷水澆面。此要以觀慧修功德品有所感者，乃能生起。沈沒所依之因，謂惛沈，睡眠及引生惛睡之心黑闇相。若修明相對治，則不依彼發生沈沒，生已滅除。聲聞地說，威儀依經行，善取明相，數數修習，念佛法僧戒捨及天六中隨一，或思其餘清淨所緣，令心策舉，或當讀誦開示惛沈睡眠過失之經論，或瞻方所及月星等，或以冷水洗面。若沈沒微薄或僅少起，則當策心正

修。若沈沒濃厚或數數起，則應暫停所修，如其所應，修諸對治。待沈滅已，後乃重修。若心取所緣相不明顯，心黑闇相，隨其厚薄，當取燈光火光及日光等諸光明相，數數修習，令心生起大光明相。掉舉，謂由貪門，令心追逐色聲等境。此應作意內攝心因諸可厭事，掉舉滅已，應修等至。（以此息滅掉舉無間，於先所緣，應住其心。）如中觀心論云：「作意無常等，息滅掉舉心。」又云：「觀散相過患，收攝散亂心。」若掉舉猛利，或時長久，應暫緩所修而修厭離，方為切要。非心散時，略為攝心，便能安住。若彼掉舉不甚猛利，則隨散時收攝內心令住所緣。攝波羅密多論云：「若意掉舉時，修止而遮止。」心掉舉時，不可作意可欣淨境，以是令心向外流散之因故。

如《大乘阿毘達磨集論》說：「什麼是思？令心造作意念的業，於善法、不善法、無記法中，役使心去造業。」這段意思如同鐵隨著磁鐵的吸力而轉，在善法、不善法、無記法等三法中，讓心轉動的心所，即是「思心所」。掉舉生起時，思心所發起「令心造作『斷除掉舉』」。

問：
若是如此，如何斷除沈、掉呢？

答：
心之所以沈沒，是由於心太向內收攝，失去緣取所緣

的力量，所以應當把注意力投向種種開心的事，例如觀察佛像等等，令心開放起來，而非把注意力投向那些會引生煩惱、貪愛的可愛事物。也可注意日光等光明相。沈沒去除後，就應無間斷、緊密地持守所緣。

《修習次第・初篇》中說：「這種情況不應修讓你厭患的所緣境，因為厭離心會讓心更加收攝。」

若以觀慧思擇你樂於觀察的所緣境，也能滅除沈沒，如《攝波羅密多論》說：「由於勤修慧觀的力量，能策舉退沒的心。」可見沈沒或退沒，能取所緣的心力如果越來越低，稱為沈沒；若太向內收攝，則稱為退沒。只要把心策舉起來，或者換一個較開放性的所緣，便能滅除沈沒或退沒。

如《中觀心論》說：「退沒，應讓你的心寬廣起來，修持廣大的所緣。」又說：「退沒，應把心策舉起來，可觀察精進修行的功德有多麼殊勝。」

滅除沈沒最主要的對治法，是思惟三寶的功德、菩提心的功德、暇滿人身的功德。令心警覺，如用冷水澆想睡的臉。這必須以觀慧對種種功德加以修學之後，有所感觸，乃能生起。

沈沒所依靠的原因，是昏沈、睡眠及引生昏睡之心的

黑暗相。若修光明相來對治，就不會依於那些原因而發生沈沒，就算沈沒生起，也能滅除。

《瑜伽師地論・聲聞地》說：「除遣沈沒的方法包括：四威儀中的經行、善取光明相並一再修習、心裡念著『六隨念——佛、法、僧、戒、捨、天』的其中一個，或思惟其餘的清淨所緣，令心策舉。或者讀誦關於開示『昏沈、睡眠之過失』的經論，或者仰觀虛空、月亮、星星……等，或以冷水洗臉。」

如果沈沒僅是微薄，或很少生起，則當策勵自心，好好禪修。若沈沒較濃厚，經常生起，則應暫停禪修，按照上面所說的種種方法，加以對治。等沈沒滅除後，再重新禪修。

如果心取的所緣相不明顯，內心黑暗的厚薄程度，會隨著所緣相的不明顯程度而成正比。此時當取燈光、火光及日光等種種光明相，一再修習，令心生起大光明相。

掉舉，是由於貪愛，令心追逐色、聲、香、味、觸等境界。應該把注意力投向令心生起厭離的種種對象，滅除掉舉後，應修禪定。一息滅掉舉，立刻回到先前禪修的所緣，令心安住其上。如《中觀心論》說：「注意無常等事，息滅掉舉心。」又說：「通過觀察散亂相的過患，收攝散亂心。」

若掉舉來勢很猛烈，或者生起的時間長久，應該暫緩所修的對象，修厭離心，才是切要之點。如果心不是很散亂，掉舉不甚猛烈的話，稍微攝心便能安住，則隨著散亂生起的當下，立即收攝內心，令心安住於所緣。

　　《攝波羅密多論》說：「若意念掉舉時，修習『止』來停止它。」心掉舉時，不可以注意可愛美麗的對象，因為那是令心向外流散的原因。

20・產生沈沒與掉舉的原因

【原文】

沈掉之共因，謂不守護根門，食不知量，初夜後夜不勤修行覺寤加行，不正知住。沈沒之因，謂耽著睡眠，心取所緣過於舒緩，止觀不平，偏修於止，內心惛闇，於所緣境不樂緣慮。掉舉之因，謂無厭離心，心於所緣過於執著，未善修舉，（未串習精進，）由尋思親里等，動亂其心。以是當知，沈掉雖微，皆當以正知覺了，畢竟滅除。若以微細掉舉及散亂等，初時難斷，捨而不斷，或覺彼等既不猛利，不恆相續，勢劣短促，不能造業，故不須斷，此是未知修習清淨三摩地法，已出慈尊等所決擇修三摩地法之外。故心掉散時，先當攝心住內所緣，求安住分。住分生時，當防沈沒，令心明了。此二輾轉修習無過妙三摩地，不應唯於澄淨住分全無持力，俱行明了而起希求。

沈沒與掉舉的共同原因是：不守護六根，飲食不知節量，初夜、後夜沒有精進修行，中夜睡眠時沒修《瑜伽師地論》的「覺寤瑜伽」，沒有正知而住。

　　沈沒的原因是：沈溺睡眠，心取所緣境時，過於舒緩，止觀沒有均等而修，偏修於止，內心昏暗，不樂於緣取所緣境。

　　掉舉的原因是：無厭離心，心於所緣過度執著，尚未善巧對治掉舉，也沒有精進串習禪修時，由於尋思親戚朋友等，心因而動亂。

　　由此當知，沈沒與掉舉雖然很細微，皆應當以正知而覺了，直到完全滅除為止。如果因為掉舉或散亂心很微細，開始時難以斷除，放棄而不斷除，或發覺它們不猛烈，偶爾生起，沒有經常生起，來的勢力微弱而短促，不足以使自己去造業，故認為不須斷除，這是不懂修習清淨禪定的方法，而且也背離了彌勒菩薩《辨中邊論》所選擇的修習清淨禪定之法。

　　所以，心掉舉、散亂時，應當先收攝自心，令心住於內在的所緣，以求安住。安住生起時，當防止掉入沈沒，持續令心保持明了。「斷除沈沒、斷除掉舉」，這兩件事輾轉修習，直到無過失的微妙禪定生起。不應只是希求澄

淨的安住感，心卻毫無力量，所緣也不明了。

21・遠離沈沒與掉舉時該怎麼修

【原文】

若如前說，微細沈掉皆悉斷除，則無沈掉令不平等，心平等轉時，若復起功用作行，即成三摩地之過失。對治此過，則當修捨。起功用作行，反成過失之理，謂由久修掉則攝心，沈則策舉，已得堪能，於適當時全無沈掉，若仍如前起大功力防沈掉，則令內心反生散亂，故於爾時須知舒緩。此是舒緩防慎功力，非全放捨持境之力也。故修捨者，是在摧伏沈掉之後，非凡不起沈掉之時。以未摧伏沈掉必無捨故。若爾，云何名捨，曰，捨有三種，一，捨受，二，捨無量，三，行捨，此是後者。此捨體性，如聲聞地說，於止觀品調柔，正住，任運轉性，有堪能性，得此捨後修三摩地，沈掉未起之時，令捨現前，不發太過精進。此等如辨中邊論云：「依住堪能性，能成一切義，由滅五過失，勤修八斷行。懈怠忘聖言，及沈沒掉舉，不作行作行，是為五過失。修所依能依，及所因能果，不忘失所緣，覺了沈與掉，為斷而作行，滅時正直轉。」依住，謂為除障品發勤精進，依此而生心堪能性勝三摩地。此即能成神通等一切義利之依處，故曰能成一切義。此三摩地要滅五種過失，勤修八種斷行，乃能發生。五過失者，謂加行時懈怠為過失，於三摩地不加行故。勤修三摩地時忘失教授為過失，以忘失所緣心無所緣可安住故。正住定時

沈掉為過失，彼二令心無堪能故。沈掉生時不作功用為過失，由彼不能滅沈掉故。斷沈掉時作行思，反為過失也。沈掉合一為五過失，分別成六過失，對治彼等謂八斷行。對治懈怠有四，謂信欲勤安。對治忘失、掉舉、不作行、作行者，如其次第，即念、正知、作行思、正住捨，廣如前說。此是以念正知遠離沈掉，修心一境性妙三摩地之共同教授，不可執此為顯教別法，密宗不須，以無上瑜伽續中亦多宣說故。

如果按照前面的方法來修持，微細的沈沒及掉舉皆被斷除後，那就沒有沈、掉令心不平等，心平等運轉的時候，如果再用功加行，即成為修定的過失了。對治此過失的方法是修「放捨」。

用功加行，反成過失的道理是，由於長久攝心對治掉舉，長久策舉對治沈沒，今已有完全的能力克服沈、掉，心於此最適當的時候，完全沒有沈、掉，若仍按照前面的方法，很用功、很用力地去防止沈、掉，反而令內心生起散亂，故於此時須知舒緩。這是說舒緩「防止沈、掉」的用力，並非全然放掉持守所緣的力量。

所以，所謂的修放捨，是在摧毀、降伏「沈、掉」之後修，而不是平日偶爾沒有沈、掉的時候修。尚未摧毀、降伏「沈、掉」的話，必無所謂的放捨。

若是這樣的話，什麼是捨？

答：捨有三種，一、捨受，即三受中的不苦不樂受，二、捨無量，即四無量心中的捨無量心，三、行捨，為行蘊所攝。

這裡講的，是第三種——行捨，這種捨的體性，就像《瑜伽師地論‧聲聞地》說：「通過止觀，心有能力調柔下來，能正知而住，任運而轉，且有持續保持的能力。」

得到這種捨後，修深定之時，沈掉若沒有生起，那就令「捨」現前，不要發起太多的精進力就能做到。就像《辨中邊論》說：「心住於禪定而有能力後，能成辦一切義利。由於滅除五種過失，精進修習八斷行。懈怠、忘聖言、沈沒掉舉、不作行、作行，是五種過失。為了斷除懈怠而修『欲、正勤、信、輕安』等四斷行；而為了斷除其餘四過失，則修『念、正知、思、捨』等餘四斷行。」

心住於禪定而有能力：為了除去障礙，發起精進，心依此而生起有能力的殊勝禪定。

能成辦一切義利：這樣子就能成就神通等一切義利。

此禪定要滅除五種過失，精進修習八斷行，才能生起。

五過失：

一、加行時，懈怠為過失，於禪定不加行的緣故。

二、精進修禪定時，忘失法的教導為過失，因為忘失

所緣，心沒有所緣可安住的緣故。

三、正安住禪定時，沈沒、掉舉爲過失，沈、掉令人失去能力的緣故。

四、沈、掉生起時，不用功對治爲過失，這樣子是不能滅除沈、掉的。

五、斷除沈、掉時，用功而有所作爲，反爲過失。

以上若將沈、掉合起來，有五過失，若分開，就有六過失，對治這些過失的，有八斷行。

對治懈怠的有四種：信、欲、勤、安

對治忘失、沈掉、不作行、作行的，按照次序，分別是正念、正知、作行思、正住捨，詳細內容，前面講過。

這是以正念、正知遠離沈、掉，修習「心一境性」之禪定的共同教授內容，不可以執著這是顯教的特別修法，誤以爲密宗不須要，因爲無上瑜伽部的密續中，也多次宣說的緣故。

22・九住心簡介

【原文】

初有九住心．一・內住心．謂於一切外境攝心令住內境。如莊嚴經論云：「心住內所緣。」二・續住心．謂前住心令不散亂．於內所緣相續安住。如前論云．「相續令不散。」三・安住心．謂由忘念向外散亂．速當了知．還令

安住前所緣境。如云：「散亂速了知，還安住所緣。」四・近住心，般若教授論說，於廣大境數數攝心，令心漸細上上而住。與莊嚴經論義同，如云：「具慧上上轉，於內攝其心。」五・調伏心，謂由思惟三摩地功德，令於正定心生欣喜。如云：「次見功德故，心於定調伏。」六・寂靜心，謂觀散亂過失，於三摩地寂滅不喜之心。如云：「由見散亂過，於定滅不喜。」七・最寂靜心，謂貪欲・憂慼・惛沈・睡眠等生時，寂滅令息。如云：「貪憂等心起，應如是寂滅。」八・專注一趣，謂得任運轉故，精進修習。如云：「次勤律儀者，由心有作行，能得任運轉。」九・等持心，修次論說，心等住時，應當修捨。般若教授說，由修專注一趣故，能得自在任運而轉。莊嚴經論云：「由修習不行。」此九心之名，是如修次初篇所引。如云：「此奢摩他道，是般若波羅密多等說。」

【師父說明：九住心、六種力、四種作意，本來皆是《瑜伽師地論》的內容，宗喀巴全部引述並用《莊嚴經論》加以解釋，足見宗喀巴對此段內容的重視。但是，宗喀巴的解釋仍然與《瑜伽師地論》稍有不同。】

一、內住心

對於一切攀緣外境的心，收攝回來，令心住於內在的禪修所緣境。例如《莊嚴經論》說：「心住於內在的所緣。」

二、續住心

住於內在的心，令它不散亂，心於內在的所緣相續安住。例如《莊嚴經論》說：「令心相續不散亂。」

三、安住心

由於忘失正念，心向外散亂，此種情況應速速了知，令心回到之前用功的所緣境。例如《莊嚴經論》說：「心散亂，速速了知，回到原來的所緣而安住。」

四、近住心

《般若波羅蜜多教授論》說：「於廣大的所緣境，一再地攝心，令心漸漸微細，安住於上上的境界。」這段文意與《莊嚴經論》相同，《莊嚴經論》說：「具足智慧，轉上更高的境界，於內在收攝自心。」

五、調伏心

由於思惟禪定的功德，令心於正定生起欣喜。《莊嚴經論》說：「其次見到禪定功德的緣故，於禪定中，心調伏下來。」

六、寂靜心

觀察散亂的過失，於禪定不歡喜的心，寂滅下來。《莊嚴經論》說：「由於見到散亂的過失，於禪定滅除不歡喜。」

七、最寂靜心

貪欲、憂感、昏沈、睡眠……等生起時，令它們寂滅下來。《莊嚴經論》說：「貪憂等等的心生起時，應如是令他們寂滅下來。」

八、專注一趣

心能任運而轉，保持精進修習。《莊嚴經論》說：「精進於律儀的人，由於心努力修習，能得到任運而轉的狀態。」

九、等持心

《修習次第》說：「心平等安住時，應當修捨心。」《般若波羅蜜多教授論》說：「由於心修到專注一趣的緣故，心能得自在、任運而轉。」《莊嚴經論》說：「由於不斷修習，最後達到無功用行。」

這九種心的名稱，是從《修習次第·初篇》引出來的，《修習次第》說：「修止之道，是根據《般若波羅蜜多》等經論而說的。」

【大寂解說：雖然宗喀巴說九住心由《修習次第·初篇》引出來的，但是，九住心最早記載於《瑜伽師地論》，可見蓮花戒的《修習次第》也是參考《瑜伽師地論》而寫出。】

23．六力成辦九住心

【原文】

力有六種，謂聽聞、思惟、憶念、正知、精進、串習力。由此成辦住心之理，謂由聽聞力成辦內住心，從他聽聞住心教授，初於所緣安住其心，非自數數思惟修習故。由思惟力成辦續住心，前於所緣安住之心，由自數數思惟修習，初得少分相續住故。由憶念力成辦安住近住二心，散失所緣時，憶先所緣，收攝其心及起念力，初即不令散失所緣故。由正知力成辦調伏寂靜二心，謂以正知力了知於諸惡尋思及隨煩惱相流散之過患。觀彼過患，令於彼二不流散故。由精進力成辦最極寂靜專注一趣二心，謂於細微尋思與隨煩惱皆不忍受，精進斷除。由如是行，其沈掉等不能障礙妙三摩地，令三摩地相續生故，由串習力成辦等持心，謂由善修前諸位心之力，便能引生無功用轉三摩地故。此依聲聞地意趣而說，若作餘說不可憑信。

　　有六種力：聽聞力、思惟力、憶念力、正知力、精進力、串習力。

　　九住心之前介紹過，由六力成就九住心的道理在於：

　　一、由聽聞力成辦內住心：先從師父那邊聽聞使心內住的教授內容，心首度能於內在的所緣安住，尚無法做到不斷收攝於內在所緣而思惟。

　　二、由思惟力成辦續住心：之前，心先於所緣安住，

接著由自己不斷地於所緣境思惟與修習，開始能稍微相續地安住。

三、由憶念力成就安住及近住二種心：心散亂而喪失所緣時，憶念先前的所緣，收攝自心並發起憶念之力，開始不令心於所緣散失。

四、由正知力成辦調伏及寂靜二種心：以正知力，了知不好的胡思亂想及五蓋流散的過患，觀察此種過患，令心不再流散而陷入惡的胡思亂想及五蓋中。

五、由精進力成辦最極寂靜及專注一趣二種心：對於很細微的胡思亂想及五蓋，都不忍受，只要稍有生起，立刻精進地斷除。由如此的修行，昏沈及掉舉等不能障礙微妙的禪定，三摩地因而能夠相續生起。

六、由患習力成辦等持心：由於善修前面八種住心之力，便能引生無功用且能任運而轉的禪定。【師父提醒：無功用，指無需正念正知之功用。】

以上是依據《瑜伽師地論‧聲聞地》而解說的，如果有其他種說法，不可相信。

24・九住心的層層關係

【原文】

其中得第九住心者，喻如讀書至極熟時，初發心誦起，中間縱心散亂，然所讀書任運不斷。如是初起一念令心安住所緣，次縱未能相續依止念知，然所修定，亦能相續不斷經極長時。由此不須相續依止念知之功用，故名不作行，或無功用也。引生此心，要先起大功用相續依止正念正知，引生一種妙三摩地，能住長時，不為沈掉等障品之所間斷也，此即第八住心。此與第九住心雖同不為沈掉等三摩地障品之所間斷，然此須相續依止正念正知，故名有作行，或有功用也。引生此心，要於微細沈掉等法，纔生即滅，全不忍受，故須第七住心。引生此心，要於諸惡尋思及隨煩惱了知散亂之過患。發起有力正知，偵察內心，令不於彼流散，故須第五第六住心，以此二心是由正知力所成辦故。引生此心，要忘失所緣散亂之時，能速憶念所緣，及從最初即起正念令不散亂，故須第三第四住心，以此二心是由彼二種念所成辦故。引生此心，要於所緣先能住心，及令住心相續不散，故須先生初二住心也。

　　其中，得第九住心的人，可用譬喻說明，例如讀書到非常純熟時，從一開始發心讀書，中間過程縱然心散亂，仍能任運不間斷地讀下去。起初生起一念安住所緣的心，縱然不能相續地依止正念正知，然而，所修的禪定，也能相續不斷很長的時間。這不需要相續依止於正念正知的功

用，故稱為不作行或無功用行。

欲引生第九住心，不靠正念、正知而又能任運安住在所緣境而轉，不受沈沒與掉舉的干擾。那麼，在成就第九住心前，要先起大用功，相續無間斷地依止正念、正知，令昏沈、掉舉等五蓋，無法阻礙用功的心，因而生起能長時間安住的禪定，這就是第八住心。

第八住心與第九住心一樣都處於入定的狀態，皆不受沈沒、掉舉等蓋障的阻礙，但是於第八住心，需無間斷地依止正念與正知，所以稱為「有作行」或「有功用行」。

生起第八住心前，於生起細微的沈沒與掉舉之時，亦須即刻滅除，不能有稍稍的忍受，故需要第七住心。

生起第七住心前，須先了知雜念及隨煩惱所帶來的過患 —— 散亂，之後以具有力量的正知加以觀察，令心不再流散於雜念或隨煩惱，故需第五及第六住心，此二心皆由正知的力量修成。

生起第五及第六住心前，必須練習：每當心從禪修的所緣境散亂時，能快速地憶念回所緣，並且在最初開始散亂時，生起正念，速急回到所緣，令心不從所緣散亂出去，故需第三及第四住心，此二心由正念修成。

生起第三及第四住心前，須先令心安住在禪修的所緣，並令已安住的心持續不散亂，故需先生起第一及第二住心。

25・九住心的總結

【原文】

如是總謂先當隨從所聞教授善令心住。次如所住數數思惟，令稍相續。次若失念起散亂時，當速攝心速憶所緣。次更當生有力念心，初於所緣便不令散。成就有力念已，更當引發有力正知，了知散失所緣沈掉等過患，偵察不散。次當發精進力，設由微細忘念起散亂時，亦當無間了知斷除，斷已，使定漸長相續，不為障品之所間斷。此心生已，由勤修故，便成串習，即得第九住心無功用轉妙三摩地。以是當知，未得第九住心之前，諸瑜伽師要起功用，令心安住妙三摩地。既得第九住心之後，即不特起功用令心住定，心亦自然入三摩地。得此第九住心，若未得輕安，則如後說仍不立為奢摩他，況云證得毘婆舍那。

第一住心：總之，應先依循師父所教授的禪修方法，令心善於安住。

第二住心：接著，按照令心安住的方法，數數思維禪修的相關內容，令心稍略能持續安住而禪修。

第三住心：之後若失去正念而產生散亂的心，應該快速收攝自心，速急憶念已忘失的所緣境，回到所緣繼續禪修。

　　第四住心：之後，心更生起具有力量的正念，能夠從一開始就讓心不從所緣散亂出去，生起正念的力量。

　　第五、第六住心：若心已經成就具有力量的正念，即正念圓滿，接著生起猛厲銳利的正知，觀察「沈沒與掉舉使得心從所緣散亂到其他地方的過患」。（看到過患，將使沈沒與掉舉滅去。）

　　第七住心：若正知圓滿，接著應生起有力量的用功，縱然因為微細的忘失正念，即忘記憶念禪修的所緣，亦即忘記「持續」觀察禪修的所緣，縱然如此而生起散亂，亦能隨即察覺，並斬斷散亂的相續之流。

　　第八住心：斬斷散亂後，令心專注在所緣的相續之流，在時間上逐漸延長，並且不被「障礙禪定的負面因素」所阻礙。

　　第九住心：若生起此心，勉勵自己努力修下去，直到自心能得到自主，不再需要用功為止，此時便能成就微妙的三摩地。

所以，未得第九住心之前，所有的瑜伽師 —— 即禪師 —— 必須精進用功，令心安住在三摩地中。得到第九住心之後，雖然不必特別用功，就能令心安住，心也能任運、自然而然地入定。

縱然得到第九住心，然而，如果沒有獲得輕安的覺受，那就如同之後將介紹的內容，尚且不能說為得奢摩他了（即得定），何況能說為得毗婆舍那（即得觀）。

【師父解說

《瑜伽師地論》、《廣論》、《略論》中，彌勒菩薩與宗喀巴大師的共通說法：「成就奢摩他與毗婆舍那的共通點，就是產生輕安之覺受。」如果沒有輕安的覺受，即使你正在修止觀，都不能算是真實的奢摩他，也不能算是真實的毗婆舍那。這裡，宗喀巴更清楚地強調，即使你已入定，已成就第九住心，若沒有輕安的感覺，也不算成就止或觀，即不算成就奢摩他或毗婆舍那。】

26・有人質疑四種作意

【原文】

如聲聞地說，九住心中具足四種作意，謂初二心時，須勤策勵，故有力勵運轉作意。次五心時，由有沈掉間斷不能長時修定，故有有間缺運轉作意。第八心時，由沈掉等不能間斷能長時修，故有無間缺運轉作意。第九心時，既無

間斷，又不須恆依功用，故有無功用運轉作用。若爾初二心時亦有間缺，中間五心時亦須策勵，云何初二心時不說有間缺運轉作意，中間五心時不說力勵運轉作意耶。曰，初二心時，心入定與不入定，二者之中，不入定時極長。中間五心則住定時長。故後者就三摩地障礙立名，前者不爾。故彼二時，雖俱須力勵運轉，然有間缺運轉作意有無不同，故中間五心不名力勵運轉作意。如攝波羅密多論云：「由無間瑜伽，精勤修靜慮，若數數休息，鑽木不出火，修瑜伽亦然，未得定勿捨。」

《瑜伽師地論·聲聞地》中說過，九住心可歸納爲四種作意：

第一、第二住心，因爲必須勉勵自己努力修持，故稱爲「勵力運轉作意」。

第三至第七住心，心易被沈沒及掉舉阻礙，無法長時間修持禪定，故稱爲「有間缺運轉作意」。

第八住心時，心不被沈沒及掉舉阻礙，能夠長時間修習，故稱爲「無間缺運轉作意」。

第九住心時，禪定的心既不會間斷，也不用再依止精進、用功，故稱爲「無功用運轉作意」。

有人質疑：

若是如此，第一、第二住心時，心也會因沈掉而中斷，爲什麼不說爲「有間缺運轉作意」？

第三至第七住心也需要勉勵自己努力修習，爲什麼不

說爲「力勵運轉作意」？

宗喀巴答：

「第一、第二住心時，心有入定與不入定的狀態，二者相較起來，不入定的時間極爲長久。第三至第七住心，住定的時間比不入定的時間長，這是爲什麼第三至第七住心針對禪定的心有沒有被中斷而立名，而第一、第二住心不『以入定的心有沒有被中斷而立名』的原因，第一、第二住心多數不在定中。情況不同，所以第一、第二住心不名爲『有間缺運轉作意』。

『第三至第七住心』已經常在定中的緣故，偶爾才中斷，這種情況，已超過很努力勉勵自己禪修的階段，所以，不名爲『力勵運轉作意』」。

就如《攝波羅密多論》說：「由無間斷的瑜伽行（即禪修），精勤修禪定，若數數休息，鑽木永遠鑽不出火，修習瑜伽也是一樣，只要還沒得定，就別中斷、捨棄禪修。」

27・有沒有得到圓滿的輕安，即有沒有成就奢摩他

【原文】

若得前說第九住心，盡離微細沈掉，能長時修。復不須恆依念知起大功用，而三摩地能任運轉，是否已得奢摩他耶。曰，得此三摩地者，有得未得輕安之二種，若未得輕安，是隨奢摩他，非真奢摩他。如解深密經云：「世尊，若諸菩薩緣心為境內思惟心，乃至未得身心輕安，於此中間所有作意，當名何等。慈氏，非奢摩他，是名隨順奢摩他勝解相應作意。」莊嚴經論亦云：「由習無作行，次獲得圓滿，身心妙輕安，名為有作意。」其有作意，即是此中所說之奢摩他。修次中篇亦云：「如是修習奢摩他者，若時生起身心輕安，心於所緣如欲自在，當知爾時成就正奢摩他。」般若教授論亦云：「如是菩薩獨處空閒，如所思義作意思惟，於心所現，捨離意言多次思惟，若時未生身心輕安，是奢摩他隨順作意。若時生起，即奢摩他。」若爾未生輕安以前之三摩地，為何地攝耶。曰，欲地所攝。雖有如是心一境性，然本地分說是非等引地，而不立為等引地攝，以非無悔，歡喜妙樂，輕安之所引故。如是未得輕安之前，雖三摩地不須相續依止正念，亦能任運無分別轉，復能融合行住坐臥一切威儀，然是欲界心一境性，非奢摩他。

一個人按照正確方法精進不息後，功不唐捐，必有所證，圓滿禪定的修習。所以宗喀巴說明「修已成止」，止即是奢摩他，即是止觀的止，即是禪定。

為了說明此種成就，必須說明成就止與沒成就止的界

限，那個界限主要在於有沒有得到圓滿的輕安覺受。現在開始說明有沒有得到圓滿的輕安覺受，即是用來判斷有沒有成就奢摩他的標準。

有人問：

若得到前面述及的第九住心，連微細的沈沒與掉舉都盡數遠離，能長時間修習，而且不再需要依止正念、正知而起大用功，三摩地仍然能夠任運而轉，這樣子是否已經成就奢摩他呢？（奢摩他就是止、禪定的梵文音譯，請大家以後看到奢摩他，馬上反應為止、禪定。）

答：

得此三摩地的人，又分為二種——有沒有得到輕安。若沒有得到輕安，只是「隨奢摩他」，不是真實的奢摩他。就如《解深密經》說：「世尊！若諸菩薩以心為禪修的所緣境，內攝其心而正思惟，乃至修到還沒得到身心的輕安，在這修行過程中的所有作意，應當是什麼？世尊答：彌勒！這不是奢摩他，這只能稱為隨順奢摩他而生起勝解的相應作意。」

《莊嚴經論》也說：「由於修習第九住心的無作行，接著獲得圓滿，身心產生微妙的輕安，稱為有作意。」有作意，即是這裡正在討論的奢摩他。《修習次第·中篇》也說：「按照如是方法修習奢摩他的人，如果生起身心的輕安，心於所緣境，能照自己的意志得到自在，當知那個

時候就成就奢摩他了。」《般若教授論》也說：「菩薩在空閒的地方獨自禪修，按照法義作意思惟，於心顯現的任何想法與想說的話，悉皆捨離，多次思惟後，如果沒有生起身心的輕安，只算是奢摩他的隨順作意。若生起身心輕安，那就是奢摩他了。」

有人問：
若是如此，未得輕安以前的三摩地，是屬於哪一地？

答：
屬於欲地。雖然心裡有「心一境性」，心只專注在一個對象，然而《瑜伽師地論・本地分》說不能稱為「等引地」，即不是能稱為禪定。之所以不立為等引地，因為此時的心還不具備三要素：無悔、歡喜妙樂、輕安。

【師父註解：無悔是指心沒疲憊感，已入第九住心的人，如果身心沒有輕安，修習久了，仍會產生疲憊感，可見古代能入定七天七夜、乃至一個月以上的聖者，是因為身心已得輕安，修再久，也不會有疲憊感。】

所以，未得輕安以前，雖然第九住心的三摩地不須相續依止正念，心也能任運自然地無分別運轉，又能把此心融入到行住坐臥中的一切威儀，然而，未得輕安的緣故，只算是「欲界心一境性」，而非奢摩他。

【師父註解：欲界心一境性，恰恰就是天台智者大師說的「欲界定」，天台教法中，一直欠缺對欲界定的描述與定義，從上面的解釋中，一目了然了。】

28・得到圓滿的輕安，即是成就奢摩他

【原文】

若爾云何能得輕安．得輕安已．云何成就奢摩他。曰．輕安如集論云：「云何輕安．謂止息身心粗重．身心堪能性．遣除一切障礙為業。」身心粗重．謂於善業身心不能隨欲而轉。此之對治．身心輕安．謂由遠離身心粗重．於諸善事．身心極有堪能力也。又煩惱品攝內身粗重．能障樂斷煩惱。若勤功用斷煩惱時．已離身沈重等不堪能性．得身輕利．是身堪能。如是煩惱品攝內心粗重．能障樂斷煩惱．若勤功用斷煩惱時．內心樂緣善境離不堪能．心於所緣無障礙轉．名心堪能。如安慧論師云：「身堪能者．謂於身所事生起輕利。心堪能者．謂正思惟時．令心適悅輕利之心所法．由此相應．能於所緣無障礙轉．故名心堪能性。」總之若得輕安．則起功用．欲斷煩惱時．如行難行身心怯懼之無堪能性．皆悉除滅．身心成就極調柔性隨欲而轉．如斯圓滿身心堪能．初得定時即獲少分．次漸增盛．最後轉成輕安與心一境性之奢摩他。又聲聞地說．初時微細．難以覺了．後乃易知。將發如是眾相圓滿．易可了知輕安之前相．謂勤修三摩地之補特伽羅．便覺頂上似有重相．然非煩惱重相。此生無間即便遠離能障樂斷煩惱

之心粗重性，能對治品心輕安性即先生起。如聲聞地云：「若於爾時不久當起強盛易了心一境性身心輕安所有前相，於其頂上似重而起，非損惱相。此起無間，能得樂斷諸煩惱品心粗重性，皆得除滅，能對治彼心調柔性心輕安性，皆得生起。由心調柔心輕安性生起之力，為所依止，有能引發身心輕安風來入身中。由此風大遍全身轉，身粗重性皆得遠離，能對治品身輕安性即得生起。又此調柔風力周遍全身狀如滿溢。如聲聞地云：「由此生故，有能隨順起身輕安諸風大種來入身中，由此大種於身轉時，能障樂斷諸煩惱品身粗重性皆得遣除，能對治彼身輕安性遍滿身中，狀如充溢。此身輕安，是內身中極悅意觸，非心所法。如安慧論師云：「當知歡喜所攝內身妙觸，名身輕安。經說意歡喜時身輕安故。」如是身輕安初起之時，由風勢力，令身生起極大快樂。由此為依，心中亦生最妙歡喜。其後輕安初起之勢漸漸微細，然非輕安一切都盡，是由初分太動其心，彼勢退已，有妙輕安，無諸散動，如影隨形，與三摩地隨順而轉。心踴躍性亦漸減退，心於所緣獲堅固住。由離喜動不寂靜性，即是獲得正奢摩他。如聲聞地云：「彼初起時，令心踴躍，令心悅豫，歡喜俱行令心喜豫，歡喜俱行令心喜樂，所緣境界於心中現。從此已後彼初所起輕安勢力漸漸舒緩，有妙輕安隨身而轉，心踴躍性漸漸退減，由奢摩他所攝心故，以於所緣寂靜行轉。」聲聞地說，要生如是輕安，始名有作意，由得第一靜慮近分所攝正奢摩他，乃得定地所攝小分作意。

之前的文章提及：「若生起身心輕安，那就是奢摩他了。」若是如此，怎麼樣才能得到輕安？得到輕安後，又如何成就奢摩他呢？

答：

輕安，就如《大乘阿毘達磨集論》說：「什麼是輕安？意謂止息身心的粗重感，身心充滿能力，足以遣除一切修行的障礙。」

身心的粗重感，意謂於善業前，身心無法隨著自己想行善的意願而轉。對治身心的粗重感，就是讓身心得輕安，意謂由於遠離身心的粗重感，面對種種善法時，身心極有能力行善。

被煩惱纏繞而感覺內在身體的粗重感，能障礙樂於斷煩惱的修行狀態，若精勤用功斷煩惱時，已遠離身沈重等無力感，身得輕快，稱為「身堪能」。被煩惱纏繞而感覺內在心性的粗重感，能障礙樂於斷煩惱的修行狀態，若精勤用功斷煩惱時，內心樂於緣取善的禪修所緣境，令心脫離「無能為力」的狀態，心於禪修所緣境，無障礙地運轉，稱為「心堪能」。

如同安慧論師說：「身充滿能力，意謂於身體所做的事情，生起輕快感。心充滿能力，意謂正思惟諸法時，令心感到適悅輕快的心所法，由這種相應，心能於禪修的所

緣，無障礙地運轉，故稱爲『心堪能性』。」

總之，若得到輕安，開始用功、想斷煩惱時，對於很難做到、又容易讓身心產生怯弱恐懼的無能爲力感，全部除滅，身心轉爲極度調柔，容易隨著自己的意願而運轉。要達到如此圓滿開發身心的所有能力，剛剛得定時，即獲少分的能力，隨著逐漸深入禪定，能力越被開發出來。修到最後，「輕安」與「心一境性」合而爲一的奢摩他，將圓滿被運轉出來。

宗喀巴引《瑜伽師地論・聲聞地》說：「輕安剛生起時，很微細，難以覺了，之後才容易覺察。」奢摩他圓滿前，容易了知輕安的前相是：勤修三摩地的人，感覺頭頂上似乎重重的，卻不是煩惱引發的粗重感。這種感覺生起後，立刻就能遠離「障礙『樂於斷煩惱的』心粗重性」，能對治心粗重性的心輕安性，會提早一刹那生起。

如《瑜伽師地論・聲聞地》說：「如果不久將生起強烈且明顯容易覺了的心一境性、身心輕安，通常會出現前兆。行者頭頂會有沈重的覺受，但是並非損惱相。這種現象出現的時候，立刻能夠滅除障礙樂斷諸煩惱品的心粗重性。同時，能夠生起心調柔性、心輕安性而對治障礙樂斷煩惱品之心粗重性。」

由於心調柔、心輕安性相繼生起的力量，以此基礎，

有一股能引發身心輕安的「風大」，進入身體中。由於此種風大遍滿全身而運轉，身粗重性得以遠離，另外，能對治身粗重性的身輕安性，即得以生起。而且，這種調柔的風大力量遍滿全身，滿到都溢出來的狀態。

如《瑜伽師地論・聲聞地》說：「由於這種心調柔性、心輕安性生起的緣故，能隨順發起身輕安的風大，進入身中，由於此種風大在體內運轉時，能障礙樂於斷除煩惱的身粗重性，皆得以去除，相反的，能對治身粗重的身輕安性，遍滿全身，狀況有如滿溢出來的樣子。這種身輕安，是身體內在極為悅意的觸感，不是心所法。」

安慧論師說：
「當知內在身體微妙感觸的歡喜，稱為身輕安。經典說，意念感到歡喜，乃身體輕安的緣故。」

就像如此，身體的輕安初生起的時候，由於風大的推送，令身體生起極大的快樂。以此為基礎，心中亦生起最微妙的歡喜。之後，輕安初起的勢力越來越微弱，但不是一切的輕安都窮盡了，是因為輕安剛生起的時候，行者太高興，因而晃動了心，輕安微弱之後，仍有微妙的輕安，不再讓心晃動、散亂，如同影子跟隨身體，輕安也會跟著三摩地隨順運轉。

輕安初起而令人踴躍的性質，也會漸漸減退，心更堅

固地住於所緣。遠離因喜樂而動盪的不寂靜性，即是獲得真正的奢摩他。

就如《瑜伽師地論‧聲聞地》說：

「輕安初起時，令心踴躍，令心悅豫，伴隨著歡喜而令心喜豫，伴隨著歡喜而令心喜樂，禪修的所緣境界於心中清晰顯現。從此之後，輕安初起的勢力漸漸舒緩下來，仍有微妙的輕安隨著身體而運轉，心的踴躍性漸漸退減。由於修止攝心的緣故，心於所緣寂靜地運轉。」

《瑜伽師地論‧聲聞地》說，生起如是的輕安，才能稱為「有作意」，由於得到初禪的近分定 —— 未到地定，才算是真正的奢摩他，這是屬於禪定的最下限作意，即未到地定是心注意禪修所緣而入禪定的最低標準。

29‧如何讓自己與他人知道「已得作意」

【原文】
具何相狀，能令自他了知已得作意。聲聞地說，由得如是作意，則得色地所攝少分定心，身心輕安心一境性，有力能修初靜慮道，或諦相道，淨治煩惱，內暫持心，身心輕安疾得生起，欲等五蓋多不現行，從定起時，亦有少分身心輕安隨順而轉。由得具足如是相狀之作意，奢摩他道極易清淨，謂住心一境性奢摩他後，速能引生身心輕安故，輕安轉增，如彼輕安增長之量，正奢摩他亦轉增長，故彼

二法輾轉相增，如聲聞地廣說。總之心堪能者，風亦堪能，爾時便生身妙輕安，由此生故，內心即起勝三摩地。復由此故，風轉調柔，故能引生身心輕安。又如聲聞地云：「由於最初背一切相，無亂安住，故名不念作意。」此說初修心一境性時，當全不起餘念及餘作意。如是修已，聲聞地又云：「又汝於此亂不亂相，如是如是審諦了知，便能安住一所緣境，亦能安住內心寂止，諸心相續諸心流注前後一味無相無分別寂靜而轉。又若汝心雖得寂止，由失念故，及由串習諸相，尋思，隨煩惱等諸過失故，如鏡中面所緣影相數現在前，隨所生起，即於其中，當更修習不念作意。謂先所見諸過患相增上力故，即於如是所緣境相，由所修習不念作意除遣散滅，當令畢竟不現在前。賢首當知，如是所緣，甚為微細，難可通達，汝當發起猛利欲樂，為求通達，發勤精進。」此說三摩地生起之相。「寂靜而轉」以上，謂由如前修習無相等三漸次而生。次至「增上力故」，是說雖已得寂止，然由不多修習等過，心中仍有相等現起，則當憶念心隨彼轉之過患，務令內心不隨彼轉，都不思惟而安住也。次至「不現在前」，謂由如是修習全不思惟之力，相等三法隨何現起，皆不顧視，是則彼三自然息滅更不現起，故心不為彼等所奪。餘文謂此奢摩他甚為微細，即彼解釋亦難可通達。其中諸相，謂色等五境與三毒男女，共為十相。無相之理，謂最初時，色等境相種種亂現，現起無間自息自滅，最後住定時，則色聲等相全不現起，唯現內心明了安樂之相。無尋思之理，謂由如前住不念作意，隨起何種尋思，如水

中泡‧不能久住‧自然消滅。次更如前修習‧則內領納了別安樂等相‧不待破除‧不堪觀察‧起已無間自然脫落‧安樂等相轉更微細。爾時安住定中‧內身等相全不現起覺心與空都無分別。從定起時‧則覺身等忽似新生。至後得位‧縱起貪等煩惱尋思‧然與前不同‧勢力微弱‧不能久續。此等諸位‧即「寂靜而轉」之住。內心明了‧覺屋柱室壁之極微‧都能計數。住分濃厚‧即睡眠時‧亦覺與定融合‧如未得定前之睡眠不復現起‧復見許多清淨夢相。

具備什麼樣的相狀，才能讓自己與他人知道在禪定方面，已得作意？

《瑜伽師地論‧聲聞地》說，由於得到如是未到地定的作意，開始能得到少部分的色界定心，「身心輕安」、且「心一境性」，有力量能進修初禪、四聖諦，對治煩惱而獲得清淨，內在暫時可以控制自己的心，身心輕安快速生起，五蓋多數時候不現行。出定時，也有稍許的身心輕安隨順運轉。

由於具足上述相狀的作意，奢摩他之修道，極易獲得清淨，意謂修習奢摩他，能住於「心一境性」後，快速能引生身心輕安的緣故，輕安轉而倍增，隨著輕安增長的程度，真正的奢摩他也隨之增長，輕安及奢摩他二法輾轉相互增長，如《瑜伽師地論‧聲聞地》廣說的內容。

總之，心有能量後，風大也有能量，那時候便能生起

身體微妙的輕安，由此輕安生起的緣故，內心即生起殊勝的三摩地。又因爲此三摩地的緣故，風大轉爲更柔軟，更能引生身心的輕安。

又如《瑜伽師地論・聲聞地》說：「由於最初修習禪法時，背離一切散亂之相，令心無散亂地安住內在，故稱爲『不念作意』。」（不念作意，即注意力不念散亂之相）

這是說初學「心一境性」時（心一境性是五禪支之一，入定一定會生起五禪支），應當不要生起其餘的念頭，注意力都不應投向那些目標。（注意力只應投向禪修的所緣——禪修的目標，不應注意其他雜念）

按照這樣子修習之後，《瑜伽師地論・聲聞地》說：「你對於亂相及不亂相，都能如是仔細了知，便能安住在單一的所緣境，也能安住在內心的寂止中，種種的心相續、種種的心流，前後一味——皆是無相、無分別、而且寂靜地運轉。你的心雖然得到寂止，由於失去正念的緣故，且由於反覆串習外在諸相、內在思想、隨煩惱……等種種過失的緣故，有如鏡子的表面，外在對象的影像反覆出現在面前，此時行者隨著所生起的影像（內在思想與外在諸相），在這裡面，應當更加修習『不念作意』（注意力不念散亂之相）。意謂類似的影像，之前已經看過它造成的過患，通過增強思惟其過患，於如是所緣境界或影

像，經由修習『不念作意』，把所有生起的境界或影像，除遣散滅，令那些雜念畢竟不出現在面前。賢首！應當知道如此的所緣，相當微細，難以通達，你當發起勇猛銳利的興趣，為求得通達，發起精進。」

以上說明三摩地生起之相，引文中「寂靜地運轉」之前，指通過前面的修習，無相、無分別、寂靜等三種，漸次生起。接著，引文到「通過增強思惟其過患」，是說明心雖然已得寂止，由於修習不夠多等過失，心中仍有境界或諸相生起，此時應當憶念心隨著它們運轉的過患，務必令內心不隨著它們運轉，都不思惟它們而安住下來。接著，引文到「不出現在面前」，意謂由於修習全不思惟它們而生起的力量，外在諸相、內在思想、隨煩惱等三法在任何時候現起時，皆不顧視它們，此三法自然滅除，不再現起，所以，心不被這三法奪走。其餘引文說如此的奢摩他非常微細，就算解釋了，也難以通達。

其中，外在諸相是指色、聲、香、味、觸等五境，加上貪瞋癡三毒及男女，總共十相。無相的道理，意謂最初修習時，色等十相胡亂現起，現起之後，馬上又自己消滅（因為修習不念作意），最後住於禪定時，十相完全不再現起，只現起內心清晰明了與安樂之相。

禪修中，克服胡思亂想的道理，意謂按照前述方法，令心安住在「不念作意」，隨時生起任何一種雜念時，有

如水中的泡泡，不能長久安住，自然而然消滅。

接著，更要按照前述的方法修習，內在領受清楚分明與安樂等狀態，這些狀態無需等待我們主動去破除，它們經不起觀察，生起之後，沒多久就自然脫落，安樂等狀態轉為更加微細。

【師父註解：由此可證，禪修入定而生起輕安，完全不必擔心會執著禪定的樂受，因為那些樂受經不起觀察，很快就會脫落。有人質疑修定者易陷入禪定之執著而不可自拔，全是謬論，不可相信。真正修定下去，你才懂不可能產生執著，因為你會看到那些快樂也是無常寂滅的，無法常住，如此，又如何執著禪定之樂。請那些亂批評禪定、而且自己不禪修的人，不要再誤導眾生。】

此時安住在禪定中，內在種種雜念、煩惱等，全不現起，發現心與虛空都無分別。出定時，則發現身心等各部位好像獲得新生。之後，在生活中，縱然生起貪等煩惱或想法，情況與之前全然不同，它們的勢力變得很微弱，無法長久相續。這些階段，就是前一篇文章引文中「寂靜地運轉」的安住狀態。

內心極為明了，甚至連房屋的柱子、寢室的牆壁的最小粒子（極微），都能計算出數目。心安住的成份很濃厚，即使睡眠時，也發覺睡眠與禪定融合在一起，尚未

得定之前的那種睡眠，不復現起，有時候能夢見許多清淨相。

30・斷除疑惑

【原文】

若得如前所說之三摩地，於五道中立為何道。曰，前說之定，若是無倒了解無我，住彼見上所修之定，則可立為異生位之順解脫道。若非爾者，如聲聞地說，即修第一靜慮根本定觀粗靜相之諸世間道，皆須依此定而修。外道仙人以世間道離無所有地以下貪者，亦依此定而修上道，故此是內外道所共之定。又若由無倒通達之無我見，及由善見三有過患，厭背生死，希求涅槃之出離心所攝持者，是解脫道，若由菩提心所攝持者，亦成大乘道。如以一握食布施畜生，及護一戒，若有彼心攝持，如其次第，亦成解脫道與一切種智之資糧道。然今非觀察由餘道攝持成不成解脫道與一切種智道。是觀彼定由自性門為成何道也。以是有於修習無念及不作意，名為心不造作及無執著之樂明無分別者，其中猶有是否住真實義修空性之二類，當善分別，最為切要。以未通達真實義者，亦易誤為通達，誤處極大故。若未能如前分別，則於內外所共之三摩地，亦可誤為無上瑜伽圓滿次第最主要者，故當觀察也。

問：

若得前述三摩地，五蓋多數時候不現行，出定後又不

離輕安，此種三摩地，於五道中，屬於哪一道？

【師父註解：五道不是指五趣，而是指資糧道、加行道、見道、修道、無學道】

答：

前述所說之禪定，若是無顛倒地了解無我，住此無我正見之上所修的正定，則可以列為凡夫位並順於解脫道。若非如此的話，如《瑜伽師地論・聲聞地》說，即使從初禪起修的「世間道」，通過觀察下地定的粗糙與上地定的微妙而在禪定方面往上升進，皆須依前述修定之法而加以修習。

【師父註解：世間道不是指在世間百業工作的道路，而是指四禪八定的修學道路，因為古代外道多在禪定方面用功，所以成為印度各宗教修行的普遍道路，世間道是指這個。】

外道仙人（指外道的修行者或婆羅門）在世間道的修習中，修到非想非非想定，能遠離「無所有定」以下各種禪定的貪著，也必須依照前述的修習方法而往上修，所以前述的禪修方法是內外道修行之後，所成就的共通禪定。

若經由無顛倒智慧所通達的無我見，及由善於見到三界的過患，生起厭離生死輪迴、希求涅槃的出離心，由出離心所攝持的，即是解脫道。若由菩提心所攝持的，即成

為大乘道。例如把手握的食物布施給畜生，或者持一條清淨的戒律，若由出離心發起布施與持戒，又依前次第道修持，那就成為解脫道的資糧道；若由菩提心發起布施與持戒，那就成為通向一切種智的大乘資糧道。然而，現在這裡的重點不在於觀察經由何種道路而成就解脫道或一切種智道，重點在於觀察禪定的性質可以成就哪一條道路。

若是修習無念及不作意，因而心不造作及產生無執著的喜樂、明了、無分別，這裡面還有是否住於真實義而修空性的區別，應當善於分別，非常重要。未通達諸法真實義的人，也很容易誤以為通達了，就犯下極大的錯誤了。

若未能辨別，則於內外道所共通的三摩地，也可能誤解為無上瑜伽中具備種種德相的圓滿次第的最主要部分，這樣子就誤解大了，故當審慎觀察。

31・說明修止的總道路

【原文】

若得前說無分別三摩地作意，唯當修此明了無別等殊勝功德之無分別定耶。曰，引發如斯三摩地者，是為引生能斷煩惱之毘婆舍那。若不依此引生毘婆舍那，則於此定任何修習，尚不能斷欲界煩惱，況能盡斷一切煩惱，故應進修毘婆舍那。此復有二，謂以世間道暫伏煩惱現行之毘婆舍那，與以出世道永斷煩惱種子之毘婆舍那。前者謂觀下

地粗相，上地靜相之粗靜行相，後者謂觀無常等四諦十六行相，此如聲聞地說，其主要者，謂通達人無我之正見。如是外道粗靜相道暫伏煩惱現行，或佛弟子修無我義永斷煩惱根本，皆須以前所說正奢摩他，為伏斷煩惱之所依。大小二乘諸瑜伽師，亦皆須修此定。於大乘中，顯密諸瑜伽師，亦皆須修此定。故此奢摩他實是一切瑜伽師修道之最要基礎。又二種毘婆舍那中，前者於佛弟子非不可少，後通達無我之毘婆舍那，則是必不可少者。若得前說第一靜慮近分所攝之奢摩他，縱未得以上靜慮無色之奢摩他，然依彼止修毘婆舍那，亦能脫離生死繫縛而得解脫，若未通達無我真實未修彼義，僅由前說正奢摩他及依彼止修習世間毘婆舍那，斷無所有以下一切煩惱現行，得有頂心，然終不能解脫生死。如讚應讚云：「未入佛正法，癡盲諸眾生，縱上至有頂，仍受三有苦。若隨佛教行，縱未得本定，魔眼雖監視，亦能斷三有。」故無上瑜伽部諸瑜伽師，雖不必生緣盡所有性粗靜行相毘婆舍那，及由彼所成就之止，然須生一正奢摩他。初生之界，謂生起次第時也。

【奢摩他＝止；毘婆舍那＝觀】

若證得前面所說的由無分別心引發的三摩地，只應修習此種具足明了、喜樂、無分別等殊勝功德的禪定嗎？

答：

引發如此的三摩地，是為了引生能斷煩惱的毘婆舍那（觀），若不依此引生觀慧，則於此禪定的任何修習，尚且不能斷除欲界煩惱，何況要斷盡一切三界煩惱？故應進修毘婆舍那。

修觀有二種：一、以「世間道」暫時壓伏煩惱現行的觀；二、以「出世間道」永遠斷除煩惱種子的觀。前者，意謂觀察下地禪定的粗糙，觀察上地禪定的微妙，通過觀察粗、妙之行相，得證禪定，壓伏煩惱。後者，意謂觀察四聖諦的十六行相，《瑜伽師地論‧聲聞地》有說明，重點是：通達「人無我」的正見。

【師父註解：四聖諦的每一聖諦各有四行相，總合共有十六行相。苦聖諦的四行相：無常、苦、空、無我；集聖諦的四行相：因、集、生、緣；滅聖諦的四行相：滅、靜、妙、離；道聖諦的四行相：道、如、行、出。】

不論是外道通過禪定粗妙行相的觀察，暫時壓伏煩惱的現行，還是佛弟子修習無我義，永遠斷除煩惱的根本，皆須以之前說過的真正奢摩他，作為斷煩惱的依靠。大小乘所有瑜伽師，亦皆須修此禪定。於大乘中，顯密所有瑜伽師，亦皆須修此禪定。故此奢摩他實在是一切瑜伽師修道的最重要基礎。

兩種修觀的方法中，世間道對於佛弟子來說，不是必要條件，出世間道通達無我的觀慧，則是必不可少的。若修得初禪的近分定，即未到地定，縱然沒有修得未到地定以上的色界定、無色界定，然而，只要依靠未到地定修毘婆舍那，亦能脫離生死輪迴而得解脫。若未通達無我真實義，未修無我義，僅依靠禪定，或僅依靠禪定而修世間道之觀，雖能斷除「無所有處定」以下的一切煩惱現行，得非想非非想處心，然而，終究不能解脫生死。

《讚應讚》〈第一品　讚置答〉說：「還沒進入佛陀的正法、愚癡盲目的諸眾生，縱然上升到非想非非想處，仍然受著三界苦。若隨著佛陀的教導而修行，縱然沒有修得四禪八定等根本定，魔王波旬的眼睛仍監視著，佛弟子還是能斷除三界的苦。」

故初果、二果、三果、四果（慧解脫阿羅漢），一切能得聖道之觀慧所依止的奢摩他，即是前面所說的未到地定。同理可知，一切頓證的阿羅漢，皆依止真正的奢摩他而勤修毘婆舍那，因而證阿羅漢。所以，心若未得定，必然無法生起因為緣取「如所有性」或「盡所有性」而修觀的真實證德，後面會詳細說明這個道理。

無上瑜伽部的諸瑜伽師，雖然不一定生起所緣所有粗糙、微妙行相的毘婆舍那，以及由粗糙、微妙行相所生的正奢摩他，然而，至少必須生起一種正奢摩他。奢摩他初

生起的時候，在生起次第及圓滿次第兩種次第中，意謂在生起次第的時候生起。

32・如何證得初禪——《瑜伽師地論》的七種作意

大寂撰

進入《菩提道次第略論》下一篇文章前，請先閱讀《瑜伽師地論》的七種作意。這七種作意，讓你明白如何從欲望充斥的頭腦，通過禪修，慢慢得證初禪的根本定。

1. 了相作意，通過注意力的投向，針對欲界及色界初禪，了達欲界粗相、初靜慮靜相。尋思欲界的過患及初禪的微妙，了達欲界粗相及欣賞初靜慮靜相後，決定離開欲界這種粗相，走向初禪。

2. 勝解作意，勝解的意思是殊勝的了解，針對欲界粗相及初靜慮靜相，反覆確認，不斷去了解，因而生起堅定的信解與印可，確認要往上走。

3. 遠離作意，是當初分煩惱生起時，為了斷除它，生起對治的方法，與對治的方法同時生起的作意。

4. 攝樂作意，是已經斷除欲界初分煩惱，遠離欲界粗重之後，因遠離作意而觸證些許的喜樂。由攝樂作意除去

昏沈、睡眠，由遠離作意除去掉舉惡作。

5. 觀察作意，為了檢查自己是否真的斷除欲界所繫的諸煩惱，通過思惟欲界種種的可愛相，觀察自己是否過關。這時發現各種染習仍然存在，不能厭離，知道自己還沒有解脫。

6. 方便究竟作意，從此之後，加倍樂於斷除煩惱、樂於修習聖道，由於不斷練習止觀，從欲界所繫一切煩惱中，心得離繫。終於能夠暫時調伏煩惱，得到初靜慮之前的加行道，能對治一切煩惱的作意已得生起。

7. 方便究竟果作意，證入根本定的初禪時，同時生起的作意。

33・說明世間道修止的道路

【原文】

聲聞地說，從得第九住心，乃至未得作意，是名作意初修業者。從得作意，欲淨煩惱，修習了相作意，是名淨煩惱初修業者。若未善解聲聞地中所說之義，便覺靜慮與無色最低之道，為初靜慮之近分。彼中說有六種作意，初是了相作意，故誤解謂初生近分所攝之心，即是了相作意也。若如是計，極不應理，以未得奢摩他者，必不能生第一靜慮之近分。未得近分，亦必不得奢摩他故。了相作意是觀

察修，若先未得正奢摩他，修彼不能新得奢摩他故。以是當知，第一近分六作意之初者，是修近分所攝毘婆舍那之首，非是第一近分之最初。彼前尚須有近分所攝之奢摩他故。未得第一近分所攝之三摩地前所有一切妙三摩地，皆是欲界心一境性。若照大論所說觀之，得三摩地者，亦極少數。此中由修近分六種作意離欲之理，恐繁不述。

讀此篇文章前，請先讀前一篇文章〈如何證得初禪——《瑜伽師地論》的七種作意〉。

《瑜伽師地論·聲聞地》說，從得到第九住心後，到奢摩他得作意之前，稱為「為了得到作意的初修定者」。從得到奢摩他作意之後，為了淨除煩惱，修習「了相作意」，稱為「為了淨除煩惱的初修定者」。如果沒有好好了解《瑜伽師地論·聲聞地》所說的法義，便容易誤以為色界定及無色界定的最低階位，是未到地定。

【師父註解：未到地定是奢摩他已得作意，輕安已生起。在得作意之前，還有欲界定，即證得第九住心，輕安未生起。這是更低的階位，未到地定不是最低的階位】

《瑜伽師地論·聲聞地》中，說有「六種作意」，第一個是了相作意，故有人誤解為初生未到地定所生起的心，即是了相作意。若如此認定，極不合理，因為奢摩他未修得作意成功的人，必不能生起初禪的近分定——未到地定。未得近分定，也必不得奢摩他。了相作意，已經開

始修觀，若沒有先得真正的奢摩他，修了相作意，並不能幫助你得證奢摩他。

【師父註解：宗喀巴說的六種作意，是指七種作意的前六種，因為《廣論》中，他說：「最後作意，是證離欲根本定時所有作意，即所修果，前六作意是能修因。」第七種作意，是證得離欲的初禪時，生起的所有作意，是修行成果，前六種作意是修行成果的原因。】

所以，應當了解初禪近分定後，起修六種作意的了相作意，是得證初禪近分定後「修毘婆舍那」的第一種作意，然而，這並非初禪近分定的第一種作意，因為在修毘婆舍那之前，尚有初禪近分定所應修的「奢摩他」。未得證初禪近分定之前的所有妙三摩地，皆屬於欲界的心一境性（即欲界定）。若按照諸大論典所說來看，能得證三摩地的人已經是極少數，何況能修得毘婆舍那。

這裡面由未到地定修六種作意而得離欲的道理，恐怕太過繁複，不再贅述。

【師父註解：就是因為《略論》沒有清楚講七種作意，所以才會先請大家讀前一篇文章〈如何證得初禪──《瑜伽師地論》的七種作意〉，你們讀完，就很清楚了。】

34・奢摩他已得作意是什麼意思？

大寂撰

作意，在阿毘達磨的解釋裡，指你的心投向目標。

例如你聞到咖啡時，你的心投向咖啡，尋找咖啡味源自哪裡？

當你找到咖啡之後，倒一杯咖啡來細細品嚐，此時你的心於咖啡已得作意，你的心很具體地投向咖啡，並品嚐它的味道。

奢摩他是止，完成止的最低階段是未到地定。

於奢摩他已得作意，等於是說最少於未到地定已得作意。

先前講過，作意是你的心投向目標。

於未到地定已得作意，是指你的心已能投向未到地定。

那意味著未到地定已顯現，所以你的心得以投向未到地定。

例如現在大象站在你旁邊不遠，那麼你一轉頭，心就能投向大象，嘴巴開始讚嘆大象的巨大，此時你的心對於大象，已得作意。

如果大象不在附近，你的心是無法投向大象的，頂多只能想像，不名作意。

同理，未修出未到地定的人，只能想像未到地定是什麼樣子的感覺，但是再怎麼想像，身心就是無法進入未到

地定，此時的心完全無法投向未到地定而加以注意未到地定。

假如你很精進，有一天真的進入未到地定，你很清楚地體會到未到地定，那麼，你的心將能充分投向未到地定、注意未到地定，並進一步依止未到地定修七種作意。

因此，奢摩他未得作意，是指未到地定尚未出現，所以你的心無法投向未到地定。

如果奢摩他已得作意，是指未到地定已經出現，所以你的心完全能投向未到地定，並持續加以注意。

根據彌勒的《瑜伽師地論》及宗喀巴的《菩提道次第廣論》，未到地定是修觀的最低要求，如果你僅有欲界定，最好修到未到地定再起觀。如果你連欲界定都沒有，純屬散亂心，那麼你最好根據修止的方法，修到未到地定，再起觀。

如果你修到初禪以上的禪定，以此基礎來修觀，更好不過了。如果你以散亂心直接修觀，不是不可以，但是你的觀慧將無法穩固，動盪不安，智光忽明忽暗，終究必須回來補強禪定，至少補到未到地定，你想在果位的進升上，乘風破浪，始有可能。

第七卷　止觀

毗婆舍那──觀

1・總說明修觀的資糧

【原文】

修次中篇說・依止善士・求聞正法・如理思惟・是毘婆舍那三種資糧。尤以親近無倒了達佛經宗要之智者・聽聞無垢經論・以聞思慧引發通達真實之正見・為毘婆舍那不可少之資糧・以無了解真實義之正見・必不能生通達如所有性之毘婆舍那故。又此正見・要依了義經尋求・非依不了義經。故當先知了義不了義之差別・而通達了義經義。又若不依堪為定量大論師解釋密意之論・則如生盲無引導者而往險處。故當依止無倒釋論。要依何論師耶・曰・如佛世尊於無量經續中・明記龍猛菩薩・能離有無二邊・解釋佛經甚深心要・當依彼論而求通達空性之正見。

提婆菩薩・為諸大中觀師如佛護・清辨・月稱・靜命等・共依為量・視同龍猛・故彼師徒・是餘中觀師之根源。西藏先覺稱彼二師為根本中觀師・稱餘為隨學中觀師。又有先覺說・就安立世俗之理・中觀師可分二派・說於名言中許有外境者・名經部行中觀師。於名言中不許外境者・名瑜伽行中觀師。就許勝義之理・亦可分二派・謂許苗等有法・與無實相和集為勝義諦者・名理成如幻。許於現境斷絕戲論為勝義諦者・名極無所住。又說・此二之前者・為靜命論師與蓮花戒論師等。其如幻與極無所住之名・印度亦有許者。然俄大譯師評・就勝義所立之二派・為使愚者生希有之建立耳。智軍論師則說・龍猛師徒所造之中觀論中・未明顯說有無外境。後清辨論師破唯識宗・於名言

中立有外境。次有靜命論師依瑜伽行教，於名言中說無外境，於勝義中說心無性之中觀理。故中觀宗遂成二派，前者名經部行中觀師，後者瑜伽行中觀師。造論之次序現見實爾。然月稱論師於名言中雖許外境，然與他宗全不相符，既不可說名經部行，亦不可說順婆沙行。西藏後宏法之智者，於中觀宗立隨應破與自立因二名，與顯句論極相契也。以是當知就名言中許不許外境，二派決定若就引發通達空性之正見而立名，則隨應破與自立因二派決定耶。若爾，應於彼等隨誰行，而求龍猛師徒之密意也。曰，阿底峽尊者，以月稱論師派為主，隨尊者行傳此教授之先覺，亦皆尊崇彼宗。月稱論師見中論之註釋中，唯佛護論師解釋聖者意趣，最為圓滿。即以彼論為本，亦多採納清辨論師之善說，其非理者亦略破斥，遂廣解釋聖者之密意。佛護，月稱二師解釋龍猛師徒之意趣，最為殊勝，故今當隨行此二論師決擇聖者師徒之密意焉。

　　奢摩他說明那麼久之後，總算進入毘婆舍那的說明。學習觀法，分為四點：
　　　　一、修觀的資糧
　　　　二、觀的差別
　　　　三、修觀方法
　　　　四、完成修觀的證量

　　先說明修觀的資糧，又分為兩點：
　　　　一、總說明修觀的資糧

二、分別說明所抉擇的正見

現在開始總說修觀的資糧，《修習次第‧中篇》說：「依止善知識，求聽聞正法，如理思惟，是毘婆舍那的三種資糧。」尤其是以親近「無顛倒且了解通達佛經重點」的智者，依止如此的智者，聽聞毫無垢染的經論，以聞慧、思慧、修慧，引發通達諸法真實義的正見，是毘婆舍那不可少的資糧。

因為缺乏了解諸法真實義的正見，必然不能生起通達「如所有性」的毘婆舍那。而且正見，需要依了義經而尋求，不能依不了義經。故應當先知道了義與不了義的區別，進而去通達了義的經義。

若不依止具有證量的大論師，聽他解釋論典中的奧祕，那就有如天生眼盲者缺人引導，往危險的地方走去。故當依止師父，聽師父無顛倒地解釋理論。

要依止什麼樣的論師呢？
答：如同佛陀在無量的佛經與密續中，明顯授記龍樹菩薩能遠離「有無」二邊，能解釋佛經甚深心要，當依止龍樹的論典而求通達空性正見。

提婆菩薩，曾經被許多大中觀師，例如佛護、清辨、月稱、靜命……等等，共同認定為有證量的聖者，視同龍

樹菩薩。所以，龍樹及提婆這兩位師徒，是其餘中觀師的根源。

西藏早先覺悟者，稱龍樹及提婆二師為根本中觀師，稱佛護、清辨、月稱、靜命……等等其他人為隨學中觀師。

【師父註解：佛護及月稱屬於中觀應成派；清辨及靜命屬於中觀自續派。應成派只破不立，自續派又破又立。】

又有早先覺悟的人說，從世俗的道理來說，中觀師可分為兩派，於名稱與言句中，與經部同樣說有外境的人，稱為經部行中觀師。於名稱與言句中，與唯識同樣不許可有外境的人，稱為瑜伽行中觀師。

從勝義諦方面來說，也可分為二派，把苗芽等「緣起現象」與「不實在」二者聚合，認定為勝義諦的人，稱為理成如幻中觀師，靜命及蓮花戒屬於此派。於現象上否定戲論而成立勝義諦，稱為極無所仕中觀師。不只在西藏，早在印度時，已有人自許為「如幻」或「極無所住」的派別。

然而，覺慧大譯師則說：「以勝義諦劃分的這兩派，只是令愚者覺得是很稀有的論述，對智者來說，名稱或內涵都有錯誤，不足採信。」

智軍論師曾說：「龍樹與提婆師徒所造的中觀論中，未明顯說到底有沒有外境。之後，清辨論師破唯識宗，於名稱與言句中成立有外境。接著，有靜命論師依著瑜伽行派的教法，於名稱與言句中說沒有外境，於勝義諦中說心無自性之中觀理。故中觀宗成立二派，前者稱為經部行中觀師，後者稱為瑜伽行中觀師。」

　　兩個宗派成立的先後順序，確實如智軍論師所說的，先有經部行中觀派，再有瑜伽行中觀派。

　　然而，月稱論師於名稱及言句中雖然許可外境，但與其他宗派的論典完全不符，既不可歸納為經部行，也不可歸納為說一切有部行。西藏後宏期之智者，將中觀宗分為「應成派」及「自續派」，與月稱論師造的《顯句論》相契合。所以，應當知道從世俗的角度來分，可分為「於名言中許可外境」及「於名言中不許可外境」二派，若從心相續中生起空正見的角度來分，可分為應成派及自續派。

　　若有這麼多中觀師的話，應該跟隨何人而求龍樹師徒之密意呢？
　　答：阿底峽尊者。他以月稱論師這一派為主，跟隨阿底峽尊者而傳授菩提道的先覺們，也是以此派為主。

　　在解釋《中論》的諸師中，月稱論師看見佛護論師解

釋聖者的意趣最爲圓滿，月稱即以佛護之論說爲根本，亦多採納清辨論師的嘉言，略爲破斥不合理的說法，以這種方式廣泛解釋聖者龍樹的密意。

佛護、月稱二位論師解釋龍樹師徒的意趣，最爲殊勝，所以現在應當跟隨此二論師而抉擇聖者龍樹師徒之密意。

2‧正見生起之前——明白染汙無明

【原文】

佛說貪等之對治‧僅是一部分煩惱之對治‧所說無明之對治‧乃一切煩惱之對治。故知無明是一切過失之根本。如顯句論云‧「佛依二諦說‧契經等九部‧是就世間行‧於此廣宣說‧其為除貪說‧不能斷瞋恚。為除瞋恚說‧亦不能斷貪‧為斷慢等說‧不能壞餘垢‧故彼非周遍‧彼皆無大義‧若為斷癡說‧能盡壞煩惱‧以佛說煩惱‧皆依愚癡生。」故當善修對治無明之真實義。若不知何為無明‧則必不知如何對治‧故認識無明最為切要。言無明者‧謂明之違品‧其明亦非任何一事‧乃能知無我真理之慧也。此明之違品‧亦非僅無彼慧或離慧之餘法‧乃慧之正相違者‧此即增益有我之心‧復有增益人我與法我之二‧故人我執與法我執‧皆是無明。其增益之相‧謂執諸法有由自性或自相‧或自體之所成就。如鄔波離請問經云‧「種種園林妙花敷‧悅意金宮相輝映‧此亦未曾有作者‧皆從分

別增上生，分別假立諸世間。」此說諸法皆是分別增上安立。六十正理論云，「由佛說世間，以無明為緣，說是即分別，有何不應理。」釋論解釋此義，謂諸世間皆無自性，唯由分別之所安立。百論亦云，「若無有分別，即無有貪等，智者誰復執，為真為分別。」釋論云，要有分別，乃有彼性，若無分別，即無彼性，如盤繩上假立之蛇，決定當知自性非有。此說貪等雖無自性，其假立義，如同繩上假立之蛇。然非說彼蛇與貪等，於名言中，有無皆同也。由前諸理，故知執實有之相者，謂說彼法非由無始分別假立，是執彼境由自性而有，其所執境，名為自性，或名為我。由說人上無彼自性，名人無我。眼耳等法上無彼自性，名法無我，故亦當知，執人法上有彼自性，即人法二種我執也。如百論釋云，所言我者，謂諸法之不依仗他性。由無彼性，名為無我，此由人法差別為二，曰人無我與法無我。人我執之所緣，入中論說，正量部中有計為五蘊者，有計為一心者。其計一心為我見之所緣者，如唯識宗與許阿賴耶識之中觀師，則計阿賴耶識為彼所緣。其不許阿賴耶識之中觀師，如清辨師與小乘諸部，則計意識為彼所緣，當知此諸派所說，流轉生死者與修道者等補特伽羅之名義，皆通唯我與我所相事阿賴耶等之二事。入中論中，破計五蘊為俱生我執薩迦耶見之所緣。釋論則說，唯緣依蘊假立之我。又說，唯五蘊聚，亦非名言之我。故一時之蘊聚及前後相續之蘊聚，皆非彼見之所緣，唯能引生我念之唯我，乃是彼之所緣。故任何一蘊及諸蘊集聚，皆不可立為我之所相事也。此是此宗之無上勝

法‧餘處已廣說。

俱生薩迦耶見之所緣‧要能任運引生我念。故執他人為有自相之俱生執‧雖是俱生人我執‧而非彼人之俱生薩迦耶見也。俱生我所執薩迦耶見之所緣‧要能引生是我所有俱生念之我所有性。故我眼等非彼所緣。其行相‧謂執彼所緣為有自相。俱生法我執之所緣‧謂他身中之色等五蘊‧眼等六根‧及內身所不攝之器界等‧行相如前說。入中論釋云‧無明愚癡‧於諸法無自性增益為有‧以障蔽見實性為體‧名為世俗。又云‧如是由有支所攝‧染污無明增上之力。此說執境實有‧即是無明‧及說彼是染污無明。故法我執‧有立為煩惱障與所知障之二派‧此同初說。龍猛師徒亦說此義‧如七十空性論云‧「因緣所生法‧分別為真實‧佛說為無明‧出生十二支。見真知法空‧無明則不生‧由無明滅故‧十二支皆滅。」分別諸法為真實者‧即執彼為實有耳。寶鬘論云‧「若時有蘊執‧彼即有我執。」此說未滅法執之前‧亦不能斷薩迦耶見。四百論亦曰‧「如身根遍身‧癡遍一切惑‧故由滅愚癡‧一切惑皆滅。若見緣起理‧則不生愚癡‧故彼當盡力‧專宣說彼語。」此所說愚癡‧即三毒中之愚癡‧故是染污無明。又說滅彼無明‧要通達空即緣起之甚深緣起義方能滅‧故染污愚癡‧當知即如釋論所說‧是增益諸法實有之執也。此是月稱論師隨順佛護解釋聖者意趣而開顯者。

佛說：「針對貪等煩惱修對治法，僅是對治一部分的煩惱，針對無明加以對治，乃一切煩惱之對治。」

故知無明是一切過失的根本，如月稱論師的《顯句論》說：「佛以世俗諦及勝義諦為基礎，廣說十二部經典，十二部經可統攝在九分教裡，九分教又可以含攝於三藏中。佛陀說這麼多法，是為了調伏世間人的各種煩惱。為了除去貪愛，佛陀教了不淨觀，卻不能斷瞋恚；為了除去瞋恚，佛說慈悲觀，亦不能斷除貪愛；為了斷除我慢等煩惱，修習各種對治法，卻不能淨化其餘的煩惱。可見對治法並非普遍性能斷一切煩惱的修法，能影響的層面很有限。為了斷除愚癡，佛所說的無我，除了可以窮盡無明，也可以破壞其他煩惱，佛說種種煩惱皆依愚癡而生。」

　　故當善修對治無明之「無我真實義」。若不知道什麼是無明，必然不知道如何對治，故認識無明最為重要。所謂的無明，意謂「明」的相反，明也不是任何一件事情，而是能知無我真理的智慧。明的相反，也不是僅無「無我慧」或離「無我慧」的其餘諸法，而是指無我慧的相反，即增益有我的心。

　　增益有我的心，又分為增益人我與法我兩類，故對於人我的執著與對於法我的執著，皆是無明。增益之相，意謂執著諸法由自性所成、由自相所成、由自體所成。
　　【師父註解：即自性執，先執著自性見，然後把自性見放到諸法上，認為諸法皆由自性所成、由自相所成、由自體所成，全是自性見。】

《鄔波離請問經》說：「園林中充滿種種萬紫千紅的花朵，與天人居住的美麗金宮，互相輝映，這一切事物未曾有創造者，無非皆由強烈的分別心產生的，又由分別心去假設及成立世間萬法。」這是說諸法皆由強烈的分別心安立。

　　《六十正理論》云：「佛陀說整個世間是由無明的分別心而成立，然而，諸法實相卻非如此，既然世人認知的世間與實相相違，那麼說『世間諸法由分別心促成』，又有什麼不合理呢！」《四百論釋》解釋這裡的法義，說世間諸法皆無自性，只不過由分別心暫時被安立起來罷了。

　　【師父註解：「世間諸法皆無自性」，是真理，聖者認識此正理，凡夫不知不見，凡夫把分別心暫時安立的諸法，執以為實，諸法稍有變化，便生起無邊煩惱。聖者知道世間必須通過約定俗成的詞語加以定義，彼此才能順利溝通。聖者與凡夫的差別在於：凡夫把假設的諸法執以為實，稍有變化便無法接受，聖者知道諸法無自性，只是暫時施設一個詞語或給予某個位置，不會誤以為實在，再大的變化都能徹底隨緣，因為無自性的諸法，本來就會隨緣而變。如果諸法總是隨緣而變，心怎能不隨緣接受呢？凡夫不隨緣接受的結果是：痛不欲生，與法性抗爭到底，引起種種身心疾病，最後鬱鬱以終。】

《四百論》也說：「若沒有執著境界是有自性的分別心，就不會產生貪等煩惱，又有哪一位智者會去分別境界為實在或有自性呢？」《四百論釋》說，要有錯誤的分別心，才會衍生自性執，若沒有錯誤的分別心，即不衍生自性執。如同盤子中的繩子，因錯誤的分別心，誤把繩當作蛇，蛇決定是不存在的。繩子譬喻諸法實相，蛇譬喻自性執，由此可知，自性決定是不存在的。貪等煩惱雖然無自性，但是在假名施設的意義方面，如同在繩子假立之蛇一樣。然而，不是說蛇與貪等煩惱，於名言中，存不存在都一樣。

　【師父註解：在心相續中，蛇與貪等煩惱，皆是無自性的存在。但是，貪等煩惱是存在的，確實顯現出來，並非看錯；蛇不存在，是看錯而暫時顯現，再看，就不存在。歸根究底，蛇與貪等煩惱在本質上沒差別，皆非真實存在，皆是因為自性執，執取諸境而引生出來。】

　由前述種種道理，可以知道執著諸法為實有之相的人，並不是從無始以來就分別諸法為假立的，而是執著那些境界可以獨立自存——自性而有，他們所執著的境界，稱為自性，或稱為我。在「人」之上說沒有自性，稱為「人無我」。眼耳等諸法上沒有自性，稱為「法無我」。所以應當知道，執著人、法有自性，即是在人、法這兩方面有我執。

例如《四百論釋》說：「所說的我，意謂諸法不用依賴其他事物而存在的性質。由於實際上不存在此種性質，故稱為無我，再由人與法而區別為人無我及法無我。」

執著「人我」的所緣境，《入中論》說，正量部中，有論師執著五蘊為我，其他部派有論師執著單一的心為我。執著單一的心為人我的，例如唯識宗及認可阿賴耶識的中觀師，他們執著阿賴耶識為人我的所緣。不認可阿賴耶識的中觀師，如清辨論師與小乘諸部派，則執著「意識」為人我的所緣。

當知以上諸派所說的理論，於討論誰在流轉生死與誰在修道時，人我的名義不外乎兩種：一、由分別心，在五蘊和合上成立「假我」；二、雖然認為諸法皆是分別心的境，仍然覺得要找出一個真實的事例，以證明哪個人在輪迴、哪個人在修道，所以有些派別認為是阿賴耶識，有些派別認為是意識。

【師父註解：某些論師認為「五蘊」是俱生我執身見的所緣，然而中觀應成派不認為如此。】

《入中論》中，破斥「五蘊」是俱生我執身見的所緣，《入中論釋》則說，「俱生我執身見的所緣，主要是依於五蘊假立的『我』」，又說：「即使五蘊聚在一起，也不是言說中的『我』。」所以，五蘊一時之間的聚合，

或者前後持續的聚合，皆不是身見的所緣。唯有在五蘊聚合時，引生我的念頭——「唯我」，才是身見的所緣。所以，五蘊的任何一蘊及五蘊和合，皆不可以立為「唯我」的實際事例。這是中觀宗無上殊勝的法，其他地方已廣為說明。

【師父註解：在部派佛教中，往往把五蘊和合假立為我，唯識宗則假立阿賴耶識為我，中觀自續派假立意識為我，他們因此將五蘊、阿賴耶識或意識立為身見的所緣。月稱論師破斥這些說法，建立「唯我」才是身見的所緣。雖然唯我也是依於五蘊而安立的，但在五蘊上尋找「唯我」時，找不到我的自相，遍尋不得。但是在應成派以下的諸宗，於蘊上尋找，成立了我的自相，應成派則找不到我的自相。月稱論師又說：「在未加觀察的狀況下，也就是在名言上是有我的。」有所謂的我來造作善惡業，有所謂的我來修道得解脫，「雖然在五蘊的安立處上尋找，怎麼尋找都找不到我，可是在名言上，能安立造業者，領受果報者、修道者、解脫者」，這一個論點可以說是中觀應成派無上殊勝的特色。

雖然宗喀巴認為這個論點是應成派無上殊勝的特色，敝僧卻不以為然，因為早在原始佛教的阿含經裡，所謂的無我，正是在五蘊中找不到自我，卻允許在言談中，為了方便與人溝通，可以講「我在吃飯」、「我準備修行」……等等。故原始佛教的無我，已經是應成派的見地，如

此，應成派又怎麼自許爲無上殊勝呢！是不可以的。】

俱生身見的所緣，要能自然引生「我」的念頭。所以，執著他人有我之自相的俱生執，雖然是「人我執」，卻不是身見。身見一定是緣取自心相續的「我相」，而非緣取他人心相續的「我相」。

俱生「我所執」身見的所緣，僅僅是「我所」，我的眼睛、耳朵、鼻子……等等，雖然是我所的實際事例，卻不是「我所」身見的所緣。我所執之身見行相，只緣取「我所」之自相，不緣取我所之事例的自相。

俱生「法我執」的所緣，意謂他人身體裡的五蘊、六根及身體之外的物質世界，行相如上一段一樣，法我執之身見行相，是執取他人五蘊、六根或物質世界的自相。

【師父註解：
人我執身見：執著「唯我」的自相
我所執身見：執著「我所」的自相
法我執：執著「諸法」的自相
《金剛經》講的「我相、人相、眾生相、壽者相」，其實就是「我的自相、人的自相、眾生的自相、壽者的自相」
凡是看到「自相」，就牽扯「自性見」，誤認爲此物可獨立自存，即是自性見，依著自性而獨立顯現出來的相

狀，即是自相，皆不脫離獨立自存之謬見。

　　換句話說，我執增上的人，自以為單靠自己的能力就處於高高在上的相狀，「唯我獨尊」特別顯現出來。如果能認識諸法無自性，取消自性見的話，「唯我」之優越感立刻蕩然無存。我所執及法我執，也是相同的道理。】

　　《入中論釋》說：「無明愚癡，對於本來是無自性的諸法，錯解為真實存有，因而成為我執及法執。障礙我們見到諸法真實義，是無明的體，屬於世俗心。」又說：「無明是十二緣起支的第一支，起帶頭造業的作用，因為無明支，其他十一支相繼生起。無明構成了我執及法執，我執及法執構成了煩惱障，染汙的無明力量增上的緣故，使我們造下種種的業。」

　　把境界執著為實有的，是無明，也有人說是染汙無明。所以，「法我執」，有人歸納為煩惱障，有人歸納為所知障，唯識宗及中觀自續派歸納為所知障，宗喀巴則把「人我執」及「法我執」皆歸納為煩惱障，所知障則指二種我執的習氣。

　　龍樹及提婆師徒也是這麼說的，龍樹菩薩的《七十空性論》說：「本來是眾因緣所生的一切法，人們都將它們誤解為真實存有，佛陀說是無明造成的，依此無明而衍生十二緣起支。若能見到諸法真實義，則知諸法悉皆空性，無明就不會生起，滅除無明的緣故，十二緣起支自然滅

除。」誤解爲眞實存有，即執著諸法爲實有。

龍樹菩薩的《中觀寶鬘論》說：「任何時候若執著五蘊爲實有，那就會有身見的我執。」沒有滅除「對五蘊執爲實有」之前，不可能斷除身見。

提婆菩薩的《四百論》說：「如同六根的身根遍滿身體各部位，愚癡無明也是遍滿一切的見思惑，唯有滅除無明愚癡，一切煩惱才會跟著除滅。若見到緣起的眞理，就不會再生起愚癡無明，故修行者應當盡力修習空性緣起之法，也應專門爲眾生宣說空性緣起的眞理。」這裡講的愚癡，即是三毒中的愚癡，所以是染汙無明。又說若要滅除此無明，必須通達空性即緣起的甚深法義，方能除滅。

所以，染汙愚癡，當知即如《四百論》所說，是錯把諸法當作實有，並增益此種執著。以上說明人我執及法我執爲染汙愚癡，通過見緣起法而滅除愚癡，這些說法，由佛護論師解釋龍樹、提婆的意趣，再由月稱菩薩開顯出來。

3・俱生我執就是生死輪迴的根本

【原文】

如前所說之二種我執無明・非是內外諸宗所計之常・一自在之人我執・亦非無方分之極微塵與彼集合成之粗色外

境，及非時分之剎那心與彼相續成之識類內心，復非二取所空之實有自證，概非彼等不共遍計之人法二執，乃一切有情不待邪宗，無始傳來所共有之俱生我執也。當知彼執，即生死根本。如入中論云，「有生旁生經多劫，彼亦未見常不生，然猶見彼有我執。」由此道理，故知於生死中繫縛一切有情者，是俱生無明。分別無明，唯學彼邪宗者乃有，故非生死之根本。要須如是分別了解。若不知者，則於抉擇見時亦必不知，以抉擇無俱生無明所執之境為主，於彼支分中兼亦破除分別我執之境。必致棄捨俱生無明不破，於破二我時，唯破諸宗所計之我，而抉擇無我。是則修時，亦必唯修彼義。以抉擇正見，即為修故。於是修已，現證及修到究竟，亦唯有彼義耳。若謂由見遍計執假立之二種無我，即能滅除俱生煩惱者，實為太過，如入中論云，「證無我時斷常我，不許此是我執依，故云了知無我義，永斷我執最希有。」釋論云，今以喻明彼義毫無關係，頌曰，見自室壁有蛇居，云此無象除其怖，倘此亦能除蛇畏，噫嘻誠為他所笑。此雖是說人無我，然法無我亦可配云，證無我時斷遍計，不許此是無明依，故云了知無我義，永斷無明最希有。

設有是念，寶鬘論說，若時有蘊執，彼即有我執，有我執造業，從業復受生。執五蘊實有之法我執，為生死根本。入中論說，「慧見煩惱諸過患，皆從薩迦耶見生。」薩迦耶見為生死根本，二論相違，以生死根本，不容有不同之二法故。答曰，無過。以此宗之二種我執，唯由所緣而分，非行相有所不同，俱以執有自相為行相故。倘生死根

本二相違者，要安立行相不同之二執為生死根本故，以是當知論說法我執為薩迦耶見之因者，是顯示無明內中二執為因果。若說彼二為煩惱之根本者，是顯為餘一切行相不同之煩惱根本。此理亦通彼二執，故不相違。如前後二念同類無明，皆是生死根本，不相違也。月稱論師雖未明說薩迦耶見即是無明，然不分人法，已總說執諸法實有，為染污無明。又許人我執，即執補特伽羅為有自相。復多宣說俱生薩迦耶見，為生死根本。倘許彼異實執無明，則須安立生死根本，有行相不同之二執，自成相違。故許彼二俱是無明也。

又前所說，俱生無明增益之境，其餘俱生分別一切煩惱，皆取彼境一分而轉。如眼等四根，皆依身而住，別無自境可住。如是餘一切煩惱，亦皆依俱生無明而轉，故說愚癡為主。四百論釋解，如身根遍身，癡遍一切惑時云，貪等煩惱，唯於愚癡所遍計之諸法自性上，增益愛非愛等差別而轉，非離癡別轉。故亦即是依止愚癡，癡為主故。由是當知愚癡於境執有自相。彼所執境，若順己意，即緣彼起貪。若違己意，即緣彼起瞋。若彼境與意俱非違順，中庸而住，雖緣彼境不起貪瞋，而生同類後念愚癡。六十正理論云，「若心有所住，寧不生煩惱，若時平常住，亦被惑蛇噬。」釋論即如上解。又從執蘊實有，生薩迦耶見，亦是寶鬘論之意趣，生餘煩惱之理，如中士道所說，即可比知。又如釋量論云，「若人見有我，即常貪著我，著故愛安樂，由愛蔽過失，見德而愛著，遂求我所有，若時貪有我，即流轉生死。」此宗與前說安立二種我執之理，雖有

不同，然生煩惱之次序，亦當依此論了知也。此謂初執我念所緣之我有自相，遂生我貪。由此便愛我之安樂，又見我之安樂，不待我所即不得有，故愛著我所。由此障蔽過失，見為功德。遂進求我所有以成辦我之安樂。由彼煩惱遂造眾業，由業故，復結生相續。七十空性論云，「業以惑為因，由惑起諸行，身以業為因，三皆自性空。」當於此生死流轉之次第，獲得決定了解。

前面說二種無明的我執，即人我執及法我執，屬於俱生我執，即生死輪迴的眾生天生就有的我執。俱生我執，與「遍計我執」不同，遍計我執是由於跟隨了邪惡的宗教或師長，生起顛倒的邪見，追求永恆不朽、唯一真神或大自在天……等等的人我執，此種遍計我執，與俱生我執不同。遍計我執只有跟隨邪惡的宗教才會有，此種我執不是輪迴的根本，俱生我執才是輪迴的根本。

俱生我執也不是內道的經部或說一切有部的遍計我執，他們執著最小物質粒子 —— 極微，這些極微集合後，組成外在粗糙的物質世界，這種執著只是遍計執著，不是輪迴的根本。

他們還執著心相續可分割為最小的時間單位 —— 剎那，由多個心識剎那相續在一起，才可組成心識。這種執著只是遍計執著，不是輪迴的根本。

修到能取、所取皆空之後，自己認爲有所證，此種對自證分的執著，不是輪迴的根本，而是遍計執著。

　　輪迴的根本，都不是上述所說的那些不具共通點的執著，輪迴的根本乃一切有情共通具有的、與生俱來的「俱生我執」，此種執著不必等待你追隨特定宗教或宗派才生起，而是無始生死輪迴以來，伴隨而來的。

　　當知俱生我執，即是生死的根本。

　　就像《入中論》說：「有人生到畜牲道，經歷許多大劫後，牠們沒機會碰到外道，也就沒機會跟著執持常樂我淨的邪見，這些動物完全沒有外道的遍計我執，但是牠們身上仍可看見『俱生我執』。」

　　由此道理，故知於生死輪迴中，綁住一切有情的，是與生俱來的無明。遍計無明，只有學習邪惡宗教的人才會有，故遍計無明不是生死的根本，必須如此分辨清楚。若對於俱生無明與遍計無明，分辨不清楚，則於抉擇空性正見時，必然不知道以破除「俱生無明」所執之境界爲主，破除後，才能抉擇出「無『俱生無明』」的解脫境界。若能針對「俱生無明」加以破除，則它的支分——遍計無明所執之境界——也能一起被破除了。

　　沒分辨清楚，必然導致棄捨「俱生無明」而不加以破

除，於破人我及法我時，只破除了諸宗派所執持的遍計我執，想以此抉擇無我。由於搞錯方向，所以在修的時候，必然只針對遍計我執來修，為了抉擇正見而修持下去。修持之後，只能達到破除「遍計我執」的境界，無法達到究竟的佛果。

外道執著的常樂我淨，是一種我；經部及有部執著的極微及剎那，是另一種我。如果以為破除了這二種遍計我執之後，所證得的二種無我，就能滅除俱生煩惱的話，這種講法實在太超過了。

如同《入中論》說：「有部及經部證得的無我，是粗品的無我，主要在於破除外道的常樂我淨 —— 遍計我執，而非破除『俱生我執』，所以說，若以為了知經部及有部的無我義，就能永遠斷除『俱生我執』，這種說法就太稀有、奇怪了。」僅證得粗品的無我，無法斷除俱生我執，若以為這麼簡單就能斷除俱生我執，那就不對了。

《入中論釋論》說：「現在以譬喻說明『證得粗品無我』與『斷除俱生我執』之間，毫無關係。偈頌說：『見到自己寢室的牆角有蛇居住，為了除去自己心中的恐懼，說牆角沒有大象，如果這樣能去除對蛇的怖畏，那就會被他人所嬉笑了。』」

這個譬喻雖然是用來說明人無我，其實說明法無我也

可用類似的譬喻。如果沒有了解俱生我執的對境，並針對俱生我執的對境加以破除，那麼僅僅斷除遍計我執，證得粗品的無我，如此並無法破除俱生我執，就像心裡消除對大象的恐懼，卻沒有消除對蛇的恐懼。所以，僅了知粗品無我義，卻說能永斷俱生無明，實在是太稀有的現象了，並沒有這種事。

《中觀寶鬘論》說：「若執取五蘊，就會有我執，有我執就會造業，造業後就會不斷輪迴投胎。因此，執著五蘊為實有的『法我執』，為生死輪迴的根本。」

《入中論》說：「智慧見到煩惱衍生的種種過患後，了知煩惱皆從『身見』生起的。」

以上兩本論的說法互相矛盾，《入中論》認為身見是生死的根本，《寶鬘論》認為法我執是生死的根本，到底什麼是生死的根本，不應該有兩個不同的答案。

答：

無過失。應成派的二種我執，即人我執（身見）和法我執，只是由所緣而分類，並非行相有所不同。人我執（身見）是執取人的自性，法我執是執取人以外的諸法的自性，所緣不同，共通點是皆執取自性，皆以執取「有自相」為行相。

倘若作爲生死根本的法我執及人我執之身見是互相矛盾的，卻要把行相不同的這兩種執取安立爲生死的根本，那麼應當知道法我執作爲人我執的原因，顯示了同樣作爲無明的二種執著，法我執爲因，人我執爲果。如此，二種執取成爲生死根本，也就不互相矛盾了。

　　若說法我執及人我執（身見）爲煩惱的根本，那是爲了彰顯此二者是其餘一切不同行相之煩惱的根本。這個道理與二種執取是相通的，不互相矛盾。例如前後兩個同類念頭的無明，皆是生死的根本，不矛盾。

　　月稱論師雖然沒說身見就是無明，然而，不論是執取人或法，已經說過只要執爲實有，便是染汙無明。月稱論師也認可所謂的人我執（身見），便是執取人有自相。而且他也多次宣說俱生的身見，是生死根本。

　　倘若許可還有其他不同的執爲實有的無明，如果無明有那麼多，那麼只安立生死的根本爲兩種執取，那就矛盾了。故知法我執及人我執（身見）已經可以統攝無明了。

　　經部及有部認爲人我執就是無明，但他們所要破的我執，只是破除常樂我淨的我或有獨立實體的我。唯識宗和自續派認爲無明有愚蒙於業果的無明和愚蒙於空性的無明兩種，他們認爲所有顚倒的心所都是無明。可是，應成派認爲無明只有這兩種，即法我執及人我執。與經部、有部

不同的是，經部及有部說的我執，是粗品的我執，指常樂我淨的我或實有的我，較粗。應成派的我執是細品的，執取人有自相，是人我執，執取五蘊有自相，是法我執，這種我執比較細。斷除人我執及法我執的對治法，就是修習人無我及法無我的毘婆舍那，也就是修學空性智慧的毘婆舍那。

就算沒有發菩提心及大悲心，空性的修法就足以助人達到解脫，證阿羅漢，如果發起菩提心及大悲心，足以成佛。以空性智慧斷除人我執及法我執時，在時間前後上，兩種我執的斷除並非有前後次序的斷除，而是同時斷除二種我執。

【師父註解：你們如果看以前發過的文章，便知人我執及我所執皆是身見，法我執是另一種，是身見生起的因。幫大家複習：

人我執身見：執著「唯我」的自相或執取「人」的自相。

我所執身見：執著「我所」的自相。

法我執：執著「諸法」的自相或執取「五蘊」的自相。

應成派把執取五蘊為實有，當作法我執，把執取人為實有，當作人我執或身見，按照這個定義，原始佛教的身見恰恰是應成派的法我執，因為原始佛教對身見的定義，

即是把和合的五蘊執爲實有或執爲我。敝僧已多次發現宗喀巴或月稱菩薩，糾正有部或經部的錯誤，他們卻沒發現比部派佛教更早的原始佛教，佛陀親說的法，已準確無誤地呈現，爲此之故，我似乎沒發現應成派比原始佛教更高明之處。】

按照前面所說的，俱生無明所增益的對境、所虛構出來的對象，恰恰是其餘遍計無明、分別心……等衍生的一切煩惱所取的一部分對境，它們皆取俱生無明對境的一部分而運轉。

【師父註解：執持「人有自性」的人我執，增益人的可愛相，就會生起貪，增益人的不可愛相，就會生起瞋，沒有特別增益可愛相或不可愛相，便會生起癡。人有自性，即是俱生無明虛構出來的，貪、瞋、癡等煩惱皆取人我執所增益的對境的一部分而運轉，貪取了可愛相而運轉，瞋取了不可愛相而運轉，癡取了非可愛非不可愛相而運轉。】

如同眼、耳、鼻、舌等四根，皆依靠身根而住，並沒有其他可依靠的地方。同樣的，其餘一切煩惱皆依俱生無明 —— 人我執、法我執 —— 而運轉，故說諸煩惱以愚癡爲主。

提婆菩薩的《四百論》說：「如同身根遍於身體的各

部位，癡也是遍於一切的煩惱。」

　　月稱菩薩的《四百論釋》說：「貪等煩惱，都是在愚癡所遍計之諸法自性上，虛構可愛相或不可愛相等等之差別而運轉，並非離開愚癡而能自己運轉。」這就是說明諸煩惱依止愚癡，以愚癡爲主的緣故。

　　由此當知愚癡對於種種境界，執著有自相，它所執著的境界，若符順於自己的意思，就會因緣取可愛境而生起貪愛；若違背自己的意思，就會因緣取不可愛境而生起瞋恨；若境界與自己的意念沒有符順或違背的情況，只是平淡無感的境界，雖然緣取那種境界不生起貪瞋，之後的念頭仍是會生起同類煩惱的愚癡。

　　《六十正理論》是龍樹菩薩寫的，龍樹菩薩所寫的論著中，最出名的就是六本理聚論，其中最大部的就是《中觀根本慧論》和《中觀寶鬘論》，再來就是《六十正理論》，另外還有《細研磨論》（又名《精鍊論》）、《迴諍論》、《七十空性論》。

　　《六十正理論》說：「若心有所住著，怎麼可能不生煩惱！若沒什麼事物引誘心，心處於平時的狀態下，仍不免被愚癡的毒蛇所吞噬。」（毒蛇只是愚癡的譬喻）

　　《六十正理論》的釋論，也作出了像上述《四百論釋》一樣的解釋。

而且，把五蘊執為實有，因而生起身見，也是《中觀寶鬘論》的意趣。至於其餘煩惱生起的道理，〈中士道〉已經說了，大家可以自己推理。

　　印度佛教不管哪一派論師，在斷煩惱方面，都是以證無我慧為方法，大家的見解都一致。唯識宗法稱菩薩的《釋量論》說：「若一個人認定有自我，就會經常貪著自我的享受，貪著自我的緣故，將貪愛種種的安樂，這些吃喝玩樂本來充滿許多過患，但由於貪愛猛烈的緣故，遮蔽了智慧，看不見過患，甚至在那些過患上，只見到功德或好處，例如為了追求快樂而殺害別人，沒看到殺人的過患，只看『得到快樂』的功德。因此而更增強貪愛與執著，每天都追求自我擁有更多東西。若強烈地貪著自我，那將生死流轉不已。」

　　法稱菩薩的唯識宗說法，雖然與前面說的二種我執的道理，有所不同，然而，生起煩惱的次序，也當依止此論來了解。煩惱生起的次序是：以人我執和法我執為根本，生起貪瞋癡等煩惱，造作善惡業，生死流轉。

　　上述法稱菩薩的引文，意思是我執緣取自我有自相，遂生起我貪。由於我貪，便貪愛我的安樂，又發現我的安樂，若缺乏我所擁有之物，便沒有安樂，故進一步貪愛我所擁有之物，即愛著「我所」。由此而障蔽自己看見貪愛

的過失，只見到貪愛的功德。因而進求我所擁有之物品，以致於成辦自我的安樂。由貪等煩惱，所以造下種種業，由造業的緣故，又相續投生、輪迴。

《七十空性論》說：「之所以造業，是以煩惱爲因，由於煩惱而生起諸行，有漏身以有漏業爲因，『業、煩惱、身』三者都是無自性的。」

應當於此生死流轉的次第，獲得確定的了解。

【師父註解：如果業、煩惱、有漏身，三者皆有自性的話，無論你怎麼努力，都扭轉不了。例如有的人因爲愛不到自己喜歡的人，生起極大的痛苦，身體因此生病。若痛苦及生病的身體是有自性的，那麼不論你怎麼努力，身體永遠無法恢復健康。然而，正因爲身體是「無自性」的，所以經由你的努力，身體能恢復健康。想恢復健康，必須不再造惡業，不想再造惡業必須先滅除煩惱。若業與煩惱有自性，那麼不管你怎麼努力，惡業及煩惱將相續不斷，無法扭轉。正因爲業與煩惱皆無自性，因此可滅除煩惱、停止造惡業，身體自然恢復健康。】

4・求「無我見」的理由

【原文】
如前所說・二種我執無明・既須斷除・亦欲斷除・若僅欲

斷，而不尋求了知我執為生死根本之理。或雖了知，而不以了義教理破除我執之境，勤求引發無我淨見，實為極鈍根性，以已放棄能證解脫與一切種智道之命根，猶全不顧故。法稱論師云：「若未破彼境，不能斷彼執，故斷隨德失，所起貪瞋等，要不見彼境，非由外道理。」此說剔除外刺，不待破彼所執之境，以鍼從根剔之則除，斷除內心煩惱則不如是。如斷我執，要見無彼所執之境，始能斷除也。月稱論師亦說，由見貪等煩惱與生老等過患，皆從薩迦耶見生，故瑜伽師若欲斷彼，當以正理破除我執所增益之人我境也。如入中論云：「慧見煩惱諸過患，皆從薩迦耶見生，由了知我是彼境，故瑜伽師先破我。」修真實義者，當如是行，故云瑜伽師也。此亦是龍猛菩薩之意旨，如六十正理論云：「彼即眾見因，無彼不生惑，是故遍知彼，見惑皆不生。云何能遍知，謂見緣起性，緣生即無生，是正覺所說。」此說為染污見及餘煩惱作根本之實執，要由緣起通達諸法自性不生之真理，始能斷除。若未能破執諸法有自性之境，則必不見無彼自性故。提婆菩薩所說如前已引。又四百論云：「若見境無我，三有種當滅。」此說由我執所緣之境，都無有我，則能斷除為三有之根本無明。靜天菩薩亦云，補特伽羅空已善成立，由斷根本，故一切煩惱皆不復生。如如來秘密王經云：「寂靜慧，如斷樹根，一切枝葉皆當乾枯。如是，若滅薩迦耶見，一切煩惱與隨煩惱，皆當息滅。」此說通達修習補特伽羅自性空，能滅薩迦耶見，若滅彼見，則餘一切煩惱亦當隨滅，但若未破人我執境，亦必不能通達無我。彼文既

明薩迦耶見為餘一切煩惱之根本，若彼異於無明，則生死根本有不同二種，故彼亦是無明也。總之，註釋甚深經義之諸大論師，凡抉擇真實義時，必以無量教理而觀察者，因是了知，未見邪執所執之我，空無所有，則不能知無我空性。故於此義當求定解，最為切要。若未破除生死根本邪執之境，修彼空義，而修其餘深義，則全不能斷除我執。以心未緣無我空性，則必不能斷我執故。若未破我執境，僅收其心令不緣彼境，不能立為緣無我故。以是當知，心緣境時，共有三類，一執所緣為實有，二執為不實，三但緣境不執差別。如未執不實者，不必盡執實有，故未執二我者，亦不必即緣二無我，以有無邊第三類心故。又二種我執，主要是緣人我而轉。故當抉擇，如彼所執，其事非有。若不爾者，如盜竄林中，而追尋於平原也。由修如是抉擇之空義，能斷盡錯亂，故此空義，即是最勝真實義。倘棄此義別求真理，當知唯屬隨順所談，實出經義之外也。

如是執實有男女等人及色受等法之無明，由得通達無我空見而修習之，即能斷除。無明斷已，則緣實執境增益愛非愛相之非理作意分別，亦即隨滅，分別滅已，則以薩迦耶見為根本之貪等煩惱，亦並隨滅。貪等既滅，則彼所起之業亦滅。業若滅者，則無業力所引之生死輪迴，即解脫矣。於此當生堅固信解，次求真實正見。如中論云，「業煩惱滅故，名之為解脫，業煩惱非實，入空戲論滅。」了知如是流轉還滅次第，當善愛護通達真實。若不善分別，僅儱侗而修，都無益也。

前面說過兩種我執的無明，雖然需要斷除，但是有的人僅停留在想要斷除的層面而已。一、若僅想要斷除，卻不深入了解我執為何是生死根本的道理；二、或雖然了解道理，卻不以了義的教理破除我執的境界，精進求取引發無我的清淨見。

　　若有人發生上述兩種情況，實在是極為鈍根了。因為他們已經放棄能證得解脫與「一切種智」的生命，完全不顧。

　　法稱論師說：「若沒有破除二種我執的對境，便無法斷除二種我執。見到二種我執之對境的功德，易生貪愛，見到過失，易生瞋恚，能否斷除貪瞋的關鍵，在於能否看出那些對境是不真實的，貪瞋並無法從外在世界拔除。」

　　這是說剔除外在的刺，不需要等到了解刺痛的所知境是不真實的，才能剔除；只需用針，從刺的根部加以剔除即可。然而，斷除內心的煩惱，卻非如此。例如斷除我執，要見到根本就沒有我執所執著的真實境界，始能斷除。

　　月稱論師也說：「由於見到貪等煩惱與生老死等的過患，無非皆從身見衍生，故瑜伽師若想斷除身見，應當以正理破除我執所增強抓取的人我境界。」就如《入中

論》說：「智慧見到煩惱的種種過患，皆從身見生起，由於了知『人我』是身見的對境，所以瑜伽師先破人我的自性。」

【師父註解：

身見把人我當作所緣境而加以執持，誤以為自我真實不變，對於自我生起錯誤的自性見，此時，唯有看出人我是不真實的、是無自性的，才能把人我破除。人我是身見的對境，人我一破，身見跟著脫落。就像貪愛美食，當你看到美食引發的種種過患，美食的真實性一旦被破除，此貪亦跟著脫落。一切煩惱的破除法，無不如是，只要破除煩惱對境的真實性，根本煩惱必跟著脫落。】

《入中論》說：「智慧見到煩惱的種種過患，皆從身見生起，由於了知『人我』是身見的對境，所以瑜伽師先破人我的自性。」

觀察諸法真實義的修行者，應當如是行持，才堪稱為瑜伽師。這也是龍樹菩薩的意旨，例如他的《六十正理論》說：「二種我執，就是眾多『煩惱見』生起的原因，沒有二種我執，就不會生起見惑、思惑，所以，完全了知二種我執及其對境的不真實性，煩惱見及見思惑便無由生起。如何才能遍知二我執及其對境的不真實性？那就是見到緣起性，去明白緣生的諸法，皆是無自性而生，這是開悟的佛陀所說的真理。」

這是說染汙的身見及其餘煩惱，作為根本而實際的執著，要由緣起的道理，去通達諸法皆不是由自性所生的真理，才可能斷除。若無法破除「諸法是有自性的對境」的執著，則必然見不到「無自性」的真理。

提婆菩薩之前說過六根的身根，遍滿全身各部位，愚癡也同樣遍滿一切煩惱，而且《四百論》說：「若能見到二種我執的對境，實際上是無我的，三界的根本自當滅除。」這是說由我執所緣取的對境，都找不到自我，則能斷除三界的根本──無明。

寂天菩薩也說：「人我的空性已經妥善成立的話，由於斷除了根本無明，故一切煩惱皆不再生起。」

又如《如來秘密王經》說：「寂靜的智慧，能滅除身見，一切根本煩惱或枝微的隨煩惱，皆當息滅。就如斬斷樹根，一切枝葉皆當枯乾。」

這是說通達修習「人我的自性是空」時，能滅除身見。若滅身見，則其餘一切煩惱也會隨著消滅。但是，若未破除「人我執」的對境的自性見，也一定不能通達無我。上面的引文既然已經說明身見為其餘一切煩惱的根本，若身見異於無明，則生死輪迴的根本變成有兩種不同的原因，故身見就是無明，輪迴的根本原因只有一種。

總之，註釋甚深經文法義的諸大論師，凡是在抉擇諸法真實義的時候，必然以無量無邊的教義來觀察、審查，所以充分了知：如果沒看到邪見所執著的「我執」，乃空無所有，則不能徹知無我的空性。是故，於此法義當求確定的了解，最為切要。

造成生死輪迴之根本的邪見所執著的境界，如果不能針對此種境界修習空義，卻修其餘甚深法義，完全不能斷除我執。因為心沒有緣取無我空性的話，必然不能斷除我執。如果沒有破除我執的對境，僅通過禪修收攝自己的心，令心不緣取我執的對境，這樣子心便無法練習「以無我慧通達對境」。

當知心緣取對境時，共有三類：

一、執著所緣為實有

二、執著所緣不實有

三、只緣取對境，不執著差別。對於所緣沒有執為非實有者，不代表就是執為實有，有可能屬於第三類的情況，心沒有執為實有或不實有。

然而，那些沒有「人我執及法我執」二種我執的人，不代表他們必然以無我慧來緣取對境，因為有無邊的情況，人們都是處於第三類的心。而且，二種我執主要是圍著人我而轉，所以有我執之對境生起時，當抉擇對境「非

眞實存在」。

　　若不如此修的話，如同強盜已經逃竄到森林深處，你卻還在平原上追，永遠追不到。由於修習如是抉擇的空義，能斷盡一切的錯亂。所以，如此的空義，即是最殊勝的眞實義。倘若放棄此法義，追求其它眞理，那將超出經義的範圍之外，隨便按照自己的想法安立眞理而已。

　　執著實有男人、女人的無明，及執著色等五蘊的無明，通達無我空見後，繼續修習無我空見，即能斷除無明。無明斷除後，原本緣取執爲實有的境界，並在此境之上因不如理作意的分別心而把境界增益爲可愛相或不可愛相，也立即隨著斷滅。

　　分別心滅除後，以身見爲根本的貪等煩惱，也一起跟著滅除。貪等煩惱既然滅除之後，由貪等煩惱所造的業，也跟著滅除。惡業若滅除，就不會有業力所牽引的生死輪迴，此時就解脫了。對於此，應當先生起堅固的了解而產生淨信，接著勤求諸法眞實義的正見。

　　就像《中論》說：「業及煩惱皆滅除的緣故，稱爲解脫。其實，業及煩惱皆非實有，只要進入空性智慧，就能看見那些業及煩惱不過是一堆戲論，繼續看下去，那些戲論也就滅盡了。」

了知如是進入生死輪迴及出離輪迴、導向解脫的次第，應當妥善愛護通達諸法真實義的二無我智。如果不是很清楚進入輪迴及出離輪迴的次第，只是籠統知道空性正見的重要，以此模糊概念修行，不會有很大的利益。

　　所以，之後開始講解引生無我見的方法。

5・二種「無我見」生起次序

【原文】

二種我執生起次第，雖是由法我執引生人我執，但悟入無我義時，則當先生人無我見，後生法無我見。如寶鬘論云，「士夫非地水，非火風非空，非識非一切，異此無士夫，如六界集故，士夫非真實，如是一一界，集故亦非真。」此中先說人無自性，次說人所依之地等諸界無自性。顯句論與佛護論亦說，悟入真實義時，當先從人無我悟入故。靜天菩薩亦如是說。其理由謂於人法上了解之無我，雖無粗細差別，然由所依之關係，於人上則易了解，於法上則難了解。如法無我，於眼耳等法上難了，於影像等法上則易了知。故影像等為抉擇眼耳等無我之同喻也。三摩地王經亦云，「如汝知我想，亦如是知法，一切法自性，清淨若虛空。由一知一切，由一見一切。」此說若善了知我想所緣我之真理，則準此理，例觀眼等內法，瓶等外法，亦皆相同。故若知見一法之真理，則能遍知、見一切法之真理也。

二種我執生起的次第，雖然是由「法我執」引發「人我執」，但是，悟入「無我義」時，應當先生起「人無我見」，之後才生起「法無我見」。如《中觀寶鬘論》說：「一個人，不是地、水、火、風、空、識六界的任何一界，然而，離開這六界，也無法組成一個人。六界集合後，一個人才暫時存在，必須有足夠的條件，人才得以暫存，可見如此的人不是實在的。如同人因六界的聚合而證明不實在，六界的每一界的特性，也是各由每一界的組成要素聚合起來後，才顯現各界的特性，所以每一界也都不是眞實的。」

　　這裡面，先說明人沒有自性，接著說明人所依的地等六界，也無自性。《顯句論》及《佛護論》也說，悟入眞實義時，應當先從「人無我」悟入，靜天菩薩也如此說。理由是：於「人」、「法」上了解無我時，雖然沒有粗細的差別，但由於「所依」的關係，於人上的無我，容易了解，於法上的無我，難以了解。

　　例如法無我，直接於眼、耳……等諸法上，難以了知法無我，以外部影像爲譬喻，則易了知法無我。當我們想從眼、耳……等六根抉擇無我義時，會以外界的影像爲譬喻，來推敲眞正的無我義。

　　《三摩地王經》也說：「就像你在五蘊的一一蘊上，

找不到實在的人我，你也可以用同樣的道理來了解諸法，在組成諸法的一一法中，找不到實在的法我，找不到法的自性，你想在一一法中找到自性，就像在萬里無雲的清淨虛空中，找不到任何東西。由一法中，知道無自性的道理，便可以類推一切法的自性也是不存在的。由一法的無自性，便可以見到一切法悉皆無自性。」

這是說誤把五蘊和合的身心，執為人我，若善了知五蘊拆開，人我了不可得，亦即人我沒有自性，明白這個真理後，其餘的眼睛等內法或瓶子等外法，也都是相同的道理，皆無自性。

所以，若知見一法的真理，則能推理、遍知一切法的真理了。

6・說明「人我」

【原文】

補特伽羅・有天人等六趣補特伽羅・及異生聖者等補特伽羅。又有造黑白業者・受彼果者・流轉生死者・修解脫道者・得解脫果者等。如入中論釋引經云・「汝墮惡見趣・於空行聚中・妄執有有情・智者達非有・如即攬支聚。假想立為車・世俗立有情・應知攬諸蘊。」初頌・明補特伽羅勝義非有之人無我。初句・三句・明妄執有人我者・墮惡見趣。二句・四句・明諸蘊中空無人我。第二頌明補特

伽羅名言中有。初二句舉喻．後二句合法．明補特伽羅唯依蘊假立也。此經既說蘊聚是假立補特伽羅之所依．非所依事即能依法。又蘊聚言．通同時蘊聚及前後蘊聚．故蘊聚與相續．皆不可立為補特伽羅。既立蘊聚為所依事．則有聚法亦應立為所依。故彼二種俱非補特伽羅也。入中論云．「經說依止諸蘊立．故唯蘊聚非是我。」又云．「若謂佛說蘊是我．故計諸蘊為我者．彼唯破除離蘊我．餘經說色非我故。」此謂經說．「苾芻當知．一切沙門婆羅門等所有我執．一切唯見此五取蘊。」是破執離蘊我為俱生我執之所緣．非破彼已．即表諸蘊為我見所緣也。若果是者．便違餘經破五蘊為我。以我執所緣之境．要可立為我故。當知經說唯見五取蘊之義．是見依蘊假立之我也．故當分辨。若以唯名假立之我為我．則於名言中有。若以補特伽羅有自性為我．則於名言亦無。不應漫說此宗許補特伽羅於名言中有也。如是明補特伽羅．是此宗別法．善了解此．即是通達不共人無我之最善方便。

人我，有天、人等六道的人我，也有凡夫、聖者的人我。又有造善業、惡業的人我，受善報、惡報的人我，流轉生死的人我，修解脫道的人我，得解脫果位的人我。

例如《入中論釋》引經典說：「一、執著人我，等於是魔王的心，人我不過是一堆有為法或五蘊聚合而暫時假立的，卻妄執為真實的有情。二、就像車子的存在，是依於零件，才得以暫時安立，同樣的道理，也是依於五蘊，

才能暫時在世俗上安立有情。」

　　初頌：說明在勝義諦方面，並沒有眞實的人，人是無我的。說明妄執有人我者，等於是魔心，並說明五蘊中，空無人我。

　　第二頌：說明人我只在語言中存在，先舉譬喻說明，後以法義說明人我唯依五蘊而假立，並無實質性。

　　引文說明五蘊的聚合，是假立人我的依據，而不是說五蘊即是人我。而且五蘊的聚合，指同時聚合與前後相續的聚合，所以，不論是五蘊的聚合與相續，都只能說是人我假立的依據，皆不可成立「五蘊即是人我」的論點。

　　既然成立「五蘊的聚合是人我的依據」，那麼每一蘊的組成要素也應立為人我的依據，所以，「五蘊」及「蘊的組成要素」這兩種都不是人我。

　　《入中論》說：「經典中說人我是依據五蘊而假立的，唯有五蘊的暫時聚合，並沒有人我的實質性。」又說：「有的經典指出，佛說依於五蘊而假立人我，有人便誤以爲諸蘊皆是人我。此種說法──『依於五蘊而假立人我』，是爲了破除『離開五蘊有人我』的說法，而非說五蘊即是我，因爲其他經典說『色非我、受非我、想非我、行非我、識非我』，總之，五蘊非我。」

這意謂經典說：「比丘當知，一切沙門或婆羅門……等等修行者的所有身見，都唯見到此『五取蘊』。」

以上立論，主要是破除「身見以『離開五蘊有人我』爲所緣」，而非把「離蘊有我」破掉後，誤以爲五蘊爲身見的所緣。人我雖是依五蘊而假立，但是身見的所緣是人我，不是五蘊，身見不會把五蘊當作所緣來執持。

本來，人我才是身見的所緣，修到後來，若眞的把五蘊當作身見的所緣，便產生「人我等同於五蘊」的結論，這個結論違背了其他佛經破斥「五蘊是我」的說法。身見一定是以人我爲所緣境，而非其他。

【師父註解：例如有的人很愛面子，那麼此人的身見，並非以面子爲所緣，而是由愛面子建構了此人的人我後，身見再以人我爲所緣。又例如有的人很愛權利，那麼此人的身見，並非以權利爲所緣，而是由權利建構了此人的人我後，身見再以人我爲所緣。又例如有的人很愛錢，那麼此人的身見，並非以錢爲所緣，而是由錢建構了此人的人我後，身見再以人我爲所緣。以上舉的例子，都是「離蘊有我」的例子，恰恰好是宗喀巴要破斥的，因爲形成人我的最根本原因是「五蘊」，而非五蘊以外的其他東西，那麼此人的身見，並非以五蘊爲所緣，而是由五蘊建構了此人的人我後，身見再以人我爲所緣。總之，形成人我的原因有很多，有離蘊的因素，有即蘊的因素，身見的

所緣卻只有唯一一個，即人我。】

　　當知上面經文提到的「唯見到此『五取蘊』」，是指身見緣取依於五蘊而假立的人我，所緣是人我，而非五蘊，應當分辨清楚。

　　若以依於五蘊而假立的我為我，在語言文字上是存在的。若以人有自性為我，於語言文字上是不存在的。不應亂說應成派皆許可人我於語言文字中都存在，（應成派並不許可有自性的我在語言文字中存在），如此理解人我，是應成派獨特的法義，善加了解此義，即是通達與其他宗派不共的人無我的最善巧方便。

　　【師父註解：許多人無法理解佛法的無我，每每說：「明明有我啊，我在吃飯，我在睡覺，怎會無我！」吃飯的我，睡覺的我，做事的我……等等，這裡的我即是五蘊和合而暫時得以存活的身心，語言文字上，可接受「我」的存在。但如果說睡覺的我有自性，吃飯的我有自性，做事的我有自性，這裡的我，在語言文字上無法存在。因為睡覺的我有自性，此人必須永遠睡覺，才能說睡覺的我有自性，然而，沒有人會永遠保持睡覺，所以此種人我是不存在的。吃飯的我有自性，此人必須永遠吃飯，才能說吃飯的我有自性，然而，沒有人會永遠保持吃飯，所以此種人我是不存在的。做事的我有自性，此人必須永遠做事，才能說做事的我有自性，然而，沒有人會永遠保持做事，

所以此種人我是不存在的。

　　上文中，許可依於五蘊而假立的我，例如我在吃飯、我去搭車、我努力工作……等等，這些情況的我，在語言文字上是存在的。不許可的，是有自性的我，此即人我執、法我執，簡稱爲我執、法執。例如自我感覺良好的人，誤以爲自我可以保持良好的自性，天長地久良好下去，實際上，人有老病死的一天，不可能永遠保持良好。許多人不明白佛法講的無我，佛法要破的我，就是人們誤以爲自我現在的狀態，會一成不變地保持下去，實際上，任何自我的狀態皆無法永續存在，佛法要破的，是這種自性我、我執、法執，因爲此種自我，連語言文字都不存在。佛法並沒有要破日常生活中由五蘊構成、假名安立而暫時存在的我，佛法沒想破斥這種我。】

7・抉擇「我」無自性

【原文】

此中有四綱要・一・當觀自身人我執・執著之相・如前已說。二・當觀補特伽羅若有自性・則與諸蘊或是一性・或是異性・離彼更無第三可得。如瓶與柱・若決斷其爲多・則遮其爲一。如但曰瓶・若決斷其爲一・則遮其爲多。更無非一非多之第三聚可言。故當了知・離一異性・亦定無第三品也。三・當觀補特伽羅與諸蘊是一性之過。四・當觀彼二是異性之過。若能了知如是四綱・乃能引生通達補特伽羅無我之清淨正見。其中我蘊若是一性・有三過失・

初‧計我無義過‧若我與蘊是有自性之一體‧則應全無差別‧以勝義一體者‧則任何心終不見有異故。以此理由‧謂世俗妄法‧現相與真理不符。雖不相違‧若是實有‧則成相違。以實有者‧則見彼相之心‧須如其真理而見故。然計我有自性‧是為成立有能取捨諸蘊者‧為與蘊一則不能取捨也。如中論云：「若謂離取蘊‧其我定非有‧則計取為我‧其我全無義。」第二我應成多過‧若我與五蘊是一者‧如一人有多蘊‧亦應有多我。又如我但是一‧五蘊亦應成一。入中論云：「若蘊即是我‧蘊多我應多。」第三‧我有生滅過‧中論云：「若五蘊是我‧我應有生滅。」如五蘊有生滅‧我亦應有生滅‧以蘊我是一故。

【師父註解：前面說明了身見是造成了輪迴的根本後，又明白了身見主要是以人我執及法我執來展現，修行的重點自然落在悟入無我慧及無自性。首先，抉擇「我」是無自性的，再抉擇「我所」是無自性的，最後得出結論：人我如幻。】

要抉擇「我」無自性，主要從四方面著手：

一、當觀察自身的人我執，執著的情況，前面已說過。

二、當觀察人我若有自性，那麼，人我與五蘊的任何一蘊，是同一的自性，還是相異的自性，除了同一的自性或相異的自性，沒有第三種情況了。例如把瓶子與柱子

拿來比較，若決斷它們二者是相異的東西，自然會遮止它們爲同一個東西的情況。如果只針對瓶子來說，若決斷瓶子自己的同一性，自然會遮止相異性。除了同一性與相異性，再也沒有第三種情況可言。故應當了知，離開同一性與相異性，肯定沒有第三種情況。

三、當觀察人我與五蘊爲同一性之過失。
四、當觀察二者爲相異性之過失。

若能了知以上四綱要，就能引生「通達人無我」的清淨正見。

【師父註解：第三點與第四點指出的過失，隨後會講。】

其中，人我與五蘊若有同一的自性，將有三種過失：

一、建立人我毫無意義
若人我與五蘊有自性，又是一體，則人我與五蘊完全沒差別，理論上來說，兩者若是一體，則任何心終究看不出人我與五蘊有什麼差異。這麼說是因爲，世間現象之所以虛妄不實，是因爲心中對某一件人事物的期待，往往與現實情況不符，這樣子的不符是合理的，所以才會稱爲虛妄不實。但現在我們討論的是法，是眞理，當人我與五蘊是同一自性與同體時，實際情況兩者必須毫無差別，才是

眞的同一自性與同體，若實際上兩者呈現有差異的情況，那麼說人我與五蘊同一自性與同體，就不對了。如果人我與五蘊眞的同一自性與同體時，如此認定二者相同的心，必須符合實際的眞實情況。

自續派以下諸宗，之所以成立人我有自性，是爲了成立有一個能取捨五蘊的人，若人我與五蘊爲同一事物，人我便無法取捨五蘊了。如《中論》說：「離開五取蘊，人我一定不存在，若把人我與五蘊當作同一物，成立人我是多餘的，全無意義。」

二、建立人我有多種過失

若人我與五蘊爲同一件事，就像一個人有多種蘊，每一蘊都有人我的話，那一個人不是應有多種人我了嗎？如果你說人我只有一個，那麼五蘊也應只有一個蘊，不應有五個蘊。《入中論》說：「若五蘊就是人我，蘊有多個，人我應成多個。」

三、人我有生滅

《中論》說：「若五蘊是人我，那麼人我應有生滅相。」就像五蘊有生滅相，人我也應該有生滅相，如果你假設五蘊與人我是同一物的話。

8‧人我與五蘊的自性相異，有何過失

【原文】

若謂補特伽羅剎那生滅‧是所許者。曰‧於名言中作如是許‧雖無過失‧然彼是計補特伽羅實有自相。是則應許補特伽羅自性生滅也。入中論釋說‧此有三過‧初‧應不能憶宿命過‧入中論云‧「所有自相各異法‧是一相續不應理。」若法前後自性各異‧則後者應不觀待前者‧以前後各能獨立不仗他故。如是一相續既不應理‧則不應憶念我於爾時為某甲等。如各別相續‧則天授憶宿命時‧必不念我是祠授也。雖自宗亦說剎那生滅‧然前後法是一相續‧無相違失‧故憶宿命應理。頗有未解此義者‧見契經多說「我昔為彼」‧便計成佛時之補特伽羅與往昔之補特伽羅是一。又見有為法剎那必滅‧不可為一‧故說彼二是常‧遂生依前際四惡見中之第一邪見也。若求不墮彼見‧則憶宿命時‧要知總念為我‧不加時處自性之簡別也。二‧作業失壞過‧以作業者與受果者‧不能於一我上具彼二事故。三‧未作業受果過‧謂他人所作之業‧餘人皆當代受其果故。犯此二過之理‧亦如前說‧是因計補特伽羅實有自性‧則前後剎那不能成一相續之故也。如中論云‧「若天異人者‧是則無相續。」

若作是念‧計我與蘊自性各異‧有何過失。曰‧如中論云‧「若我異五蘊‧應無五蘊相。」謂若計我離五蘊‧別有自性‧則應不具五蘊生住滅三有為相‧如馬異牛‧則不具牛相也。若許爾者‧應非俱生我執施設我名言處‧是無

為故．如虛空花．或如涅槃。又離五蘊變礙等相．別有異性者．應有可得．猶如色心異相可見。然實不可得．故無異性之我。如中論云．「若離取有我．是事則不然．離取應可見．而實無可見。」入中論亦云．「是故離蘊無異我．離蘊無我可取故。」當以此等正理．觀我異蘊之過失．而求堅固定解。若於一異二品未能真見過失．縱自斷言補特伽羅全無自性．亦但有其宗．終不能生清淨正見也。

之前提過人我與五蘊若有同一的自性，將有三種過失，第三種過失是「人我有生滅」。其他宗派回答：「我和你一樣，認可人我刹那刹那生滅。」

對此，應成派認為：雖然在名言上如此的認可，沒有過失，可是經部、有部和唯識宗所承許的人我，是由自性所構成，所以也必須承認人我的生滅由自性所構成。

假如人我的刹那生滅由自性所構成，《入中論釋》說有三種過失，第一種過失：應當不能憶念過去世，有此過失。《入中論》說：

「如果相異的諸法由自性組成，諸法皆各自獨立、毫無關聯，那麼，從中要找出一條貫穿前世與後世的相續生命，便不可能。」

若諸法由自性構成，那麼前法與後法就是相異的，後

法與前法之間便缺乏因果關係，後法無需等待前法，前後二法各自獨立，彼此互不依賴。如此，便無法成立一條生命的前世及後世的相續之流，那麼有宿命通的人，就不應該能憶念自己在某個時間點是某某人了。例如有一位叫天授的人，過去世叫祠授，若諸法由自性構成，天授憶念自己的過去世時，必然想不出自己曾是祠授。

雖然我應成派也說人我是剎那生滅，但由於我承認諸法無自性，所以前法與後法之間，互相依賴，不是各自獨立，故解釋前世及後世的問題時，由一個相續的生命體貫穿，便沒有過失。如此，宿命通就合理了。

頗有未能了解「相續」內涵的人，看見世尊在經典裡多處提及「我昔為彼」──過去我曾經是某某人，便誤以為成佛的人與往昔某一世的人，是完全同一個人；他們又見到有為法應該剎那剎那走向壞滅，然而佛不可能壞滅，這麼一來，便無法把過去世的那個人與佛當作同一個人，所以他們就說佛與過去世那個人都是恆常之法，這麼一來，便產生「前際四惡見」的第一邪見──常見。

若不想墮入常見，要知道世尊說「我」在過去世為某某人時，那個我，只是「總相我」，而非加入特定時間、地點、自性之後的個別我。由此可知，世尊與過去某一世的他自己，二者之間的關係是同一個相續，但不是完全同一個人。

【師父分析：例如你自己，過去世的你與今世的你，雖是同一個相續的你，但不是同一個人，因爲過去世的你與現在的你，姓名、性別、個性、家庭背景、職業……等等，完全不同，怎會是同一個人呢？只能說你的前後世，是同一個生命的相續。

另外，前述的「前際四惡見」，主要是外道師向佛提出十四問，即著名的「十四無記」。這十四問主要是建立在人我和五蘊的基礎上所提出的，十四問可歸納爲四個大問題。

第一個大問題：
他們所提出來的前際四惡見，就是問到：我和蘊是常？無常？亦常亦無常？非常非無常？

第二個大問題：
也有四個，就是問：我和蘊是自性一？自性異？是一也是異？非一也非異？

第三個大問題：
也分爲四個，就是問：佛陀圓寂後會再去投生？不投生？投生和不投生？不投生和不不投生？

第四個大問題：

是問：我們的身和命兩者是同一或相異？

前際四惡見，指第一個大問題，當中的第一個小問題即是常見，就是前文宗喀巴提到的。】

人我的剎那生滅，若由自性所構成，第二種過失為：作業失壞過。

由於人我的前後剎那各有自性，各自獨立，便無法成為一個相續的生命體，那麼以前造的善惡業，便無法受苦樂的果報，因為前後是相異且各自獨立的人我。所以，以自性構成人我的前後剎那，會出現生命無法相續的問題。

第三種過失為：未作業受果過。

因為找不到同一個相續的生命，所以一人所造的業，皆由其他人代受果報。

以上兩種過失的道理，與之前講的一樣，是因為把人我當作有自性之後，則前一剎那與後一剎那的人我各自不同，無法找到一個貫穿前後剎那的相續生命。就像《中論》說：「若人與天人都有自性，各自相異，那就無法出現一個相續的生命體，過去世曾是人，後來投生為天人，將無法出現這種情況。」

以上，破除了人我與五蘊具有相同的自性，以下，開始破除人我與五蘊具有相異的自性。若人我與五蘊的自性

各自不同，有何過失？

宗喀巴答：就像《中論》說：「若人我異於五蘊，應該不會出現五蘊的種種相，例如五蘊生病時，你不應感到生病，五蘊老化了，人不應感到老了。」這是說，若認爲人我離開五蘊後，有另外的自性，就不應具足五蘊的三種有爲相，即生、住、滅三相。例如馬與牛相異，馬就不會具有牛的相貌，同理人我異於五蘊，就不應有生、住、滅三種相貌。

如果是這樣子的話，就變成不是俱生我執所施設的人我，因爲俱生我執施設的人我是有爲法，上一段中，人我卻成爲無爲法，具有常恆不變的特質，那不是像虛空花和涅槃了嗎？人我成爲無爲法後，又如何成爲俱生我執的所緣呢？人我必須是有爲法，才能成爲俱生我執的所緣。

【師父分析：
虛空花和涅槃的兩個例子，一個是無，一個是有。涅槃是有，聖人修到解脫而無爲的境界，便是涅槃，這確實是存在的。虛空花是不存在的，只存在於眼睛疲勞時，佛在《楞嚴經》第二卷中曾舉例說，如果不眨眼一直看藍天，看到眼睛疲勞了，就會見到虛空中有亂花狂飛。人們也常感受到，當極度疲勞時，就會眼冒金星。所以，虛空狂花在平日生活中是找不到的，花的根一定紮在泥土裡，怎麼可能紮在虛空中呢？是不可能的。但對於一個眼睛患

有飛蚊症的人，虛空花可能是他每天常恆不變一直看到的景像了。】

若離開五蘊之外，人我有自己的自性，那麼色蘊有阻礙相，人我既然與每個蘊的自性不同，那麼在色蘊跌倒、碰撞，流血時，人我不應感到痛苦，然而，實際上這種情況卻求不可得，所以不存在相異於五蘊自性之人我。

例如《中論》說：「若離開五取蘊而有獨立的人我，這種事情不存在，因為在五蘊發生變化時，應當可以看見不受影響之人我，可是實際上，卻看不見人我不受影響。」

《入中論》也說：「所以離開五蘊，沒有完全異於五蘊而獨立存在的人我，離開五蘊，找不到人我可取。」

應當透過上述的正理，觀察人我異於五蘊的種種過失而求得非常堅固的「定解」。不論對於「人我與五蘊相同」或「人我與五蘊相異」的兩種邪見，如果未能真正見到過失的話，縱然自己武斷宣稱「人我完全沒有自性」，這也只是因明學上的宗旨──即哲學上的結論，終究沒有深化到你的自心、成為堅不可拔且如如不動的清淨正見。

【師父分析：
這一段內容提到「定解」，其實就是我們經常聽到的

「證得……」，例如證得初禪、證得阿羅漢、證得八地、成就佛果……等等，經典裡的證得或成就，即是這裡講的「定解」。以往大家搞不清楚「證得」，到底怎樣才算證得，這一段裡，說得很清楚了。就是你要反覆思維謬見或邪見引生的過失後，對於正見達到堅固不移的程度，此種正見歷久彌新，經萬事而證明無誤，此時，任何外道鼓吹邪見誘導你，任何世間欲望引誘你，你皆紋風不動、絲毫不為所動，達到這種程度的「定解」，才算有所「證」。真理已深植你心，智慧已根深蒂固，天魔外道、世間萬事再也無法左右、撼動你的心。】

9‧抉擇「我所」沒有自性

【原文】

若以正理推求我有無自性時‧見一異品皆不可得‧便能破我自性。次以觀真實義之正理推求我所‧則亦必無自性可得。如尚不見有石女兒‧則定不見彼之眼等‧我所法也。如中論云‧「若無有我者‧何得有我所。」入中論亦云‧「由無作者則無業‧故離我時無我所‧若見我‧我所‧皆空‧諸瑜伽師得解脫。」如是抉擇自身我執所執我等‧都無自性之理‧進觀下自地獄上至佛地‧一切我‧我所法‧與彼所依之有漏無漏諸蘊‧為一性異性‧則能了知皆無自性‧通達一切補特伽羅無我之真理。由此亦當知彼等之我所法皆無自性也。

若以正理推求人我是「無自性」時，就會見到人我和五蘊的關係，不論兩者相同或相異，皆求不可得（前面宗喀巴已廣破，我也說明過了），這樣便能破除人我有自性這一點。接著，再以觀察空性真實義的正理來推求「我所」，則亦必然確定我所無自性可得。

　　如果已經可以肯定「人我」是無自性的，同樣地，由人我延伸出去的「我的」眼睛、「我的」手腳，當然也一樣是無自性的。就像不曾見過石女生的兒子，也就不可能看到她兒子的眼睛。如《中論》說：「如果沒有人我，怎會有我所。」《入中論》也說：「如果不存在造業的人，怎會有所造的業，所以離開人我，是不存在我所的。如果徹見我與我所皆自性空的話，諸瑜伽師便得解脫了。」

　　如是按照以上的法義，抉擇自身的我執、我所執，都無自性的道理，進一步觀察下自地獄道、上至佛地的一切有情，這一切我、我所法與它所依靠的有漏、無漏等五蘊，為相同或相異，則能了知皆無自性，因而通達一切有情皆是無我的真理。既然通達了無我，由此，亦當了知他們的「我所」，皆無自性。

　　【師父分析：
　　瑜伽師＝禪師＝禪和子＝禪修者
　　禪修的人，是否得解脫的關鍵點，在於：徹見「我」與「我所」皆自性空，換一種說法，即徹見「我」與「我

所」皆無自性。

　　通過止與觀的不斷修習，有一天，對於「無我」及「無我所」毫無質疑時，便能自知得解脫。也就是說，你現在講無我的道理給人聽時，往往很容易被反駁：「明明有我啊！我在散步，我在工作，我在吃東西，我在睡覺，甚至我在禪修，哪裡沒有我了。」這表示對於「無我」仍充滿質疑，仍未解脫。沒有學佛的人持此觀點，完全可理解；學佛的人，仍持此觀點，表示止觀未臻圓滿，還要努力修習，直至對於「無我」及「無我所」毫無質疑時。】

10・如幻的真正法義

【原文】

三摩地王經云・「猶如陽燄尋香城・及如幻事並如夢・串習行相自性空・當知一切法如是。」般若經亦說・從色乃至一切種智・一切法皆如幻如夢等。彼所說如幻有二義・一・勝義諦如幻・謂但可言有而非實有。二・現相如幻・謂體性雖空而顯現可見。今即後者・此中要具二義・謂要顯現及如現而空。非如兔角與石女兒全無所現。若現而不空・亦不能見為現相如幻也。以是當知・諸法如幻之理・喻如幻師所變幻事・雖本無象馬等體・然現為象馬・實不可遮。補特伽羅等法上・雖本無自性・然現為有自性・亦不可遮。如是所現天人等・即立為補特伽羅・所現色聲等・即立為法。故補特伽羅與法・雖無少許自性・然造業受果等・與見色聞聲等・一切緣起作用・皆得成立也。由

一切作用皆成立故，非斷滅空。由諸法本來如是空故，亦非由心計度為空。由一切所知境皆如是故，亦非少分空。故修此空始能對治一切實執也。又此深義，非任何心皆不能緣。以正見既可抉擇修真理之道，亦能修習，故亦非修道時不可修，不可了，不可證之空也。

問，若了知影像等如現而空，即是了達彼等無自性者，異生既已現證無性，應成聖者，若非達無性，則彼如何能作無自性之喻也。曰，如四百論云，「說一法見者，即一切見者，以一法空性，即一切空性。」通達一法空性之見者，即能通達一切法之空性。又通達影像空無形質，於執影像有自性之實執境，全不妨害。倘既未破實執之境，亦必不能通達影像無自性之空性。故非彼心即通達影像之真理。以是當知通達幻事空，無象馬及夢境等空無所見之物，皆非已得通達如幻如夢之中觀正見。然取彼等為喻者，是因彼等無自性，較色聲等法容易通達。謂若境實有，則離真理外不可現為餘相。由明彼二相違，則能成立彼等皆自性空也。要先通達世間共知虛妄之喻為無自性，而後方通達世間未知虛妄之法亦無自性，此二必有先後次第。故前論意非說通達一法之空性，即親通達餘一切法之空性。是說用心進觀餘法，是否實有皆能通達也。以是當知，夢中了知是夢，通達彼中男女等相空，與現觀莊嚴論「夢亦於諸法，觀知如夢等」說於夢中通達諸法如夢，義亦不同也。又由修定之力，覺定中所見瓶衣等相，如現而空，與通達瓶衣等如幻如夢都無自性，亦不相同。故於了義經論所說如幻如夢之不共道理，尤當善學。如是不善名

言之兒童，執鏡中影像為形質，與不解幻術之觀眾，執幻相為象馬，夢中不知是夢，執夢中山林房舍等實有其事者相同。已善名言之老人與幻術師及夢中了知是夢者，不執彼相實有其事，亦復相同。然彼二者，皆非已得真實義之正見也。

【師父分析：

在確認無我及無我所的正理後，了知一切法皆無自性，不過是如幻顯現而已，不可執著。】

《三摩地王經》說：「猶如沙漠中太陽顯現的海市蜃樓，及類似如幻的種種事情，悉皆如作夢一般虛假。依此不斷練習觀察諸法的行相悉皆自性空，當知一切法都是如此。」《般若經》也說：「從色法乃至佛的一切種智，一切法皆如夢如幻，了不可得。」

經典所說的「如幻」，有兩層意義：
一、勝義諦如幻：事物只可說存在，而非真實存在。
二、現相如幻：事物的體性雖然是空，顯現出來的現象是宛然可見的。

第二點又具有兩層意義：要顯現出來、當體即空。
並非像兔角與石女的兒子這種本來就不存在的東西，完全沒有顯現，這裡指的是看得見、摸得著、顯現出來的事物。如果顯現出來的事物是實有的，沒有當體即空，也

不能視爲第二點的「現相如幻」。

所以，當知諸法如幻的道理，就像魔術師所變化的魔術，雖然本來沒有象和馬，然而卻變化出象和馬，這是無可爭議的。人我等法上，雖然本質中無自性，然而，具體的每個人卻顯現爲有自性的樣子，每個人的個性、特性、特徵都不同，這也是擋不住的事實。

顯現出來的現象是天人或人時，我們即安立爲人我；顯現出來的現象是色、聲、香……等時，我們即安立爲法。故人我與法，雖然勝義諦上，都沒有一點點的自性，然而，造什麼業、受相應的果報……等等現象，以及眼睛只能見到色法、耳朵只能聽到聲音……等等一切因緣而起的作用，皆得以成立。

由於一切因緣果報的作用皆成立的緣故，便不落入斷滅空。那是因爲諸法本來就當體即空，並非由心想像爲空。一切所認知的境界皆符合空性，並非只有少部分的法屬於空。所以，修此空性，能對治一切實實在在的執著。而且，此甚深空性，並不是任何心都不能去緣念的，證得空性的心、修所成慧的心、修學毘婆舍那的心，是可以以它爲所緣境而加以修習的。這樣的甚深空性，並不是修道時不可以去修的，也不是修道時不可以去通達了知的，也不是不可以證得的。

【師父分析：從最究竟的真理來說，雖然諸法皆無自性，卻不妨礙諸法依照因緣果報的法則來顯現，例如眼根看見色法，不能聽見聲音；耳根聽見聲音，不能看見色法；善有善報——上三道，惡有惡報——下三道。世間顯現出來的現象，好似有自性，其實仍然沒有自性，只是眾因緣和合所引起的作用，簡稱「緣起作用」，不要誤以為有自性。如果你認真的把眾因緣拆光，例如你把車子的零件拆光，可以發現車子的現象立即消失，但你依照車子的結構，依著緣起作用組合車子的零件，仍可得出一輛車子的現象。一切法無不如是，一切法的顯現，依著緣起作用而顯現，不是亂顯現的，愚者以為顯現出來的現象有自性，智者明白緣起法，了知現象當體即空，現象在本質上始終為無自性。】

問難：

照鏡子的時候，看到鏡裡的自己，如果看到鏡裡的影像，了解影像不是真的人，當體即空，如果有這種了解，等於通達無自性的話，那麼，很多凡夫都已現證空性，成為聖者了。了解影像不是真的人，如果此種了解不等於通達空性的話，那麼，怎麼可以用影像、夢幻等，作為無自性的比喻呢？

答：

例如《四百論》說：「如果能在一法上見到空性，就能在一切法上見到空性，因為一法上的空性，相通於一切

法的空性。」如果能在鏡中影像的這一法通達為空性，以此類推，也比較容易了解色聲等諸法上的空性。凡夫了知鏡中臉龐的影像是空無實質的，這樣的了解，對於鏡中臉龐影像是由真人映現出來的實有執著，完全無法破除的，根本不妨害凡夫對種種境界的自性執。

【師父分析：

對於鏡中臉龐影像是由真人映現出來的實有執著：凡夫雖然明白鏡中的影像是假的，卻認為影像就是從我本人而來的，終究離不開「認定自體實有」的執著。】

如果無法破除將境界當作實有的執著，也一定不能通達影像為無自性的空性。所以，並非了知「影像不是真人」的心，就能通達影像為空性的真理。

【師父分析：普通人了解鏡中的影像不是真的人，具有此種了解的心，並非就真的能通達影像為空性。佛經之所以用影像、夢幻作為比喻，是為了幫助我們了解空性，能類推到一切法，實際上，你必須通過禪修，不斷確認內在浮現的任何影像及外在具體的事物，皆為空性，要不斷確認、不斷確認，直到沒有一絲一毫的猶豫時，才算證得。】

所以，應當知道：了解「影像不是真的人、魔術變出來的象與馬不是真的象與馬、夢境不是真的」，所有這些了解，都不是一個人通達了空性而產生的中觀正見，因而能在面對所有對境中，了知一切對境皆如夢如幻，普通人

沒有達到這種中觀正見的程度。經典中，之所以每每用影像、夢幻等，作爲無自性的比喻，是因爲它們比「以色法或聲音」爲比喻，更容易讓我們通達無自性。

魔術師所變化出來的馬與象，看起來好像是眞的，可是魔術師的心裡知道那只是一堆木頭，所以，外境的馬與象與心裡所想的木頭，是相違的，那麼，大家也比較能理解變出來的馬與象是假的，自性是空的。

所以，世間人都了解的一些譬喻——夢境、影像、幻術，大家較能接受這些事情是假的、虛妄的，以大家都能接受的事情爲基礎，才能以大家共同接受的事爲譬喻，進一步去通達世間人還不知道的虛妄法。這兩者是有先後次第的。

【師父分析：進一步去通達世間人還不知道的虛妄法：例如功名利祿、升官發財、愛情……等等，這些都是世間人所認爲的眞實法，世間人並不知道它們也是虛妄的。修行者先以大家共許的夢、影像、幻術，作爲虛妄的譬喻，進一步去修習、觀察世間人所認爲的眞實法，其實也都是虛妄不實，那些「功名利祿、升官發財、愛情」，與「夢、影像、幻術」，兩者皆是虛妄不實，沒有差別。

這兩者是有先後次第的：但是，有先後的次序，不能一下子就說所有的世間法都是虛妄的，大家接受不了，所

以要先以大家能接受的假的事情為基礎，慢慢幫助大家了解：原來一切法與夢境、影像、幻術一樣，皆無自性，虛妄不實。】

前面引用過《四百論》，其法義並不是說通達一法的空性即是已經通達其餘一切法的空性，而是說要以通達一法空性的道理，用心進一步觀察其他諸法是否實有，這樣才能完全通達。

所以應當知道，作夢者醒來後，才知道自己剛才在夢中，了解他剛才在夢中見到許多男女等相，原來是假的，只是一場夢，這樣的了解與《現觀莊嚴論》說的「在作夢的當下，立刻能對夢中的諸法，觀察了知一切顯現出來的景像，只是如夢境一般，虛妄不實，當體即空」，前者與後者所說的通達諸法如夢的意義是不相同的。前者是在醒後，才知道剛才作了一場夢，夢中的景像原來是假的；後者則是在作夢的當下，對一切生起的影像，了知它們如夢如幻，虛妄不實，當體即空，而非醒後才知道是假的。

又由修習禪定的力量，覺察禪定中所顯現出來的瓶子、衣服等影像，了解它們是意識變化出來的瓶子、衣服，並非真的。但是，這樣的了解，跟通達現實世界中的瓶衣等如幻如夢、都無自性的了解，程度上也是不相同的，後者是更加徹底的。禪定中通達一切影像皆空，是為了進一步觀察現實世界的一切法皆空。

所以，對於了義經論所說的諸法如夢如幻等不共的道理，尤其應當好好修學。

一、不懂事的兒童執著鏡子中的影像爲眞實，不了解魔術的觀眾執著變出來的象、馬爲眞實，作夢的人不知道只是夢境，執著夢中的山林、房舍等爲眞實。這幾種情形是相同的，都是誤把假的事情，當作眞的。

二、已很懂事的老人、魔術師本人及了知自己只是在作夢的人，都不會認爲上述的事情，實有其事。

以上兩種人，皆不是已證得空性眞實義的正見者。

【師父分析：證得空性者，不僅知道夢是假的、魔術是假的、鏡中影像是假的、定中影像是假的，也很清楚現實世界一切法的虛幻性，與前者的虛幻性，無二無別。必須在現實世界中，通達諸法空性，才算完全證得。】

11·如幻的相似法義

【原文】
有未善解·如前所說所破之量·先以正理分析彼境·便覺非有。次覺能觀者·亦同彼境非有。是則任於何法皆無是非之決定。即是現相杳茫不實·亦由未善分別有無自性

與有無之差別而起。如是空義，是破壞緣起之空。由證彼空所引起之杳茫境相，亦非如幻之正義，故於補特伽羅等以為實有自性之境上，如理研尋，覺其全無，及依彼空，便現諸境杳茫無實，皆非難事。以凡信解中觀宗義，略聞無自性之法者，皆能現起也。其最難者，是要盡破一切自性，復能安立無自性之補特伽羅等為造業者與受果者等。其能俱立此二事者，至極少數，故中觀正見最為難得也。故以觀真實義之正理研尋生等無可得者，是破有自性之生等，非破一切生滅。若破一切生者，則同兔角石女兒等作用之空，便無現象如幻之緣起作用，成大過失。如四百論云：「如是則三有，云何能如幻。」釋論云：「如實見緣起者，是見如幻，非如石女兒。若此觀察破一切生，說是有為無生者，便非如幻，應如石女兒等，全無緣起，吾怖彼過，不能順彼。當不違緣起，順如幻等。」又云：「周遍思考諸法自性，皆不成就，唯餘諸法如幻之義。」故執有緣起如幻相，非犯過之幻執，若執幻相實有自性，乃是過失。如三摩地王經云：「三有眾生皆如夢，此中無生亦無死，有情人命不可得，諸法如沫及芭蕉，亦如幻事與空電，等同水月及陽燄，無人從此世間沒，而更往生餘世間，然所造業終不失，黑白亦各熟其果。」此說以觀其真實義正理善推求時，雖無生死補特伽羅可得，然如幻諸法，亦能出生黑白之果。又若定中不修了解真理之見，唯專令心全無所執而住。由此力故，於出定後，見山林等一切現相或如虹霓，或若薄煙，不類以前之堅實者，亦非經中所說之如幻義。此是空無粗礙之相，非空彼境之自性

故。無堅礙相，非是無自性之空理故。若不爾者，則緣虹
霓等事時，應不更起實執。緣粗礙事時，應不能生通達無
實之慧也。

有的人沒有完全了解先前所說的「如幻法義」，不了
解所破的量到底是什麼？就用邏輯、正理來分析對境，反
而覺得對境變成不存在了。比如分析車子，不了解法義的
人在分析時，他會去輪子上尋找整輛車子，可是找不到，
又會在車子的各個部位與零件去尋找，還是找不到，到最
後發覺車子是不可得的，於是，他就下個結論：肯定沒有
車子。

了解法義的人也是這樣分析的，先用正理去分析之
後，結果一樣，也是證明車子是不可得的，不過，不會了
解成「沒有車子」，而是了解成車子是「無自性的」。所
以，「沒有自性」和「完全不存在」是不一樣的意思，可
是不了解的人會以為是一樣的。

不了解的人針對所緣境誤解為不存在後，又針對能觀
照的人或心去分析，也誤解心或人完全不存在；了解的人
知道「人我」無自性，不是不存在。這將導致不了解的
人，對於任何一法都錯解，缺乏正確的是非判斷。

顯現出來、讓我們見到的世間現象，比如瓶子、桌子
等，便無法決定到底是存在，還是不存在，好像一切現

象都變成模模糊糊、不實在的，這是因爲沒有區別清楚「『有自性、無自性』及『存在、不存在』」的差別，才會產生的問題。

【師父分析：一切世間現象肯定存在，例如桌子、椅子、演唱會活動……等等現象，肯定存在，你明明看得見、摸得到。但是，桌子、椅子、演唱會無法永遠存在，它們會隨著時間而改變，它們無法「獨立自存」（即自性），它們無法永遠維持相同的狀態，它們總是慢慢壞滅，終歸煙消雲散，所以說沒有自性。一切世間萬物，現象肯定存在，並且是無自性的存在。】

那些不了解空義的人，錯解了空性，破壞了緣起的空性，誤以爲什麼都不存在。因爲他們錯解空性後，引起模模糊糊、茫茫然的判斷力，那不是如幻的正確法義。在人我的安立處上——五蘊——加以尋找之後，發現人我是不可得的，依於這樣的了解，在色聲香味觸等對境的安立處去尋找，也可以發現色聲香味觸等對境是不可得的，那就會顯現出一切對境都是模糊無實的感覺，要生起這樣模糊無實的感覺，並不是難事。任何心法也是一樣，我們在任何心法的安立處上去尋找，都會發覺所尋找的心、心所法是不可得的，它們只能透過語言文字來描述而已，這樣的了解並不是很困難的。如果對中觀宗義略有所聞的人，都可以很輕易的生起這樣的了解。

了解中觀，眞正的困難在哪邊呢？是盡破一切人我與法我的自性之上，又能夠安立無自性的人我爲造業者與受果報者的緣起，這才是比較困難的。要去了解「存在」與「自性」的區別，已經有困難，在此之上，又能了解「諸法無自性」與「空性中的緣起法」二者，那就更是極少數人能了解的，屬於中觀正見最爲難得的部分。

　　所以，以觀察諸法空性眞實義的正理，研究、尋找生滅法而不可得，那是破除生滅法的自性，並非破除一切生滅法的現象。若破除了一切生滅法的現象，那麼一切生滅法將如同兔角及石女生兒一樣，完全不存在，而現象皆不存在的話，便無法按照緣起的作用而顯現各種如幻的現象，那將成爲大過失，與事實不符，世間變成虛無了，不存在任何東西了。

　　例如《四百論》說：「如是則三有，云何能如幻？」【師父註：三有，即是三界。】

　　《四百論釋》解釋：「如實見到緣起法的人，即能見到諸法如幻的各種現象宛然存在，並非像石女生兒那般不存在。若通過空性的觀察，便破除一切生滅法的存在性，把有爲法說成不存在，那麼有爲法就不會以如幻的現象而存在，應該如同石女生兒般，變成完全虛無、不存在，也無法隨順因緣而生起任何現象了。我怖畏這種惡取空的過失，不能接受頑空的理論。我們應當不違背緣起法，應隨

順如幻的正確法義。」

　　以觀察空性的正理來周遍思考諸法的自性，就會發現諸法的自性都是沒有的，於是，就只有剩下諸法如幻了。如果將諸法的自性破除了之後，就會了解一切法的顯現皆是如幻的緣起法。所以，執持有緣起如幻顯現的相，並非是有過失的幻執，這樣的執持是正確的。

　　【師父分析：因為任何時候，不論是心法或外在境界，皆有顯現之相、有如幻之相、有緣起之相，修空性的時候，要是執一切法皆無顯現之相、無如幻之相、無緣起之相的話，反而是錯誤的，在禪修時，修空性的時候，即使閉著眼睛，還是會有顯現、有如幻、有緣起的法。生活中，打開眼睛所看到的外在世界，就更不必說了，當然有顯現、有如幻、有緣起的法。】

　　執持有緣起如幻顯現的相，並非過失，若執持幻相實有或有自性，才是過失。

　　就像《三摩地王經》說：「三界一切眾生的生死輪迴，就像一場又一場的夢，在夢境中，並沒有真正出生過，也沒有真正死亡過。一切有情的生命及人命的自性，是不可得的，諸法有如泡沫，稍縱即逝；也有如芭蕉樹，葉片全部剝下後，找不到實有的木心；也像魔術、虛空中的閃電，即生即滅；也等同於水中的月亮、沙漠中的海市

蜃樓，虛妄不實。沒有人眞正從世間消失，也沒有人眞正往生其餘的世間。然而，所造下的業終究不壞失，善惡業各自成熟，成爲善報或惡報。」

這是說用空性眞實義與正理來觀察、並善加推尋時，了知生死輪迴中雖然沒有實有的人可得，然而，如幻的諸法亦能依據緣起法而生出黑白的果報——即惡報、善報。

若在禪定中，不修了解空性眞理的正見，只是讓心無所執著地安住。這樣子的定力，在出定後，見山林等一切人間景象，或許感覺像彩虹一樣不實在，也或許感覺像薄煙一樣虛幻，不像以前感覺那麼實在。但是，這種證量並不是經典所說的空性如幻義。

這只是通過定力，空卻了色法粗糙的質礙相，而非空卻所緣境的自性。定力，使得修行者感覺不到色法堅固的質礙，不代表已啓發無自性的空性智慧。若不是這樣的話，也就是說，如果空性慧已被啓發，即使在緣取彩虹這類若有若無的事項時，應該不會生起實有的執取。可是，實際上，即使在緣取很粗糙的事物時，並不能生起通達諸法無實有的空慧。可見，奢摩他定力修出來的感覺，不等於毘婆舍那空慧已得成就。

【師父分析：四禪八定，是佛教共通外道的禪定。色界定，不論佛教或外道，皆以「色法」爲所緣境而入定；

無色界定，不論佛教或外道，皆是在色法的基礎上，把十遍處的前九遍，擴充到無邊而成就無色界定。四禪八定之所以不能解脫，在於沒有以空性之究竟法為所緣，禪定的力量，只能讓行者在出定的時候，感覺世界的一草一木不再那麼真實，但並沒有生起真正的空性智慧。所以，想徹底解脫的人，必須在禪修時，修習與外道不共的毘婆舍那，運起空性見，觀照諸法無自性的如幻正理，出定後，才能繼續以無自性的空正見，於一切法生起不執為實有的觀照智慧，因而正確了知諸法依於緣起法而宛然生滅的如幻正見。】

12・依靠什麼善巧方便顯現如幻

【原文】

問・如何始能現起無倒如幻義耶。曰・譬如幻現之象馬・要由眼識現見似有・復由意識了知其非有・方能決知所現象馬是虛妄幻相。如是補特伽羅等亦要由名言識現見似有・復由理智了知其自性空・乃能決知補特伽羅是虛幻現也。此要先於定中觀實執境如同虛空・修此空性・後出定時觀諸現相・則能見後得如幻之空性。如是以理智多觀諸法有無自性・引生猛利定解・了知無自性之後・再觀現相・即能現起如幻空性。別無抉擇如幻空性之理也。於是禮拜繞佛等時・亦當如前觀察・以彼定中攝持・學習如幻空義・於此空中修一切行・如是修已・略憶正見・亦能現起諸行如幻也。

求此定解之理，簡要言之，先當善知如前所說正理之所破，了知自身無明如何執有自性。次觀彼自性不出一異，審思二品所有過失。彼當引生堅固定解，知補特伽羅全無自性。既於空品多修習已，次當思惟緣起品義，謂令心中現起不可遮止之補特伽羅名言，即安立彼為造業者與受果者。於無自性中成立緣起之理，皆當善獲定解也。若覺彼二有相違時，當取影像等喻，思惟不相違之理。於彼影像雖空，無眼耳等事，然有影質明鏡等緣為依，即有彼相現起，若緣有闕，即亦隨滅。如是思惟，補特伽羅雖無塵許自性，然依往昔惑業而生，亦可立為造業者與受果者，都不相違。如是道理，於一切處皆當了知。

問：
如何才能現起無顛倒的如幻法義？

答：
譬如魔術變化出的象與馬，需要由眼識的辨認，當下才能看見牠們好像存在。再由意識了知牠們只是魔術變出來的，不是真的存在，才能確定顯現出來的象、馬是虛妄的幻相。

同理，人我也是由語言文字的認識，當下才能感覺人的自我好像存在。再經由空性智慧，了知人我的自性是空的，乃能確定人我也是虛妄的幻相。此種功夫，要先於禪定中，觀察執著實有的影像，如同虛空不實在，修如此的

空性而入根本定，之後出定時，即後得位，觀察種種顯現在面前的物相，則能見到它們都是如幻的空性。

這裡說的根本定是專注於空性的根本定，在這種禪定中所現出來的對境，唯有空性而已。出定後，回到生活中，稱爲後得位，此時所緣念的對境就不是空性了，而是面對生活中各式各樣的人事物，如瓶子、柱子等世俗諸法。如果在根本定的時候，對空性的意義有很深刻的了悟，在出了根本定的後得位階段，面對世俗諸法，就會生起如幻化的覺受，也就是會不斷回顧在根本定中視諸法如幻的空性意義，對於所見的世俗諸法，就能輕易地視之如幻。

就像這樣，以理智多多觀察諸法有沒有自性，因而引生威猛、銳利、非常確定的了解，了知諸法是無自性之後，再觀察當下顯現出來的各種物相，智慧便能現起如幻的空性。除了透過這種方式，沒有其他方法可以抉擇如幻空性的正理了。

於是在生活中，禮佛、拜佛、繞佛……等等時，也應當按照前面的方法觀察諸法，前面講過的方法是：先在根本定中收攝自心於如幻的空義，學習把心安置於如幻的空義，把空性智慧修到很純熟後，於後得位的生活中，心繼續於空中修一切行，這樣子修行的時候，只要稍微回憶定中修習的空性正見，心識也能馬上現起諸行皆如幻如化的

體證。

【師父分析：如果你以前禪修時，經常以觀呼吸作為主要的修法，應明白呼吸是奢摩他的所緣境，最多只能證得四禪，無法證果位。必須修毗婆舍那，才能斷煩惱。但是如果你以原始佛教或南傳佛教的方法來修毗婆舍那，如葛印卡的內觀，掃描全身的無常，那麼你最高只能證阿羅漢，證得人無我。如果你想成佛，在人無我的基礎上，再證得法無我，則必須按照上述文章所寫的內容，以空性為禪修的所緣境，修毗婆舍那。所以，這裡的禪修方法，不再是依觀呼吸而修定，而是依空性道理而修觀、發慧。根據南傳說法，修觀不能入定，但很明顯的，上述內容很清楚地說：在根本定中修習空性，可見藏傳佛教肯定在禪定中可以修觀。不只是藏傳佛教如此，漢傳或北傳佛教也一樣有定中修觀的說法。事實上，《菩提道次第廣論》或《菩提道次第略論》沒有講到藏傳密法，這兩本書完全是宗喀巴整理印度佛法顯教經論的傑出代表作，所以，兩書中對於止觀持有的觀點，與漢傳佛教對於止觀的修持觀點，完全一致，因為漢傳佛教的核心，就是傳承了一切印度佛法顯教的止觀內容。】

想求得正確了解空性的正理，簡單來說，應當先好好知道前面提過的空性正理破斥什麼，了知自己的無明如何在諸法上執著有自性。接著觀察人我的自性，與五蘊的關係，不是同一的關係，就是相異的關係。要是同一的話，

會有怎樣的過失？相異的話，又會有什麼樣的過失？

如果執著人我有自性，和五蘊的關係是同一的話，會有什麼過失呢？蘊有五個，人我也應該要有五個才對；或者人我只有一個，蘊也應該只有一個才對，這種看法就是大過失。

如果執著人我有自性，和五蘊的關係是相異的話，這麼一來，人我和五蘊就會變成毫無關係的。會變成這樣，你不能說「我的手在痛」，因為手是五蘊，而五蘊又與人我無關，所以手在痛是手的事情，與你無關，你不應有此感覺「我的手在痛」。或說，我的腳痛，也不行，因腳和我也沒有關係，有時會說：我看到！我聽到！也變成沒辦法這樣講了，因為我和五蘊彼此之間沒有關係。

觀察同一與相異的所有過失，既然同一有過失，相異也有過失，就可以肯定人我絕對不是有自性而存在的，它是無自性存在的。

這樣子，應當引生堅固確定的了解，明白人我完全沒有自性。既然於空性修習很多後，接著應當思惟緣起的意義，心中現起不能阻擋的人我的語言文字，安立他為造業者與受果報者。一、於無自性中，二、才有辦法成立緣起的道理，兩者都應當獲得確定的了解。

【師父提醒：你在原典中看到很多術語，其實意思是一樣的。無自性＝無性＝自性空＝性空，以後看到這些術語，別再暈頭轉向了。】

若感覺性空與緣起二者之間，有相違之處，應該取鏡中影像的比喻來作思惟，思惟性空與緣起不相違的道理。照鏡子時，在鏡中會顯出臉龐，鏡中的臉龐也有眼睛、耳朵、鼻子，但並不是真正的眼睛、耳朵、鼻子。要顯出鏡中的臉龐，需具備兩個條件：一、要有照鏡子的人，二、要有一面鏡子。兩個條件湊在一起，鏡中才會顯出影像來。若感到緣起和性空互相矛盾的話，就用這個比喻來思惟，如此就不致產生矛盾的道理。兩個條件中，只要有一個條件不具足的話，就沒有辦法顯現出影像。可知，因緣聚合就有生！因緣不聚合就滅了！

以同樣的道理思惟人我雖然沒有一點點的自性，然而，因為往昔的業和煩惱的關係，心中會現出「我很煩惱，我很痛苦，我很難過」的自性執，事實上並非如此，人我是性空的。

既然有了業和煩惱，就有人我所感受的苦樂果，便可安立受果報者與造業者。如此的道理，於一切處所都適用，皆當了知。

13・法無我——使用前面的道理破斥法我

【原文】

施設補特伽羅之五蘊與地等六界・眼等六處・名法。彼自性空・即法無我。

抉擇此無我之理分二・一即用前理而破・二別用餘理而破。

一即用前理而破・蘊處界法・總分二類。諸有色者・必具東西等方分・與有方分之二。凡諸心法・必具前後等時分・與有時分之二。當觀彼二若有自性・為一為異・如前廣破。此如經云・「如汝知我想・如是觀諸法。」

現在進入〈抉擇法無我〉的部分，所謂的法，是指人的五蘊、地水火風空識等六界及眼耳鼻舌身意等六處。這些法的自性是空的，即為法無我。

這裡開為兩點：一、使用前面的道理破斥法我；二、用其餘道理破斥法我。現在先講解第一點。

五蘊、十二處、十八界這些法，可分為二類，即色法與心法。所有的色法，必然具備東西南北等方向，與現在處於什麼方向。凡是心法，必然具備前後等時間，與現在處於什麼時間。應當觀察色法與心法若有自性的話，與組成它的方向或時間，是同一的？還是相異的？然後用前面教過的方法，廣加破斥。這就像《三摩地王經》說：「瑜

伽行者如何破除人我之自性執，就以同樣的方法觀察其他的一切諸法，一樣能破除諸法的自性執。」

若色法由自性所成，可以用前面介紹過的方法，思惟色法與方向是同一或相異。【師父舉例：若由自性所成的桌子與東西南北四個方向，是同一的，會產生這樣的過失：四個方向的每一個方向都有桌子，一個桌子會變成四個桌子，但實際上，只有一個桌子。

若由自性所成的桌子與東西南北四個方向，是相異的，會產生這樣的過失：東向有損壞時，桌子不應損壞，因為兩者相異，但實際上，桌子有損壞。】

若心法由自性所成，可以用前面介紹過的方法，思惟心法與前後的念頭是同一或相異。【師父舉例：若由自性所成的心相續與前後念，是同一的，會產生這樣的過失：前念與後念都有心相續，一個心相續會變成二個心相續，但實際上，只有一個心相續。若由自性所成的心法與前後念頭，是相異的，會產生這樣的過失：前念傷心，將與心相續無關，你的心應不會感到傷心，但實際上，你是感到傷心的；後念開心，也與心相續無關，你的心應不會感到開心，但實際上，你是感到開心的。】

【師父分析：無論是色法或心法，當你想要以空性智慧來貫通無自性的正見時，可以用這種「一、異」的方法來思惟，便會得到「不一不異」的結論，也會明白「有自

性」解釋不通世間一切現象，「無自性」才能解釋得通世間一切現象。】

14・法無我 —— 使用其餘的道理破斥法我：緣起之因

【原文】

緣起之因・如海慧經云・「若法因緣生・是即無自性。」此以緣起因破除自性。無熱龍王問經亦云・「若從緣生即不生・其中無有自性生・若法依緣即說空・知空即是不放逸。」初句所說不生之義・第二句釋為無自性生・是於破生須加簡別。顯句論引楞嚴經云・「我依自性不生密意・說云一切法不生。」恐見經說無生・未加簡別・便執一切生皆非有。故佛自釋諸經密意・謂無自性生。第三句說・凡依仗緣起而生者・即自性空・故自性空是緣起義・非生滅作用空義。中論亦云・「若法因緣生・即自性寂滅。」此以緣起為因・說自性寂滅而空。有說中觀宗・凡因緣生者・即說無生。當知此等臆說一切皆破。又經論中皆稱讚緣起因・如無熱惱龍王請問經云・「智者通達緣起法・永不依於諸邊見。」如實通達緣起・即永不依邊見之義。入中論云・「由說諸法依緣生・非諸分別能觀察・是故以此緣起理・能破一切惡見網。」此即龍猛師徒無上勝法・故當略說緣起道理。當知此清淨正見・有二歧途・一謂執諸法實有・未遣實執所緣之常見及增益見。二謂不知所破量齊・破之太過・自宗全無因果緣起・是非差別之斷見及

損減見。若依從此因緣定生彼果之緣起正因能破自性者，則彼二見一切皆滅。以決定因時即破除斷見，決定宗義時即破除常見故。如芽等外法與行等內法，要依種子與無明等方得生，是則彼等皆無自性。以有自性者，必能自立，依仗因緣成相違故。如百論云：「若法緣起有，是即無自性，此皆無自性，故我終非有。」以是當知，補特伽羅與瓶等法，由彼自支聚而立，亦無自性，是緣起因第二建立。凡依緣生或依緣立者，則與所依必非一性。自性一者，一切作用皆成一故。彼二亦無異性，若有異性則無關係，此說依彼成相違故。中論亦云：「若法從緣生，是則不即因，亦不異於因，故不斷不常。」出世讚亦云：「外道計諸苦，自造及他造，共造無因造，佛說是緣生。若法從緣生，佛說即是空，諸法無自在，無等獅子吼。」此說以緣起因，能破一異常斷及四邊生。若能破除一切實執了解空性，復能不捨業果緣起，勤修取捨，最為希有。如釋菩提心論云：「若知諸法空，復信修業果，奇中此最奇，希中此希有。」欲生如斯定解，要先善辨有與自性有，無與自相無之差別。入中論云：「若知影像無自性之因果建立，誰有智者，由見色受等不異因果諸法，而執定有自性耶。」故雖見有而無自性生。若未能分彼等差別，由見有法便執有自性，見無自性便執全無，必不能出增減二邊。如四百論釋云：「如計諸法有自性者，見有彼法，便執亦有自性，若時無性，即執彼法畢竟非有，如同兔角。由彼不能出二邊故，一切所許皆難應理。」以是由無自性故，遠離一切有邊。由能安立無自性之因果故，遠離一切斷

邊。所言邊者，解釋正理論云：「邊謂盡與後，近品及毀訾。」此五邊義，雖自宗亦許，然此所言正見歧途之二邊，如中觀明論云：「若謂中道有勝義自性法者，由有彼故，則計為常，或計無常，云何成邊，說如實隨順諸法真理如理作意，名墮邊處，不應道理」此說如義作意，非是墮處，則非邊執。例如世間懸崖名邊，墜落該處，名墮邊處。若執諸法實有，或執全無，是為真理違品常斷二邊。若執諸法勝義無及執業果名言有，則非邊執，以境如所執而有故。如迴諍論云：「若非無自性，即成有自性。」此說若非勝義無，即成勝義有。又云：「若不許名言，我等不能說。」七十空性論云：「勿破世間理，依此有彼生。」以是有分有與非有，無與非無之差別者，僅是言辭稍異。若觀彼二之義，實無少許差別。故以此理判墮不墮邊執，徒著戲論而已。

緣起的原因，就像《海慧菩薩請問經》說：「假如諸法是由因緣所生的，它們就是無自性的。」這是用緣起的原因，破除自性。《無熱龍王請問經》也說：「若諸法由於因緣和合而生起，那就不是眞實的生，因爲在這當中，諸法無法單獨靠自己而生起。諸法的生起依靠眾緣，就可以說是空性，時時保持正知諸法的空性，就是不放逸。」

【師父分析：無熱龍是某一個龍王的名字，世尊回答他所請教的法，就成爲《無熱龍王請問經》。】

《無熱龍王請問經》講的「不是真實的生」的意思，解釋為「諸法無法單獨靠自己而生起」，這是破斥真實生的分析。月稱菩薩的《顯句論》引用《楞嚴經》說：「我依照自性不生的密意，而說一切法沒有真實的生。」恐怕未來的眾生看到經典說「無生」，未加以分析，便執著一切的生皆不存在，所以佛在解釋種種經典的密意時，說無生是指沒辦法單靠自己而生，即無自性生。

上面的《無熱龍王請問經》又講，凡是依靠眾緣而生起的，就可以說是空性，即自性空，可見自性空即是緣起法的意義，空義並不是指一切法沒有生滅的作用。《中論》也說：「若諸法是因緣而生，自性就是寂滅的。」【師父分析：如果諸法都因眾緣和合而生起，諸法便無法單靠自己而生，即無自性。】

《中論》是以緣起為原因，說明自性不存在，因而是空的。有的人誤解中觀的說法，誤以為凡是因緣而生的，就說無生，那等於世間沒有任何一法會生起。宗喀巴為了破斥這種說法，引用《中論》，讓誤解者知道不是諸法不會生起，而是諸法無法單靠自己而生起，必須靠眾緣和合而生起。如此解釋後，當知類似的誤解，都被破斥了。

經論中皆稱讚以緣起為因，例如《無熱龍王請問經》說：「有智慧的人通達緣起法，永遠不依靠種種邊見的邪說。」這是說，如實通達緣起的話，便能永遠不依靠邊見

的意思。《入中論》說：「能夠說出諸法依緣起而生的真理，並非普通人的顛倒分別心能觀察到的，用這種緣起的正理，便能破除由惡見構築起來的邪見大網。」

這就是龍樹與提婆兩位師徒的無上勝法，所以應當簡略說明緣起的道理。應當知道這種清淨的空正見，有兩條歧途：一、執著諸法「實有、自己存在、永恆不變」的常見；二、不知道要破斥多少常見，破太多了，破超過了，導致變成完全沒有因果與緣起，沒有是非的差別，墮入斷見。

若依照「從這個因緣一定生起那個結果」的緣起正因，剛好能破自性見，破得剛剛好，則以上的常見與斷見同時皆滅除。確定有緣起因時，便能破除斷見，因為「因」會生「果」；確定「人我無自性」時，便能破除常見，因為人我將隨眾緣而變，找不到永恆不變的人我。

就像外在的芽必依賴種子，才能生起；同理，內在十二因緣的「行」緣起支，必依賴「無明」緣起支，才能生起。可見外在的芽與內在的行緣起支，皆無自性。如果內外諸法皆有自性，它們將能自立、單獨存在。如果它們有自性，又需依賴眾因緣才能夠存在，這不是自相矛盾嗎！

例如提婆論師寫的《百論》說：「若諸法是眾緣和合

而生起的存在，便無自性，既然皆無自性，所以『我』終究不存在。」以此當知，人與瓶子等諸法，皆由自己的眾緣聚合而安立，眾緣本身也是無自性，因為每個緣起支還要靠眾緣而生起，這是建立緣起的第二因。

凡是依靠眾緣而生的，或依靠眾緣而安立的，能安立者和所安立的法，此二者的體性絕非一樣。比如，依於木柴可以生起火，就表示火是依於木柴而燃燒起來的，可見火與木柴的體性不一樣。就像依於五蘊而安立人，如果五蘊和人兩者，體性一樣的話，五蘊和人就會變成無差別了。體性一樣的話，一切作用也都變成一樣了。而且兩者也變成沒有相異的特性，若特性各自不同，則兩者變成毫無關係，那麼說依於五蘊而安立人，就變成矛盾了。

《中論》也說：「若諸法從眾緣而生，可見所生出的法與眾緣不相同，也不是完全相異，所以不落入斷邊與常邊。」

【師父分析：鹽加水變成鹽水，鹽水與鹽、水，不完全相同，也不完全相異，而是在交互作用後，產生了一定的化學變化，使得鹽水與鹽、水有稍微差異，如此一來，鹽和水並沒有完全消失而落入斷滅，它們變成鹽水了；而且鹽和水也沒有一成不變地永恆不朽而落入常見，它們改變了，變成鹽水了。】

龍樹菩薩寫的《出世讚》也說：「外道認爲種種的痛苦，不外乎由四種情況而來：自己造成的、他人造成的、共同造成的、沒有原因造成的。而佛，只說是眾緣和合生成的。若諸法從眾緣生起，佛就說這樣的法是空。諸法由眾緣生，諸法自己便不能自主。這樣的眞理，是世尊無與倫比的獅子吼。」這是說以緣起的原因，能破斥外道的邪說，遠離「一、異、常邊、斷邊」及「自生、他生、共生、無因生」的過患。

　　如果能破除一切自性執而了解空性，又能不離「造業受果報」與緣起的觀察，精進修習而懂得對諸法有所取捨，如此最爲稀有難得，就像龍樹菩薩寫的《釋菩提心論》說：「若能知道諸法空的眞理，又信解修習業果的重要，在所有奇妙的事物中，這最奇妙；在所有稀有的事物中，這最稀有。」想生起如此確定的了解，要先分辨清楚「有與自性有」、「無與自性無」的差別，不能將「有與自性有」混爲一談，也不能對「無與自性無」混淆不清。

　　【師父分析：自性有，不必依於眾因緣而存在，本身就已經存在了，這就是自性有。而一般所說的有，是指它要依於其他的因緣而存在。自性無，不必依於眾因緣而消失，本身就已經消失了，這就是自性無。而一般所說的，是指它要依於其他的因緣而消失的。這裡講的自性無，是指落入斷見的自性無，而非龍樹的無自性。】

月稱菩薩的《入中論釋》說：「若知諸法如影像般虛妄不實，並知道無自性的『因』成立無自性的『果』，還有哪一位智者由於看見色受等五蘊，不異於因果諸法，而執著五蘊有自性呢！」所以，雖然現見諸法的存在，卻能明白皆是無自性而生起。

　　若未能分辨諸法的現象與無自性的關係，便會造成：只要看見現象的存在，便執著這個現象能獨立自存；只要看見「無自性」的說法，便執著現象不存在。如此，必然不能超出增益邊與損減邊。【師父解釋：現象乃眾緣和合而生，你看到一個現象，就認為它很美好，忘記它不能獨立自存，掉入自性見，即是增益邊。無自性的說法，並沒有否定現象的存在，你卻誤以為是虛無主義，誤以為什麼東西都沒有，即是損減邊。】

　　提婆論師的《四百論》，月稱菩薩加以註解的《四百論釋》說：「那些認定諸法有自性的人，只要看見某個現象，便執著它有自性。如果他們認定某個現象無自性的話，便執著那個現象終究是虛無、完全不存在，如同兔子的角完全不存在一樣。由於這種人不能超越『掉入二邊』的執著，所以他們一切所認定的真理，皆很難符合正理。」

　　由於無自性的緣故，可遠離一切掉入「有邊」的問

題；由於安立無自性的因果法，可遠離一切掉入「斷邊」的問題。【師父分析：無自性允許一切法隨著因緣而生滅，所以曾經存在的現象，可能隨因緣而消失，就不會有永恆不朽的「有邊」問題；又因為無自性允許一切法隨著因緣而生滅，所以曾經不存在的現象，可能隨著因緣而生起，便不會有永恆不存在的「斷邊」問題。】

所謂的邊，龍樹菩薩寫的《解釋正理論》說：「邊謂盡、後、近、方及毀訾。」邊這個詞，有五個意義：一、盡指盡頭；二、後指最後、末端；三、近指周圍、兩旁，如河邊、岸邊；四、方指方向，如東邊；五、毀訾指有貶抑之意，如社會邊緣人。

此五邊的意義，應成派自己也是許可的，但這裡所說的邊是指遠離正見的歧途二邊──常邊、斷邊。蓮花戒論師寫的《中觀明論》說：「如果中觀講的勝義諦，你把它執為自性法並認為有此真理的話，不論你認定它是常，或認定它無常，怎麼可能墮入邊見？你執著中觀的真理，只能說你的『作意』這個心所，完全投向諸法的真理，而這樣的作意是如理作意，把如理作意講成墮入邊見，是沒道理的。」本來是有，反而執為無，就會墮入斷邊；或者本來是無，而執為有，就會墮入常邊。就算你執著中觀，頂多是執著諸法本來的樣子，頂多是一位堅持如理作意的修行者，如此怎麼能算是執著邊見呢？

【師父分析：簡而言之，中觀本來就沒有所謂勝義諦的執著，中觀不立一法，中觀深知任何一法都可能成為執著，所以中觀掃蕩任何一法。即使有人執著勝義諦，那也不算墮入邊見，因為本來就有的東西，認知它為有，這樣根本就不叫「墮邊」。所謂墮入斷邊，就是執有為無；執無為有，就是墮入常邊。它本來就是有的，而你又執它為有，這樣不算墮入什麼邊了。只能說是「很堅持如實知、如實見」，中觀修行者最後會把這份堅持也捨掉，不捨的話，再度成為一種執著。】

例如世間的懸崖邊，我們會使用「邊」這個字，在該處墜落，稱為從懸崖邊掉落。若執著諸法真實存在，或執著諸法完全不存在，是違背真理的二邊，即常邊與斷邊。若執著諸法無自性的勝義諦，並執著業與果在言說中的幻有，那就不算「邊執」，因為只是以境界如實的樣貌去認知與執著，不算邊執。

【師父分析：以有為無，是斷見；以無為有，是常見。如實知，如實見，並執著如實境，不算墮入兩邊。最高境界是：如實知，如實見，且不執著，這樣子連法執都沒有。】

例如龍樹菩薩的《迴諍論》說：「若不是無自性，就變成有自性了。」這是說：如果在勝義諦上，不是無自性，那就變成有自性了。又說：「如果不允許語言文字上

的表達，我們什麼話都不能說了。」【師父分析：連空性的真理都無法說了。】

龍樹菩薩的《七十空性論》說：「不要破壞世間的道理：依著這個『因』，所以有那個『果』的生起。」所以，當我們用語言文字指稱某些幻有時，並不是說它們有自性；當我們說諸法無自性時，並不是說連語言文字都無法指稱出幻有。只是用詞有點不太一樣而已，事實上，意義是相同的，沒什麼差別。

【師父分析：有點繞舌，講白一點，就是說當我們在溝通現象界的事物時，並不認為那些現象可獨立自存；當我們很清楚諸法皆是眾緣和合而生、故無自性時，並不代表所有的現象都不存在而無法用語言溝通。現象界的事物照樣存在，人類約定俗成的語言照樣使用，但修行者知道諸法畢竟空，不會執著任何一法，不會誤以為有哪一法可獨立自存、永恆不朽，沒這回事。】

所以，用「有與非有」及「無與非無」來判別墮不墮入邊執，只是徒增戲論而已。【師父分析：因為太繞舌了，表達真理，可以用更直接的方法，不需如此拐彎抹角。】

15・無為法也不是實有

【原文】

若以前理已能成立補特伽羅與有為法皆非實有，則虛空、擇滅、非擇滅、真如等無為法，亦易成立皆非實有。故中論云：「有為法無故，何得有無為。」易成之理，謂如前破有為法自性，雖無自性，而能安立因果、繫縛、解脫、能量所量等一切作用。此既成立，則法性擇滅等無為法，雖非實有，亦可安立道之所證、智之所量、眾生所皈依之法寶等一切建立，誰亦不能攻難而謂此等若非實有，則彼建立皆不應理，故無許無為法實有之必要也。即許無為法真實有者，亦必應許能相所相、離繫因果、能量所量等一切建立。若無為法與其能證、能相、能量等無關係者，則一切無關係法皆應成為能相所相無理避免。若謂有關係者，然實有自性法不應待他，故亦不能立其關係。亦可觀其一異而破。若謂此理不能破無為法實有者，亦應不能破有為法，是則全無實有可破。若謂有為法自性空者，是說彼法無彼自性，故是斷空。然真如有自性，故是實有。上句是抉擇有為法自性空之最大歧途，是毀謗有為緣起之斷見。後句說真如有自性，是增益實有之常見，故是邪解真空之義。若自性空義，是彼法無彼法自體者，自既非有，則他亦非有，其立法實有之立者，與成立彼宗之教理等，亦皆自性空，皆應非有。則安立實有少法之宗派，純屬臆說也。若善知此理，則知印度佛弟子，凡說有實有法者，則定說有為法實有，名實事師。其說有為法非實有者，亦

必不許任何法為實有，實較藏地任意談說者，超勝多矣。於真實義雖有二說，然皆共許世俗法是自性空。次乃諍論勝義是否實有。故以正理破除諸法實有之後，不許有為法與一切法為實有者，與倒解空性為斷空者說有為法與一切法皆非實有，畢竟不同也。

或問，若中論云：「有為法無故，何得有無為。」如上解者，則六十正理論云：「若諸佛宣說，唯涅槃真實，智者誰復執，餘法非虛妄。」此說唯涅槃真實，餘法不實。法界讚亦云：「凡是佛所說，宣說空性經，皆為滅煩惱，非滅此法界。」此說空無自性之經，是為滅除煩惱而說，非說無此本性清淨法界，寧不相違耶。曰，此乃倒解彼二論義。前論之義，如世尊說，諸苾芻，勝義諦唯一，謂涅槃不欺誑法，一切諸行是虛妄欺誑之法，此經亦說涅槃真實，諸行虛妄。但真實義，前句經解作不欺誑。虛妄之義，後句經解作欺誑。六十正理論釋說涅槃即勝義諦，此不於現證之慧前，非有自性現有自性，故無欺誑。餘諸行等，則於現見之慧前，非有自性現有自性，是欺誑法。若以觀是否實有之理智而思擇，則全無堪忍觀察之實有。不審其義，但著其名，此復何為耶。又六十正理論云：「三有與涅槃，此二均非有，若遍知三有，即說名涅槃。」此說生死涅槃俱無自性，了知三有無自性，即立為涅槃。豈是說生死無實之空性為斷空者哉。法界讚義亦是說宣說空無自性之經，是為滅除餘一切煩惱之根本實執，明無彼所執之境，非說破二我執境所顯之本性清淨法界空性亦無所有。雖有此空性，然非實有。故有說此論連破實有所現之

空性，亦不許有。或說盡斷一切煩惱，而不須親證空性真勝義諦。當知此論皆已破訖。法界讚又云：「說無常苦空，為淨心方便，最勝修心法，是為無自性。」又云：「諸法無自性，是法界應修。」此說諸法無自性，是所修之法界。修無自性，是最勝之修心法，有說諸法無自性空，名為斷空，離此空外別立實有空性，為所修之空者，如何會釋此論耶。如東方無蛇，有人妄執為有，除彼怖畏苦時，說明東方無蛇，云不能除苦，要說西方有樹，方能除苦。汝亦如是，諸有情類，由執諸法實有而生痛苦，除彼苦時，汝說令其通達所執無實，不能對治其苦，要說餘事實有，方除其苦耳。

如果以前面論述的道理，已經能成立人我及有為法皆不是實有，那麼虛空、擇滅、非擇滅、真如……等無為法，也很容易成立為「非實有」。所以，《中論》說：「有為法不真實存在的緣故，怎麼會有真實存在的無為法呢！」

無為法容易成立為「非實有」的道理，就像前面破除有為法的自性，有為法雖然沒有自性，卻能安立如幻的因果、繫縛於輪迴、從輪迴解脫、能所關係……等一切作用。這些既然能成立，則法性、擇滅……等無為法，雖然不是實有，依然可以安立擇滅為修道所證得的境界、安立法性為智慧所了悟的對象、安立眾生所皈依的法寶，這一切依然能建立起來，不因為不是實有而無法建立。

【師父分析：擇滅就是涅槃，修行者的智慧在修行路上，不斷對諸法加以簡擇、融通淘汰、去蕪存菁，在不斷淘汰惡法、增長善法後，在這樣子的選擇後，令心導向寂滅，直到有一天，心徹底寂滅，涅槃便顯現出來，體證涅槃。】

說一切有部及經部不能爲此問難而說：「這些無爲法若不是實有，則建立無爲法是沒道理的。」中觀應成派認爲沒有必要許可無爲法是實有，照樣能成立無爲法。即使那些認爲無爲法是實有的唯識宗、經部和有部，也承認能生萬相的心、所生的萬相、作爲離繫因的道諦、作爲離繫果的滅諦、能所關係……等一切法是可建立的。

如果無爲法與能證果位的心、與能生萬象的心、與能度量的心，毫無關係的話，則一切彼此之間無關係之法，皆應不可避免地成爲能生萬象的心及所生的萬象。（這樣子世間便亂了套，此與事實不符。）所以，一切法彼此之間，都應該是有關係的。

若無爲法與心之間有關係，卻說無爲法實有或有自性，這樣子的話，無爲法不必等待心，自己本來就存在的話，無爲法與心之間又變成無關係了。

【師父分析：例如涅槃，是無爲法，一個人證得涅

槃，必然有待於自心在修行過程中不斷精進與改善，才有可能證得涅槃，可見涅槃與心之間有關聯。隨著心性去除染汙的程度，一點一滴接近涅槃，這就是心與涅槃的關係。但是，若涅槃有自性或實有的話，涅槃不應等待心的努力才被證得，而應從一開始就出現，不必努力修行就已進入涅槃，那麼涅槃與心之間變成毫無關聯，心不必做任何努力，涅槃已經在那邊。這種說法，有違事實，可見要成立無為法與心的關係，必須承認無為法沒有自性，有自性的無為法將無法與心建立任何關係。】

也可以透過觀察無為法與心的相同或相異來破斥自性。

【師父舉例：若由自性所成的無為法與自心，是同一的，會產生這樣的過失：煩惱心與解脫心都有無為的涅槃境界，凡夫與聖人皆可進入涅槃，但實際上，只有解脫心具有涅槃的境界。若由自性所成的無為法與自心，是相異的，會產生這樣的過失：無論你的心斷除多少煩惱，都與涅槃無關，因為心與涅槃相異；無論你的心多麼靠近解脫，也與涅槃無關，因為心與涅槃相異。】

如果這樣的道理不能破除無為法的實有的話，那麼之前也應該無法破除有為法的實有，如此將演變成一切法的實有皆無法可破。西藏有一些學者認為「如果說有為法是自性空的話，是指有為法無自性，所以是斷空；然而，真

如是有自性的，是實有。」

前一句說：「如果說有爲法是自性空的話，是指有爲法無自性，所以是斷空」，是抉擇有爲法自性空的最大錯誤的歧途，是毀謗「有爲法依緣而生起」的斷見；後一句說：「眞如是有自性的，是實有」，是增強實有的常見。斷見及常見，都是用邪見解釋眞空之義理。

【師父分析：前一句之所以錯誤，是因爲他們把自性空理解爲不存在，例如我們講蘋果自性空，是說蘋果無法獨立自存，它靠了太多的眾緣，總算結出果實。但是斷見者卻把蘋果自性空，理解爲沒有蘋果，當然是誤入歧途的邪見。至於認爲勝義諦、無爲法、眞如……等，是實有的論點，是後面解說的重中之重，將是長篇大論，這裡先不說明了。】

藏傳佛教前期論師誤解「自性空」的法義，誤以爲「自性空」是指某物缺乏某物自體的意思，如瓶子沒有瓶子自體，這是「自空」的論點。

宗喀巴反駁：瓶子本身既然沒有瓶子，瓶子以外的其他東西當然也不會有瓶子，如此便喪失一切可安立瓶子的基礎，瓶子永遠不存在了。若按照藏傳佛教前期論師的「自空」論點，那些成立少法實有的「立說者」及成立彼宗派的「教理」，如有部、經部、唯識宗等，也都應該不

存在了。實際上，這些宗派與相應的教理，都存在過。

【師父分析：自空是錯解自性空而誤入歧途的論點，誤以爲諸法自性空，是指諸法本身不存在，按照這個論點，那些認可少法實有的論師，論師本身不應存在，教理本身也都不應存在，那麼，怎麼還可能存在實有論者呢？怎麼可能還存在說一切有部的論著及唯識宗的唯識論呢？都不應該存在啊！可是實際上，仍舊存在啊，可見自空的論點有問題，與事實不符。

所謂的「少法實有」，有部認爲「三世實有，法體恆存」；唯識宗雖然認爲「遍計所執性」非實有，卻認爲「依他起性」及「圓成實性」是實有。這是藏傳佛教站在中觀的立場的認知，但是，依我對唯識宗的了解，唯識宗講「依他起性」及「圓成實性」的時候，並沒強調實有，而是說明世俗諦的緣起法及勝義諦的解脫論。這是沒辦法的事，本書所屬的應成派屬於中觀宗，向來是與唯識宗辯論不休，當我們看一切中觀祖師的書籍時，理所當然地看到他們批判其他宗派的不是。】

若按照自空論者的觀點，並無法安立實有論者及實有論著的存在，與事實不符，事實上，實有論者及實有論著都是存在的，可見自空論點，純屬臆測的說法，沒有深思熟慮。

印度佛弟子分爲兩派：實事師及中觀師。印度的有部、經部認爲「有爲法」實有，稱爲實事師。印度的中觀師則認爲「有爲法」不是實有，也不許任何法爲實有，包含勝義諦。印度中觀師的說法，比起藏地前期論師任意談空性的說法，超勝許多。因爲藏地前期論師無法準確安立二諦，即勝義諦及世俗諦，最終推翻世俗業果的存在，落入萬劫不復的地步。實事師至少不否認業果，如此，藏地前期論師比實事師還不如。

　　應成派及藏地前期論師雖然都在西藏，都持中觀見，但兩者的論點天差地別，應成派持「自性空」的論點，前期論師持「自空」的論點，雖有兩種論點，然而，皆共同接受世俗法是自性空。接著，才爭論勝義諦是否實有。應成派以正理破除諸法實有後，進一步不許有爲法及一切法爲實有。前期論師則顛倒地錯解空性爲「斷空」而說有爲法及一切法不是實有。兩派的說法，畢竟是不同的。

　　【師父分析：應成派主張：諸法無法獨立自存，需靠眾緣和合才生成，所以，生成的諸法只是暫時存在，因緣一到，又消失了。此論點不否認諸法的存在，只是說諸法無法靠自己單獨存在，必須依賴眾緣才存在，存在也不是一直存在，時間到了又會消失。
　　前期論師主張：諸法的自體不存在，不談眾緣，任何一物自己都不存在，現存的諸法也不存在。如此，無法解釋現存的種種現象與已消失的現象的差別。例如活著的

張三，張三自體不存在，沒有張三。張三已死去的爸爸，他爸爸自體當然更不存在，沒有他爸爸。如此，無法解釋活著的張三與他死去的爸爸有何不同，因爲兩者都是不存在。宗喀巴極爲反對這種論點，因爲完全是斷空與頑空的錯誤觀點。】

有的人問：

「一、如果《中論》講：『有爲法不眞實存在的緣故，無爲法怎會眞實存在？』強調了無爲法的不眞實。可是，二、《六十正理論》卻有相反的說法：『諸佛宣說只有涅槃是眞實的，這樣的話，有智慧的人又有誰會去在意其餘諸法是眞實的。』這是說只有涅槃是眞實的，其餘諸法不眞實。三、《法界讚》也說：『凡是佛所宣說空性的經典，都是拿來滅煩惱的，並不是拿來滅此法界的。』這是說經典講到空無自性，是爲了滅除煩惱而說，並非說本性清淨的法界不存在。第一點與第二、第三點的說法，不相違背嗎？」

宗喀巴答：

「這是錯解看似相反的法義，第二點《六十正理論》提到『諸佛宣說只有涅槃是眞實的』，那是因爲世尊曾經在佛經裡說：『諸比丘！勝義諦是唯一眞實、不欺誑世人的法，即涅槃，其餘一切諸行皆是虛妄欺誑之法。』這裡，經文也說涅槃是眞實法，其餘諸行是虛妄的。所謂的眞實，經文解釋爲不欺誑；所謂的虛妄，經文解釋爲欺

誑。

《六十正理論》把涅槃解釋為勝義諦，涅槃不會於現證空性智慧的聖者面前，明明是無自性，卻顯現為有自性，不會如此，所以，涅槃本來就無自性的事實，並沒有欺騙聖者；其餘世間諸行，於凡夫的分別心面前，明明無自性，卻顯現為有自性，所以是欺騙人的。」

【師父解釋：在聖者的空性智慧面前，了知一切法悉無自性，勝義諦的涅槃及世間的魔術，在聖者面前，皆逃不出空性智慧，聖者皆知它們無自性；然而，在凡夫的分別心面前，那些木石，經由魔術變化後，成為象、馬，凡夫卻當真，以為真有其事，執著象、馬有自性，凡夫被騙而不自知，聖者知道這只是魔術，不會被這些把戲所騙，明白象、馬無自性，明白欺誑世人之把戲背後的真相。】

《中論》所要破斥的「實有」，是指在證得空性智慧時所要破除的「自性」，而非破除「涅槃」。雖然涅槃與自性都有「真實」的意思，但涅槃經由觀察後，無自性確實顯現為無自性，理論與事實相符；但自性經由觀察後，卻顯現為無自性，理論與事實不相符。

所以，如果以觀察是否「實有」之理智而加以思擇，那麼完全沒有經得起一再觀察的實有。不好好了解「涅槃」與「自性」背後的真實義，只抓住兩者好像都是「實

有」，就一直鑽牛角尖，這又是爲什麼？完全沒有意義。

《六十正理論》又說：「『三界的輪迴』與『涅槃』，這兩者都不是眞實存在，事實上，當你遍知三界輪迴的自性不存在時，即可稱爲證入涅槃。」這是說生死輪迴與涅槃皆無自性，當你了知三界的存有皆無自性時，生死輪迴立刻轉爲涅槃。所以，說三界生死無自性，怎麼會是斷空呢？

之前《法界讚》曾說：「凡是佛所宣說空性的經典，都是拿來滅煩惱的，並不是拿來滅此法界的。」這也是指出佛所宣說空無自性的經典，是爲了滅除其餘一切煩惱對於實有的根本執著，說明所執著的境界無自性，而不是說能破除「人我執、法我執」後所顯現的本性清淨法界的空性，也空無所有。

【師父分析：要滅除的，是對於實有的執著，而對於實有的執著，不外乎人我執及法我執，破除這兩種執著後，便能顯現清淨的法界。能破除二種我執的，是空性，所以不能說空性不存在，若空性不存在，如何破二種我執。】

雖然空性存在，但不是實有。有一類人連《法界讚》拿來破實有的空性，都不允許存在。還有一類人說斷盡一切煩惱後，不需親自證得空性這種勝義諦。當知這兩類說

法，都已被《法界讚》破光了。

《法界讚》又說：「講無常、苦、空的真理，是清淨自心的善巧方便，然而，最殊勝的修心法，是『無自性』。」又說：「諸法無自性，是法界中應該修習的。」這是說「諸法無自性」，是所該修的法界。

【師父分析：這裡提到的「法界」，指十八界中的「法界」，即頭腦思惟的內容或對象，在你腦筋裡面產生的種種想法或思想，都稱為法界。「諸法無自性，是法界中應該修習的」，意思就是我們頭腦應常思惟、常修學的，是「諸法無自性」。】

修習「無自性」，是最殊勝的修心法。之前有人說諸法無自性的空，稱為斷空，所以離開此種空性，另外成立實有的空性，成為這類人所修的空性，請此人提出能夠佐證的論釋來，一定是引不出來的。

這類人認為：要斷除實執，不應該修無實有，而應該要修空性是實有。如果這樣講的話，就像東方本來沒有蛇，卻誤以為有蛇，為了要去除他恐懼的痛苦，此種人主張：「跟他說東方沒有蛇，並不能去除他的恐懼心，要說西方有樹，才能去除恐懼心」，其實，說西方有樹，一點幫助也沒有。

這類人就是如此，諸類有情由於執著諸法實有而生起痛苦，為了去除眾生的痛苦，這類人認為：「你教眾生通達所執著的境界無實有，並不能對治痛苦，要說其他事情實有，才能去除他們的痛苦。」

【師父分析：這似乎點出佛教與世間法的差別了，佛教一直教大家找出痛苦的根本原因，斬斷苦因，便能離苦；可是，世間法中的種種商業手法，都不教人找出痛苦的原因，反而給眾生另一件事情，如吃喝玩樂，令眾生對另一件事物生起興趣，既能幫助眾生得到快樂，商人也能因為推銷產品而賺到錢，看似雙贏，實際上仍抵不過無常，因為眾生對另一件事物產生的興趣，久了，也就變無趣了，痛苦死灰復燃。故知，唯有真正找出痛苦的根本原因，才能徹底離苦得樂。佛教一直做著吃力不討好的工作，因為引發大家尋找痛苦的原因，遠不如直接給眾生一種實際的快樂來得直接與具體。所以，在漫長的歷史中，佛教與世間法的角逐，始終落於下風，然而，只要有人真正深入過佛法的修行，這些人皆已脫離輪迴，徹底離苦得樂了。】

第八卷 止觀

毗婆舍那——觀

1‧二諦的分別

分為二諦之事‧先覺雖有多說‧今如集學論云‧「所知亦唯世俗勝義二諦。」以所知為所分之事也。

如中論云‧「一以世俗諦‧二第一義諦。」謂分世俗勝義二諦。

既分二諦‧則應有異‧其異相云何。先覺多說如瓶與衣為體性異。如無常與所作性‧體性是一‧待所遮為異。此二所異之法‧皆屬有事‧若有一法非有事攝‧名遮一品之異‧共為三異。二諦屬遮一品之異。有說二諦是一體性待所遮為異者‧中觀明論說‧同體係於無事法‧亦不相違。極為善哉。故所異二法俱屬無事‧或隨一法屬無事攝。許是一體‧待所遮為異‧都不相違。入中論釋云‧「宣說諸法之體性有二‧謂世俗與勝義。」此說一一法各有世俗勝義二種體故。若二諦體性非一‧異體‧亦極不應理‧則二諦無體‧亦成斷無。以凡有者‧一體多體二決定故。釋菩提心論云‧「說世俗即空‧唯空即世俗‧此無彼不有‧如所作無常。」如芽若與自勝義定體性異者‧則與自實空亦應異體‧是芽則成實有。由非異體‧故體是一‧芽雖是空‧然非勝義諦。有經論說二諦非一非異者‧有者是約自性成就之一異說‧有者是約體性非異所遮非一而說也。

　　能分為二諦的基準點，過去西藏的先覺們曾提出許多主張，然而，《集學論》說：「所知的境界，也只能分為

世俗諦及勝義諦而已，」除此之外，沒有第三諦，所以，應成派以所知境來劃分二諦。就像《中論》說：「一以世俗諦，二第一義諦。」可以看出分成二諦，即世俗諦及勝義諦。

既然分為二諦，兩者之間應有差異，它們的差異相何在？前期論師多認為二諦的相異點，是以下三種相異的第三種相異：

一、體性相異：例如瓶子與衣服，外表及功能都完全不同。

二、體性相同，名稱相異：例如無常與所做的事情。以上兩種相異，都必須是存在的事情。

三、遮同一之相異：相異的兩種法中，有一法不是存在的事物。

當時多數的論師認為二諦的相異，屬於第三種，但也有人主張二諦的相異是第二種，應成派的觀點是第二種。《中觀光明論》說：「體性相同，與不存在的事物，並不相違。」宗喀巴覺得講得太好了，就算相異的二法皆不是存在的事物，或者其中一法不存在，與第二種相異，並無矛盾之處。

《入中論釋》說：「宣說諸法之體性有二種：即世俗

諦與勝義諦。」這是說每一法各有世俗諦及勝義諦的兩種體性。二諦的體性不外乎兩種情況：相同或相異。假如二諦的體性既不相同，也不相異，那就極不合理了，二諦將變成沒有體性，成為斷滅、不存在了。凡是存在的法，都有體性，不是體性相同，就是體性相異；如果二諦既非相同，也非相異，等於沒有體性，如此一來，二諦就不存在了。

《釋菩提心論》說：「說世俗的種種現象都是空無自性，無自性並非獨立於萬有之外，而是成立世俗世界的基礎；缺乏世俗的事情，就不可能有勝義諦的空性，二諦的關係就如同所做的事情及無常性。」【師父分析：不論你在世俗做了什麼事情，所做的具體事項就是世俗諦，不論是做哪些事，悉皆無常，無常的法性即是勝義諦。】

以芽為例，芽的勝義諦本來是「自性空」，因為芽一直在成長，很明顯看到它不是處於一個不變且獨立自存的狀態。如果芽與勝義諦的體性相異的話，那就變成芽與「自性空」相異，如此，芽將變成有自性，成為實有。實有的芽將無法成長，違背實際情況，可見，芽與勝義諦的體性相同，並非不同。芽的勝義諦雖然是空性，但是芽自身生長的具體樣子，是世俗諦。

有些經論說二諦不相同，也不相異，應成派對此有兩種解釋：

一、二諦既不是由自性構成的相同，也不是自性構成的相異，因爲二諦是「無自性」的，與「有自性」無關。

二、二諦不相同，指二諦的名稱不相同；二諦不相異，指二諦的體性不相異。

2・世俗諦

【原文】

顯句論說・世俗有障真實・互相依・世間名言三義。後者釋為能詮所詮・能知所知等相。故非唯能知與能詮之有境名言・亦莫執一切所知所詮皆是世俗諦。其色等法・於何世俗心前安立為諦・彼世俗心・即三義中之初世俗・亦即於無自性諸法增益為有自性之無明・事非實有而立為實有者・必是心法。除實執外・於餘心前無可立為實有者故。如入中論云・「癡障性故名世俗・假法由彼現為諦・能仁說名世俗諦・所有假法唯世俗。」釋論亦云・「由有支所攝染污無明增上之力・安立世俗諦。若已斷染污無明・已見諸行如影像等聲聞獨覺菩薩之前唯是假法・全無諦實・以無實執故。故此唯誑愚夫・於餘聖者・則如幻事・是緣起性・惟見世俗。」此非說安立有世俗諦要由無明安立・於已斷染污無明之聲聞獨覺菩薩前・便不安立世俗諦。其初因相・謂如前說染污無明即是實執・彼所執義・於名言中亦非有故。但世俗諦於名言中則定有故。以是當知・安立諸法世俗中有之世俗・必非染污無明之世俗也。第二因相・謂諸已斷染污無明世俗心者・由無安立諦實之實執世

俗故，成立諸行於彼等前非是諦實，不能成立非是世俗諦故。故說諸行於彼等前唯世俗者，是說世俗與諦實二義於彼等前不可安立為諦。唯字僅遮諦實，非遮世俗諦。說為唯世俗與世俗諦之意，當是了知。顯句論云，由於世間世俗為諦，名世間世俗諦。如入中論釋云，「由此世俗令諸法現為實有，無自性者現有自性。以於世間顛倒世俗之前為諦實故，名世間世俗諦。」謂如前說，是於無明世俗之前現為諦實。非於名言許為實有。若不爾者，則違此宗於名言中亦不許自相，及於名言亦破實有，成立無實故。由此道理亦當了知智藏論師說世俗中諦之義。問，法性與二我，於實執世俗之前現為諦實，亦應成世俗諦。曰，若僅於實執世俗之前現為諦實，便立為世俗諦者，應有彼過。然非如是，此僅是說世俗諦之諦字，為於何世俗前為諦之世俗，及於彼前如何諦實之理耳。

　　月稱菩薩所寫的《顯句論》，講到「世俗」有三種意義，「世俗的第一種意思，是障礙見到真實義，就是指障礙我們見到真如、空性。如同障蔽太陽的雲，「愚痴」執著實有也障礙人們現見真實；第二種意思，是互相依賴，比如因果相互依賴。第三種意思，是世間的名稱、語言文字。

　　第三種就是指所知和能知、所詮和能詮……等等。世俗諦並不是只有能知和能詮，也不要執著只有所知和所詮是世俗諦。也就是說，世俗諦含蓋了一切「能」與

「所」。

【師父分析：能詮指能詮聲，能描述境界的聲音；所詮指聲音所描述的境界。能知指能了知境界的心；所知指心所了知的境界。】

色聲香味觸等諸法，於何等世俗心之前安立爲眞理呢？這個世俗心就是指前面說的三義中的「障礙見到眞實義」而言，也就是於本來無自性的諸法上，增益爲有自性的「無明」。事物本來不是實有，卻預設事物爲實有存在的，必是心。這個心一定是執著實有的心，除了執著實有的心之外，沒有其他的心會去預設事物爲實有存在。

如同《入中論》說：「愚癡障礙心看見諸法眞實性，所以稱爲世俗心，假立的諸法因爲愚癡而顯現爲實有，把假法誤認爲眞實與眞理，誤把假法安立爲諦（即眞理），所以，佛陀才會稱爲世俗諦，色等所有假法雖無自性，不是實有，但在無明愚癡的世俗心面前，全被執爲實有。」

《入中論釋》說：「十二緣起的有支攝持皆由於染汙無明的增上力，以此而安立世俗諦。聲聞的阿羅漢、獨覺的辟支佛、八地菩薩等聖者，已斷除染汙無明，看見諸行或色法時，知道如影像般不實在，只是假借眾緣而和合的法，完全無自性，因爲他們沒有執著實有的無明了。諸行只能誑惑愚癡的凡夫，對於凡夫之外的其餘聖者而言，諸

行只像魔術一般，聖者只看見世俗的事情因緣起性而暫時存在罷了。」

這並不能解釋成：一、無明能安立世俗諦；二、於已斷染汙無明的三種聖者 —— 聲聞的阿羅漢、獨覺的辟支佛、八地菩薩 —— 面前，無法安立世俗諦。【師父分析：不論是具足無明的凡夫，或缺乏無明的三種聖者，不是以「有沒有無明」來安立世俗諦。】

第一點不成立的理由是：染汙無明即是自性執，自性執所執著的對象，即使在語言文字中，也是不存在的。【師父分析：因為世間萬法皆無自性，皆是眾緣和合所促成，語言文字所能描述的，也只是眾緣和合之物，語言文字無法描述本來就不存在的東西，例如自性執的對象。】可是，世俗諦在語言文字中，一定是有的，因此，世俗諦不是自性執的心所安立的。【師父分析：因為世俗的一切事物，人們都會針對一一事物，假名施設，以固定的名稱來約定俗成。人們使用語言文字來指稱事物時，並沒有帶著自性執，只是命名罷了。】

所以，應當知道：安立諸法於世俗中存在的世俗諦，必定不是染汙無明的自性執所安立的。

第二點不成立的理由是：那些已斷除染汙無明的自性執的聖者，由於缺乏執著世俗事物實有的自性執，所以，

只能成立諸行在他們面前無自性，不能成立沒有世俗諦。
【師父分析：已證諸法無自性的聖者們，能確定諸行是眾緣和合、不是單靠自己就能存在，聖者能確定的，是這件事；卻不能否定種種世間現象，事實上，眾緣和合而生起種種世俗諦、世間現象，聖者也是明顯覺察到的。】

所以，說諸行於聖者面前「唯世俗」，意思是「世俗諦」在聖者面前，只有「世俗現象」存在，「自性」是不存在的。【師父分析：聖者接受種種世俗現象生起來、滅去，不接受這些世俗現象獨立自存，自性有即獨立自存的意思，世間找不到獨立自存的現象。】

唯世俗的「唯」，僅遮遣「自性」、「實有」，並非遮遣「世俗諦」或「世間現象」。對於唯世俗和世俗諦，應當如是了解。

《顯句論》說：「顛倒的世俗心把世間的事物執為實有，稱為世間世俗諦。」《入中論釋》說：「由此顛倒的世俗心，令諸法顯現為實有，本來是無自性的諸法，在世俗心面前，也會變成好像有自性。世間諸法，在顛倒的世俗心面前，成為有自性的、實有的，稱為世間世俗諦。」

就像前面說過的，世間諸法在無明世俗心面前，顯現為實有，而非在語言文字上許可它為實有。若不如此解釋，若認為在語言文字上也是實有的話，將會違反應成

派的兩種主張。應成派主張：一、在名言上，都不許諸行（色等諸法）有自性；二、在名言上，破除諸法的自性，成立無自性。如果不堅持——「世間諸法只能在無明世俗心面前，顯現爲實有，而非在語言文字上許可它爲實有」——這個論點，將違反應成派自己的主張。

由此道理，也應當了知自續派的智藏論師說「世俗法中有諦」（即世俗諦）的意義。

問題：

如果一法在顛倒世俗心面前顯現爲實有，就是世俗諦的話，那麼法性（空性）及二我（人我與法我）也應該是世俗諦，這怎麼合理？空性是勝義諦，二我則不存在啊！

宗喀巴答：

若法性與二我僅於執著自性的世俗心面前，顯現爲實有，便把它們立爲世俗諦的話，確實會有你說的過失。但實際上，並不是這樣，這裡只是在解釋世俗諦的「諦」這個字，僅僅是在愚痴、執實心面前，現爲實有而已，並非在空性智慧面前顯現爲實有。

【師父分析：所謂世俗諦，指顯現的樣貌和實際情況不相符合。所顯現的，似乎是實有，實際上卻很容易無常，例如眞情、眞愛，大家都在追求，都覺得是實有，等追到手了，經過十五年，卻很容易無常、離婚，即使沒離

婚，原本的愛也變質了，所以，真情、真愛好似大家追求的實有，真正的情況是非實有、無法永恆存在。顯現的樣貌和實際情況不相符合的，稱為世俗諦。勝義諦，指顯現和實情是極為吻合的，於現在的心面前，顯現為非實有、無自性的，而實情也是非實有、無自性的，因此是極為吻合的，稱為勝義諦。

為了了知勝義諦的緣故，我們必須先在世俗法上加以觀察，之後才能了解世俗法的顯現和實情是不相符合的，這就等於了解了世俗法的無自性、空性，也就是了解它的勝義諦了。於世俗法上悟到空性，這就是龍樹菩薩說「勝義諦不離世俗諦」的意思。】

3 · 世俗諦之相

【原文】

內外諸法·各有勝義世俗二體。如芽·有見真所知真實義理智所得之芽體·與見妄所知欺誑義名言識所得之芽體。前者即芽之勝義諦性·後者即芽之世俗諦性·入中論云·「由於諸法見真妄·故得諸法二種體·說見真境即真諦·所見虛妄名俗諦。」此說芽體有二諦體性·勝義即前識所得·世俗即後識所得。非說芽之一體觀待前後二識為二諦。入中論釋云·諸法之體性有二·謂世俗與勝義。說一一法分為二體·勝義是見真諦智所得·世俗是見虛妄識所得·世俗諦法事本非諦·是於實執前為諦·故了解彼義

時，必須了解彼為虛妄。喻如了解瓶是虛妄所知欺誑義時，必須於瓶先以理智破除實執之境，獲得正見。未以正理破除實有，必無正量能成其為虛妄故。雖瓶衣等是世俗諦，然心成立瓶衣等時，彼心不須成其為世俗諦。如瓶衣等，雖無自性現有自性，猶如幻事。然成立瓶衣之心，不須成立如幻義。故有說此宗瓶衣等法，觀待未得中觀正見異生識前，是世俗諦，觀待聖者，是勝義諦，不應道理。入中論釋云，「其中異生所見勝義即有相行，聖者所見唯世俗法。其自性空，即聖者之勝義。」彼乃違是而說故。諸異生類執瓶等為實有，亦即執為勝義有，故待彼等之識，瓶等乃勝義有，非世俗義。彼等識見為勝義有之瓶等事，觀待聖者身中見萬有如幻之智，反成世俗。觀待此智不可安立為諦，故說唯世俗也。雖然彼等之本性說為勝義諦。故當分別解說，瓶等為世俗，瓶等之本性，即聖者之勝義。不可說瓶等於聖者前即為勝義，以聖者見真義之理智不得瓶等故，論說見真義之理智所得為勝義諦故。

內在諸法與外在諸法，各有勝義諦及世俗諦二種體性。例如芽，有證空慧、見到真如所看到的芽體；也有以語言文字的認識，見到虛妄與欺誑的芽體。前者是芽的勝義諦性，後者是芽的世俗諦性。《入中論》說：「由於見到諸法的真與妄，因而得到諸法的二種體性。見到真境的，即是真諦；見到虛妄的，即是俗諦。」

這是說芽體有二諦的體性：芽的勝義體性，即以證空

的智慧（前識）所度量的苗芽體性；芽的世俗體性，即以語言文字的虛妄分別（後識）所度量的苗芽體性。並不是說苗芽的一個體性，觀待於前後的兩個識而成為二諦。而是說同樣一棵苗芽，具有勝義和世俗兩種體性，而這兩種體性的分野，源自於：觀待於前識而說勝義，觀待於後識而說世俗。

《入中論釋》說：「諸法的體性有二種：世俗與勝義。每一法皆可分為這兩種體性，勝義是由見到真諦的智慧所得到的，世俗是由見到虛妄的心識所得到的。」其實和《入中論》的說法一模一樣。

世俗諦的諸法，實際上本來不是實有，而是於自性執的心面前，執諸法為實有。所以真正了解法的真義時，必須了解世俗諦是虛妄的。

【師父分析：以瓶子來說，在自性執的心面前，瓶子成為實有的，雖是實有，實際上，這個執著的心本身是顛倒的，因此才說「實有」是假的，瓶子並非實有。瓶子在凡夫面前為實有，在聖者面前為虛妄，前後不一，可知前後是錯亂的。

空性，在入根本定前，已經是真實不虛，已經確定諸法無自性，此理遍一切法而皆準。專注修習奢摩他，入於禪定後，進修毘婆舍那，所觀的對象是觀空性，空性所找

到的，也只是找到「自性不存在」而已。也就是說，入定前的空性與入定後的空性，前後一致，皆顯現為無自性，可知前後是無錯亂的。

簡而言之，在錯亂心面前，世俗諸法雖現為真實，實際上卻不真實，因為所謂的真實，必須在無錯亂心面前顯現為真實不虛，才是真的真實。世俗諸法在錯亂心與無錯亂心面前，其顯現無法前後一致；勝義諦的空性或真如，卻能前後一致。所以，世俗與勝義的區別，可以從錯亂心與無錯亂心對於諸法的認識，是否前後一致，而能鑑別清楚。】

舉例來說，要了解瓶子是虛妄的所知境，並了解人容易被瓶子的美所欺誑的意義時，我們必須先在瓶子的基礎上，以理智去破除執為實有的所緣境，才能獲得「瓶子的外表會騙人」的正見。沒有先以正理破除執著實有的心，必然無法真切認識所緣境的虛妄性。

雖然瓶子與衣服是世俗諦，但普通人看到瓶子與衣服時，不一定明白世俗諦的內涵。瓶子與衣服雖然是無自性，但在凡夫面前，卻顯現為有自性的樣子，喜愛它的人非常多。智者以正理破除執著實有的心，了知瓶子與衣服如幻如化，虛妄不實。然而，眾生在認識瓶子與衣服的當下，心不能了解瓶衣如幻的道理。

有人認爲應成派主張：對於心中沒有中觀正見的凡夫心識而言，瓶衣等法是世俗諦；對於聖者來說，瓶衣等法，則視爲勝義諦。宗喀巴認爲這沒道理。

【師父分析：

這裡有兩種錯誤的想法：一、如果認爲心中無中觀正見的凡夫，懂得瓶衣等諸法是世俗諦的話，就表示凡夫必須先了解瓶等諸法是虛假的。可是，事實上並不是這樣，無中觀正見的凡夫，不見得知道瓶、衣是虛假的。所以，這裡說「對於心中沒有中觀正見的凡夫心識而言，瓶衣等法是世俗諦」，這樣的講法是錯誤的。二、「對於聖者來說，瓶衣等法，則視爲勝義諦」，這樣的講法也是錯誤的，因爲瓶衣等法在聖者面前，只是世俗諦而已，並不是勝義諦。所以，這邊的兩種說法，都是錯誤的。

世俗諦：心認識到世俗諸法，是幻化不實的，了知世間法幻化不實的眞理，是世俗諦。
勝義諦：心認識到勝義的空性、眞如諸法，是眞實不虛的，了知法性眞實不虛的眞理，是勝義諦。】

《入中論釋》說：「恰恰相反，瓶衣諸法對凡夫而言，好似勝義諦的眞實不虛，對聖者而言，卻只是虛妄不實的世俗法。看到瓶衣的自性是空，才是聖者所見的勝義諦。」《入中論釋》所說的，和前面兩個錯誤的看法正好顚倒。

【師父強調：重點來了，聖人正視瓶衣等法的虛幻，等於見到了世俗諦，即世俗諸法虛妄的眞理；聖人看見瓶衣等法無法獨立自存，即無自性，等於見到了勝義諦。瓶衣的現象，幻化、不眞實的存在，是世俗諦；瓶衣的自性是空，是勝義諦。請諸位搞清楚，並非否定世俗諦，只肯定勝義諦，不是，而是既肯定世俗諦，也肯定勝義諦。若否定世俗諦，等於一個人無法認清世俗諸法的如幻與不眞實，不對的，修行一定要修到能認清世俗諸法的如幻與不眞實。所以，世俗諦與勝義諦都要修起來才行。】

凡夫們執著瓶子、衣服等物爲實有，等於是把虛妄之物執取爲勝義的存有 —— 眞實存有，因此，對凡夫而言，瓶衣等物乃勝義的存在，而非只是視爲虛妄的世俗諦。

在凡夫的心識中，視爲勝義存在的瓶衣等世俗事物，相較於聖者身中看見萬有如幻的智慧，瓶衣等物反而成爲虛妄的世俗事。瓶衣等諸法，相對於見諸法如幻的智慧而言，是不可成爲眞實義的，因此才說瓶衣等法僅是世俗法而已。

瓶衣等世俗物的究竟本性是空性，仍屬勝義諦，所以應當分開來解說：瓶衣等物，爲世俗事；瓶衣等物之本性，即是聖者見到諸法如幻的勝義諦。不可以簡化爲：瓶衣等物在聖者面前，就是勝義諦。必須這麼說才如法：以

聖者見到眞實義的理智，來看瓶衣等物，瓶等諸法是不可得的。《入中論》說：「以見眞實義的理智（證空慧）所證得的，是勝義諦。」

【師父分析：見眞實義的理智＝證空慧，你證得空性智慧時，具體來說，到底證得什麼？那就是在接觸世俗諸法時，直接了知世俗事物的虛妄性。】

4・世俗的差別

【原文】

自立因中觀師說，內識現似有自相時，如現而有，故心不分正倒。外境現時，須分如現有無自相。如二諦論云，「所現雖相同，然有無作用，故當分世俗，有正倒差別。」此宗隨應破則說，凡有無明者，所見一切有自相事，彼識皆由無明所染而現，故世俗義不分正倒。入中論釋云「若世俗中亦見為虛妄者，非世俗諦。」此說喻如影像，於已善名言世人之世俗心前，知非實有，故非待彼之世俗諦。然是見虛妄所知欺誑義識所得之義，故仍是世俗諦。如見影像之識，於所見境迷亂。有無明者，見青等有自相之識，於所見境迷亂正復相等。若以如是亂識立所量為真實，則成相違。若立所量為虛妄，適得相成，若不爾者，則於名言未成實有，亦必不能立世俗諦。若於名言立如幻虛妄，當必不能立世俗諦。隨應破說，未被現前錯亂因緣所染之六識，與被染之六識。前六識所取之六境，與

後六識所取之六境，其顛倒之六識六境，立為倒世俗。其未顛倒之六識六境，立為正世俗。此亦唯待世間，或名言量立為正倒世俗，非待聖見隨行之理智而立。故中觀自宗說，凡有無明者，見影像等與見青色等，待所見境無錯亂不錯亂之差別，都是錯亂，故不分別正倒世俗。入中論云，「無患六根所取境，即是世間之所知，唯由世間立為實，餘則世間立為倒。」執人法有自相，有二種執，其由惡宗所薰心意，此妄計之逆品，非名言量所能成立，故是例外。又盡離一切無明習氣錯亂因緣之盡所有智，雖亦現二取相，然非於所見境迷亂，理如餘處所說。

中觀自續派說：「當我們去區分倒世俗和正世俗時，並不以能認知境界的內在心識加以區分，因為心識在認知時，肯定有對象，全部屬於『正世俗』；倒世俗和正世俗，是以外境是否有無自相與作用而作區分的。」

例如清辨論師的《二諦論》說：「所顯現的外相雖然是相同，然而，有沒有作用這一點，才是用來判別正世俗或倒世俗的標準。」

【師父分析：自續派與應成派一樣，皆不認可諸法實有，但自續派認為心於外在顯現對境時，若這個對境有自相的作用，稱為「正世俗」；若這個對境沒有自相的作用，稱為「倒世俗」。

中觀應成派不主張有正世俗。自續派將世俗分為正世俗和倒世俗，這是如何安立的呢？比如魔術所變化出來的馬，或是將陽燄看為水，或是夢中看到的馬或象，或是幻想出來的女人，我們都很清楚這些不是真實的，而是顛倒的，這些法就稱為倒世俗。瓶子、柱子、苗芽等等，雖然它們實際上也不是實有的，是虛妄不實的，可是，一般人認為它們是真實存在的，因此，這些就稱為正世俗。

　　魔術所變化出來的馬，跟真正的馬，兩者都同樣顯現為馬，可是，魔術所變出來的馬，並不能真正從事一匹馬的任務，而真正的馬，則可以去做馬該做的工作。所以，我們將魔術所變化出來的馬稱為倒世俗，而真正的馬則稱為正世俗。

　　同樣的，以陽燄和真正的水兩者來談，陽燄雖然跟真正的水同樣顯現為水，陽燄所現的水，並沒有水的功能，不能解渴，真正的水卻有水的用途。因此，將陽燄稱為倒世俗，真正的水則稱為正世俗。

　　未證得空性的凡夫，如果他們知道顯現出來的境界不是真的，這個法就稱為倒世俗的法；如果他們不知道顯現的境界不是真的，我們就稱為正世俗的法。未證得空性的凡夫，不知道馬、水、桌、椅、高樓大廈、一切有為法，都不是真的，誤以為所有這些世俗法都是真實的，不知它們也是眾緣所生的暫時法、幻化法，隨時可能像水泡那樣

滅去，那麼這些世俗法就稱為正世俗。那些很容易被我們了解為假象的，如魔術表演、夢境、幻想、想像、海市蜃樓……等，即是倒世俗。

當我們看鏡子時，自己的影像會映在鏡子裡面，人家如果問你：「那個是不是你？」你會回答：「那個是我。」事實上，鏡子中的影像並不是你，鏡子那麼小，裝不進我們，我們只是面對著鏡子而已。所以，從鏡子當中的影像，我們也可以了解鏡子所顯現的雖是我們自己，實際上並不如此。鏡中的影像只是影像而已，並不是真正的自己，但，所顯現的卻很像自己。因此，鏡中的自己，實際上不是真的，普通人很容易知道那是假的，這就是倒世俗，從這個實際的例子就可以了解到了。】

【師父助你們回憶：之前提過自續派把世俗分為「正世俗」與「倒世俗」，有作用的世俗物稱為正世俗，如水，可解渴；無作用的世俗物稱為倒世俗，如海市蜃樓顯現的水影，是虛幻不實的，無解渴作用。】

應成派則說：「凡具有無明的人，所見的一切法，皆有自相或自性，因他的心識被無明所污染，這種心所生出的萬法，才會顯現為都有自相與自性的樣子。」所以，應成派與自續派的主張不同，認為世俗不分正或倒。

【師父分析：我們的內心中，有善心所與惡心所，善

心所很難讓無明的惡心所轉善，善心所卻很容易受無明的惡心所影響，舉一個例子，大家就了解了。有兩種食物，一者是好的，可以吃的，另一種是腐爛的，若將好食物放到腐爛的食物裡，好食物無法讓腐爛的食物變好，反過來，腐爛的食物很容易將好的食物給污染，結果，兩種都不能吃了。善的識，無法以它的功德去影響無明，而無明卻可以用它的過患去影響善的識。一旦我們心中有無明，善心所也很容易受影響而變惡，看到外在任何一法，很容易著相，誤以為有自性而生煩惱。唯有證得空性的智慧能倖免於無明的傳染（今天連美國總統夫婦都被新冠病毒傳染了，你們便知道善心所要倖免於無明的傳染，有多麼困難。無明相當於強而有力的新冠病毒），這就是為什麼宗喀巴在這裡那麼強調通達空性的原因。】

《入中論釋》說：「若世俗中亦見為虛妄者，非世俗諦。」多數人誤解這句話，所以宗喀巴特別解釋：譬如臉在鏡子中的影像，明白的人知道鏡子中的臉像自己的臉，但他知道影像終究是影像，不是真正的臉，即使一個人未證空性，他還是明白臉孔的影像是虛妄不實的，「非世俗諦」，不是真實的世間事物。

雖然如此，依舊無法否定影像的存在，影像終究被心認知了，所以仍然是世俗諦。就像見到影像的心識，有時候會把鏡中的影像當作自己的臉孔而產生錯亂；同理，具有無明的眾生，看到青黃赤白等顏色的東西時，也會對所

見的境界產生迷亂，誤以爲所見境有自相或自性。後者與前者的迷亂，是相等的。

【師父分析：應成派認爲除了現證空性的根本定外，其他一切認知都會產生錯亂，都會把境界執爲有自性、有自相，唯有現證空性，安住於空性的根本定，才能根除錯亂。】

錯亂的心識，怎能生出眞實的萬法呢？是不行的，然而，錯亂的心識衍生虛妄的萬法，倒是沒錯。若非如此理解的話，便無法明白「普通人認知鏡中的影像不是眞實的臉孔，影像必然不能立爲世俗諦；又譬如，安立魔術是虛妄的話，當然就不能立魔術是世俗諦。」

應成派雖然不認同自續派把世俗諦分爲正世俗與倒世俗，卻接受如下的正與倒：

錯亂因可分爲現前錯亂因與究竟錯亂因，前者如飛蚊症的眼睛看到一堆飛蚊，實際沒有飛蚊；後者指根本無明。當六識被現前錯亂因所染後，成爲錯亂的心識，認識到的六境便是顛倒的，此是倒世俗。當六識沒被現前錯亂因所染，未成爲錯亂的心識，認識到的六境便是無顛倒的，此是正世俗。

然而，這種區分是根據世間人正常的認知與約定俗成的語言文字而有的，並非根據聖人之理智而成立正與倒。

所以，中觀宗說：「凡是具有無明的人，見到種種影像或青黃種種顏色等，沒有現前錯不錯亂的差別，只要有無明（究竟錯亂因），所見境都是錯亂的，所以聖人不分別正世俗與倒世俗。」

《入中論》說：「不受現前錯亂因所影響的六根，它們所緣取的六境，根據世間人所了知的標準，成立爲眞實的，其餘受現前錯亂因所影響的六根，它們所緣取的境界，被世間人立爲不顛倒。」

執著人與法有自性，源自兩種執著：一、俱生我執；二、遍計我執。後者指受到不好宗派的影響，心被現前錯亂因所薰染，他們所執持的見地，正好與「無自性」相反，普通人無法以語言文字了解遍計我執是顛倒的，只能由證空性的智慧得以了解。是否所有被現前錯亂因所影響的心與所取境，都是顛倒呢？這當中有一個例外，即是遍計我執的情況。

【師父分析：一個人進入邪知邪見的宗教後，自以爲學習的內容是正確無誤的，所以，即使他的心與所取境越來越顛倒，在他的世界裡，不認爲自己顛倒了，所以這個情況例外。然而，不管是俱生我執或遍計我執，都必須經由空性智慧，才能被覺察。】

徹底遠離一切無明、習氣……等究竟錯亂因的盡所有

智──佛的智慧，在認識萬法時，雖然也會顯現「能緣心與所緣境」的二相，然而，空性智慧了知無自性的緣故，不再迷亂於所見的境界，道理在其他地方講過了。

5·解釋「勝、義、諦」的字義

【原文】
顯句論云·「既是義·復是勝·故名勝義·即此諦實·故名勝義諦。」此許勝與義俱指勝義諦·勝義諦之諦·謂不欺誑。由不安住此性而現彼相欺誑世間故。六十正理論釋說·勝義諦亦唯由世間名言增上而立。故世俗諦之諦是於執實前為諦·與勝義諦名義不同。

《顯句論》及之前引用的《入中論》都是月稱菩薩寫的，《入中論》主要詮釋《中論》的論義，而《顯句論》是詮釋《中論》的詞義。

《顯句論》說：「空性，既是義──被了知的境，也是勝──所知境中最殊勝者，所以稱爲勝義。如此勝義的空性，眞實不虛，故稱爲勝義諦。」

【師父分析：跟先前解釋世俗諦不太一樣，先前所解釋的的世俗，是愚痴，把事物執爲實有；諦，指在愚痴和執實前，誤以爲事物眞實不虛。】

勝與義，皆在描述勝義諦；勝義諦的諦，意味不欺誑，意思是：空性不會在聖者的根本智前呈現為一種相狀，然後在根本智外顯現為另一種相狀，前後變成兩種情況。空性只以一種相狀呈現，所以不帶有詐欺的成份。

　　【師父分析：以瓶子為例（你可以自己從瓶子的例子，推理到世間一切法，無不如是），當我們的眼識看到瓶子時，我們明白瓶子最後可能摔壞或自然壞掉，從究竟義來說，瓶子無法真實存在，可是，它現在卻顯現為真實存在，瓶子所顯現的，與究竟義不相符合，所以人非常容易被它目前所顯現的樣子所吸引，進而引發貪欲，也就是它的究竟情況和它現在的顯現不一樣，這就是欺誑世間。而空性呢？清辨論師說：「勝義諦就是指在根本智前現為真實的。」根本智，指證空性的心，也就是在證空性的心之前，勝義諦顯現為真實不虛。當聖者在根本智中，現證空性，發現空性的究竟義與它目前顯現出來的樣子，皆處於「無自性、非實有、無所有、不可得」的狀態，它的究竟情況和它現在的顯現一致，故稱為真實不虛，這就是不欺誑世間。大家想想看，如果你不努力修行，證入勝義諦，只要活在世間的一天，你還要被多少世間法吸引，你能想出哪個世間法是不欺誑世間的嗎？真的，唯有努力修行，證得勝義諦，活在智慧中，你才不再被騙、被詐欺。否則，無需等待詐欺集團騙你，你已經天天被世間法騙了，最可悲的是，天天被騙的同時，還不知不覺啊！詐欺集團容易被覺察，普通的世間法不易被覺察，我們天天把

它當作實有，加以執著。】

《六十正理論釋》說：「勝義諦只能由世間的語言文字加以安立。」

【師父分析：勝義諦無形無相，無法捉摸，只能用語言文字指出它來，就像禪師指著月亮，他希望弟子們看到月亮，而非只看著手指。月亮指勝義諦，手指意味著經典的語言文字。】

所以，世俗諦的諦，是於自性執的基礎上，執取世間法為實有。與勝義諦的情況完全不同，勝義諦是在無自性的基礎上，了知世間法與出世間法、乃至空性本身，皆非實有、無自性、無所有、不可得。

6·說明勝義諦正確的意義

【原文】

勝義諦相·如入中論說·是見真所知義智之所得。釋論云·「勝義·謂現見真義勝智所得之體性。此是一體·然非自性有。」此說是能量真實義之無漏智所得·非自性有。有說「無漏根本智有所獲得·即諦實有。」此亦破訖。言勝智者·謂非凡是聖智所得。要智差別如所有智所得·乃勝義諦。言所得者·義謂由彼智如是成立。世俗亦然。又彼智如何得者·如有翳眼見虛空中毛髮亂墜·無翳之眼·則於彼處全不見有毛髮墜相。如是由無明翳所損害

者‧便見蘊等自性可得。其永盡無明習氣者‧與有學聖者根本無漏智‧現見真實義之理‧正如無翳淨眼‧全不見有微末二相。此所見本性‧即真勝義諦。如入中論云‧「如眩翳力所遍計‧見毛髮等顛倒性‧淨眼所見彼體性‧乃是實體‧此亦爾。」釋論亦云‧「即此蘊等‧諸佛世尊永離無明習氣者‧所見自性‧如無翳人不見毛髮‧此即諸法真實勝義諦。」此所見之勝義‧即一一法有二體性之勝義體性‧亦即諸法自性本空之性淨涅槃。如其所應離垢種時亦即滅諦涅槃。六十正理論釋云‧「豈涅槃亦是世俗諦耶。答曰‧如是。」又云‧「故涅槃亦唯於世俗諦假立。」此義是說‧安立涅槃勝義諦為有者‧亦唯就世俗諦名言識前而立。非說此宗許涅槃為世俗諦。彼釋自說三諦屬世俗諦‧涅槃即勝義諦。入中論釋亦說餘三諦屬世俗‧滅諦屬勝義故。又外難曰‧若涅槃亦於世俗安立為有‧則與說是勝義諦相違。答曰‧勝義諦亦唯由世間名言而說。故凡立為有者‧當知皆由世間名言增上安立。十萬般若云‧「此一切法‧皆依世間名言而立‧非依勝義。」七十空性論云‧「生住滅有無‧以及劣等勝‧佛依世間說‧非是依真實。」此說生住滅三‧劣等勝三‧及有無等一切建立‧佛皆唯以世間名言增上而說‧非離名言增上安立‧而以真理增上安立。智藏論師說‧「由於勝義諦實‧名勝義諦。」當知彼將理智‧亦說名勝義‧是說於彼前不欺誑名諦‧非說堪忍觀察之諦實。以彼論中破一切法真實有故。故有難云‧「若勝義於勝義中不諦實‧則世俗於世俗中亦不諦實。」可答曰‧許爾。若難云‧「前者於前者不成‧後者

於後者亦不成。」此等於說「若遮實有，非是實有，則所遮之有法應成實有。」以說勝義，是於所遮有法上唯遮實有而立故。難諸有法應非世俗有者，即難應非虛妄故。此難極無關係，諸有法非實有，適能助成所遮之事為虛妄故。以是當知，安立名言有時，雖不須以見真實理智成立，然須名言量與理智量俱不違害。六十正理論釋云：「五取蘊無常等四，於世俗中有，故執彼四觀待世俗，非是顛倒。」諸蘊常住等四，於世俗中亦非有，故執彼四觀待世俗亦成顛倒。入中論云：「無知睡擾諸外道，如彼所計自性等，及計幻事陽燄等，此於世間亦非有。」此說外道所遍計之神我自性等，與計變幻之象馬等，其所執境，於名言中亦非是有。故有說隨應破派，錯亂心前有者，即安立為世俗有。實屬無心，即他派中觀師，亦無如是許者也。入中論說，心境有無相等者，亦非總說有無，是說彼二自性有無，故凡立為名言有者，雖皆由名之名言增上安立為有。然不許凡由彼增上所立，皆名言有。此宗雖許唯由名言增上安立。然彼唯字，非遮「有境名言」以外之義，及「彼所立義由量成立。」是說，若覺名言增上安立，猶嫌不足。要立彼義外，尋求所立義，有所得時，始立為有，若無所得，即立為無。此宗不許彼義，以彼尋求若有所得，即成實有。故名言中亦不許如是推察能有所得。是否觀察真實義之界限，亦由此安立。若有自相，即非唯由有境名言增上安立，是由彼義自性而有。故於名言亦不許自性有，自相有，自體有，如餘廣說。

勝義諦之性相，如同《入中論》說：「是見到諸法真實義的智慧所得到的」，《入中論釋》說：「勝義，意味現見諸法真實義（也就是空性）的殊勝智所得的體性，這是二種體性（世俗與勝義）的其中一種，然而不是由自性所構成。」

這是說勝義諦是能認識空性真實義的無漏智所得到的，並非自性所構成。有些西藏的祖師說：「無漏根本智所獲得的，是真實的存在。」《入中論釋》也將這樣的主張破除掉。【師父分析：無漏根本智所獲得的，恰恰相反，是了知諸法的存在，皆無自性、不真實。】

所謂的殊勝智，並非聖人心中任何智慧所獲得的境都是勝義諦，而是「如所有智」所獲得的境，才是勝義諦。「所獲得的境」就是勝義諦，指勝義諦被明見空性真實義之理智所證得、所成立；就像之前談到世俗諦，是由人們約定俗成的語言文字所成立，道理是一樣的。

【師父分析：見到諸法背後的本質，即是如所有智。在聲聞乘，能見到無常、苦、無我，就是如所有智見到的；在緣覺乘，見到緣生緣滅，也是如所有智到的；在大乘，見到空性、無自性、因緣所生、暫時存在之假相或幻相，即是如所有智見到的。】

聖者如何以無漏根本智證得勝義諦呢？患有飛蚊症的

人，經常看見虛空中有毛髮飄落或蚊蟲飛動；沒有飛蚊症的人，在同一個位置，卻沒看見任何毛髮飄落。同理，心智被無明損害的人，便見到五蘊有自性可得；而那些永遠除盡無明習氣的無學聖者與有學聖者，他們的根本無漏智現見諸法真實義之空性道理，正如沒有飛蚊症的清淨眼睛所見到的，不會看見「一絲絲凡夫心中所顯現的世俗相而誤以為五蘊等諸法由自性所構成」，聖者看到五蘊等諸法，乃無自性所構成，此是聖者所證得的勝義諦。

就像《入中論》說：「飛蚊症的力量，令人看見虛空有毛髮飛舞，這是顛倒相，不是實相；健康的眼睛才能看到外在真實的樣貌。」《入中論釋》中也說：「面對五蘊等諸法，遠離無明習氣的諸佛世尊，如同沒有飛蚊症的人不會看見飛舞的毛髮，諸佛也不會在五蘊等諸法中看見自性，這才是諸法實相的勝義諦。」

聖者的無漏根本智，所見到的勝義諦，指一一法中，有二種體性之一的勝義體性。勝義諦又分為兩種：一、性淨涅槃：當你親證諸法本身自性是空，即親證諸法無自性時，當下就是性淨涅槃；二、滅諦涅槃：體證性淨涅槃的當下，能捨離某種垢染。

《六十正理論釋》說：「涅槃也是世俗諦嗎？是的，涅槃是有的，而且是真真實實的；涅槃是空性，也是真真實實的。涅槃既然是有的話，就必須有個能安立者來安立

它，這個能安立者的心是世俗諦的心。」又說：「涅槃，僅僅是世俗諦的心所假立的。」【師父分析：涅槃本身是勝義諦，而安立涅槃者的心，則是世俗諦的心，因此，也可以說涅槃是由世俗諦的心所假立的。】

這裡的意思是說，安立「涅槃勝義諦」為有，僅僅是在世俗諦的語言認知前安立，並非說應成派許可涅槃為世俗諦。

《六十正理論釋》自己說：「四聖諦中，有三諦為世俗諦，即苦諦、集諦、道諦；只有滅諦的涅槃為勝義諦。」《入中論釋》也說：「苦諦、集諦、道諦屬於世俗諦，滅諦的涅槃屬於勝義諦。」

有外人提出問難：「如果涅槃於世俗諦中，安立為有，那麼與你現在說涅槃屬於勝義諦的說法，互相矛盾。」宗喀巴答：「勝義諦的存在，只是由世間的語言文字來形容它的。」【師父分析：問難者提出這個問題，是因為上一次發文中，《六十正理論釋》說：「涅槃也是世俗諦嗎？是的，涅槃是有的，而且是真真實實的；涅槃是空性，也是真真實實的。涅槃既然是有的話，就必須有個能安立者來安立它，這個能安立者的心是世俗諦的心。」】

凡是立為存在的東西，當知皆由世間的語言文字加

以安立。十萬偈頌的《大品般若經》說：「這裡的一切法，皆依據世間的語言文字而成立，而非依據勝義諦。」《七十空性論》說：「生、住，滅等相，存在或不存在，下、中、上級，佛是依據世俗諦而說的，而非依據真實義。」這是說生住滅三法、下中上三法及有無二法……等，一切法的建立，佛只是按照約定俗成的語言文字加以說明，並非離開語言文字而強加安立，也不是用真理來安立的。

中觀自續派的智藏論師寫了《中觀真實論》，在論著裡說：「由於勝義諦是真實的，才稱為勝義諦。」應當知道智藏論師將理性的智慧稱為勝義，理智的所緣境是空性，空性在理智面前，是不欺誑的，因此空性才稱為勝義諦，並不是說空性被觀察後，能確定它的方位，不是這種實有。因為在智藏論師的論著中，也是廣破一切法的實有。

有人提出這樣的質疑：「若空性的勝義諦於勝義的理智中不是實有，那麼，世俗諦在世俗的執著中應該也不是實有。」應成派回答：「可以。」若提出這種問難：「如果空性的勝義諦不是由勝義的理智成立，那麼，世俗諦也不是由世俗的執著成立。」

【師父分析：應成派之所以接受「若空性的勝義諦於勝義的理智中不是真實的，那麼，世俗諦在世俗的執著中

應該也不是眞實的」這個論點，是因爲他們原本的主張是「勝義諦於勝義的理智中是眞實的，世俗諦在世俗的執著中也是眞實的」，所以，今天如果前句與後句雙雙否定，應成派可以接受。例如你心情好的時候，「張三是人，李四也是人」，你很能接受；有一天張三與李四讓你心情不好，有人開罵：「張三不是人，李四也不是人」，此時，雙雙否定張三與李四，你也很能接受。這裡面的邏輯是一樣的。

「空性的勝義諦不是由勝義的理智成立」，應成派不反對，是因爲不管理智有沒有認出空性，空性照樣在諸法中運作，所以，空性不需要由理智成立。應成派之所以反對「世俗諦不是由世俗的執著成立」，是因爲世間種種約定俗成的語言、契約、法律……等等，都是由世俗的執著所完成，如果沒有這種執著，不可能形成語言系統、訂立各種契約與法律。舉例來說，世界各國所堅持的民族主義，若沒有頑強的世俗執著去支撐，任何主義將完全瓦解而起不了實際作用。】

勝義諦「空性」不成立的話，這等於說：「能遮除諸法實有的空性，若不是實有，那麼，所遮除之諸法，應該成爲實有。」

【師父分析：空性，本來可以破除諸法的實有，讓我們認識諸法皆是衆緣所生。問難者認爲空性本身，若無法

被成立為實有，那麼，它怎麼能堅固地摧毀諸法的實有呢？它既然不夠堅固，就不足以摧毀諸法的實有了，如此一來，諸法將繼續保持實有了。】

「前者於前者不成，後者於後者亦不成」，即「勝義於勝義不成，世俗於世俗亦不成」。可以與「若遮實有，非是實有，則所遮之有法應成實有」合起來理解。

「勝義於勝義不成」意即「若遮實有，非是實有」，即破除實有的勝義諦不是實有。「世俗於世俗亦不成」意即「則所遮之有法應成實有」，即如果所遮除的世俗實有法，在「世俗虛妄性」前不成立的話，前面的所遮世俗法就會變成實有了。

勝義諦，是在遮除世俗實有的基礎上安立的，就像虛空是在遮除色法質礙性的基礎上而顯現的，同理，空性也是在遮除實有的執著後而顯現，空性不是經由遮除空性而成立，此即「勝義於勝義不成」及「前者於前者不成」的意思。

如果責難「後者於後者亦不成」及「世俗於世俗亦不成」有問題的話，等於在說這句話「世俗實有法不是虛妄的」有問題。如果世俗實有法不是虛妄的，世俗法便確立為實有的，那麼，這與前一句「空性遮除世俗實有法」所說的，變成毫無關聯了。其實，世俗諸法不是實有，才能幫助這個論點「空性遮除實有法後，世俗法成為虛妄的」

成立。就像燈柱之法性遮除燈柱的實有，所以燈柱在世俗上才成爲虛妄。

所以，應當知道世俗人安立語言文字時，雖然不需要以見到空性的理智來成立語言文字，然而，成立語言文字的名言量，與見到空性的理智量，兩者實際上是平行運作、互不矛盾的。【師父分析：無論你有沒有證得空性，名言量與理智量在實際生活中，一直交互運作著，互不妨礙。只不過未證空性的人，看不到這裡面的運作情形，已證空性者能看清這裡面的運作細節。】

《六十正理論釋》說：「五取蘊爲無常、苦、空、無我的四個眞理，於世俗中是存在的，所以，執取這四個眞理，從世俗的角度來看，並非顚倒。」如果把五取蘊說成常、樂、我、淨，於世俗中是不存在的，所以，執取常樂我淨，從世俗的角度來看，便成爲顚倒。

《入中論》說：「隨著無明而睡著的外道們，因爲不能如實了知對境的關係，所以，他們會去增益『人我』和『法我』，會強調獨存的自性，正因爲他們的這種無明，因此無法了解內道所了知的人無我和法無我。不只外道，一般人如果執著魔術變出的馬象、執著陽燄爲水，或像外道執著有所謂的『神我』，都是增益現象爲自性有，然而，這些現象在世間裡，並非眞實存在，也就是所增益的這些現象，即使在語言文字上，也是無法成立的。」

【師父分析：這裡的外道是指數論派。世界上有很多不同的宗教，大致分為兩類，第一，認為有一個創造世界的造物主；第二，持相反看法：並沒有造物主。第一類主張世界上所有的處所、受用、輪迴、涅槃⋯⋯等，全部是由創世者所創；第二類主張沒有創世者，世間所有一切的苦樂，都源自於過去世的善惡業。

佛教屬於第二類，嚴格來說，佛教徒是無神論者，因為佛教徒並不認為有神創造世界，佛菩薩是開悟者，而非造物主，連佛自己，都無力干涉善惡業的因果關係，又如何創造萬物。所以，佛教是最不迷信的宗教，是最講究理性與實證的宗教，與迷信完全扯不上邊。佛法是實證主義，重視實驗過程與實驗結果，是心智科學，完全可以脫下宗教的外衣，佛法完全無需宗教的標籤，因為佛法講究的是科學實驗的因與果，這需要宗教外衣嗎？完全是科學方法了。佛法這麼好，誤解的人太多了。

外道當中，數論派還算不錯，他們至少能接受解脫知見的建立。數論派分兩派，一派主張有神，另一派主張沒有神。主張有神的一派認為大自在天創造世界；另一派雖然不主張有神，卻認為世間所有受用，都是由自己內在的神我所變化出來的，甚至連解脫的功德、世間所有一切處所、受用⋯⋯等等，都是由神我所變化的。這一派的數論派說：「凡是想要求解脫的人，都應該去認知神我，神我

會像天空的彩虹一般，慢慢消散，等到神我完全消散的時候，就是解脫的時候。」

不論是主張大自在天的數論派，或是主張神我的數論派，皆犯了一個共同錯誤，即增益「能獨存的自性」。佛法不認為有任何一法能獨存，一切法皆互相依賴，無一法能自己存在而不靠其他諸法。】

月稱論師則認為外道所說的神我自性、魔術變出來的馬象……等等，都是以自己的分別心所執著的境界，這些所執境甚至在語言文字中，都難以成立。

前面月稱菩薩在《入中論》已經講得很清楚了，外道所執著的神我、人我、法我、幻化的馬象和陽燄……等，在實際上都是沒有的，這是可以肯定的。可是，在錯亂識當中，卻認為有。應成派講過：「錯亂心前有的，就安立為世俗有」，有人就提出這一句話：「月稱論師說在名言上沒有，在錯亂識上面卻是有的」，宗喀巴認為這樣說，實在是沒有良心的話。

【師父分析：必須外在世界存在的東西，如桌子、椅子，語言文字才能為它立出名稱，如果實際上不存在之物，語言文字上只能隨想像力虛構名稱，但這樣的名稱沒有實質性可言。有些名稱，在實際生活中，有對應的東西；有些名稱，只是想像力虛構的，如西遊記的孫悟空，

凡是虛構的名稱，在生活中，找不到實際對應的東西。】

應成派雖認為錯亂識上有，但實際上沒有，並不表示：只要錯亂識上面有，名言上就一定要有。如果應成派講了錯亂心前有，即安立為世俗有的話，這樣的講法是沒有根據的，即使是自續派的中觀師也不會做這樣的承許。

《入中論》說：「心與對境的有、無相等，並不是說『心有，對境就有；心無，對境就無』，而是指『心有自性，對境就有自性；心無自性，對境就無自性』，是針對自性的有與無而說。」

凡是語言文字上有名稱的，都是由語言文字強加安立的，並非「凡是由語言文字強加安立的，在實際上一定都存在」。

【師父分析：外道尋找常樂我淨的五取蘊、執著人我或法我、魔術的馬象及陽燄……等，這些雖然也都是用語言文字安立出來的，可是，它們沒有實質的存在性，僅僅只是以語言文字安立而已。兔角，是語言文字安立的，而且唯以語言文字安立而已，因為兔角只是由名稱和分別心安立的，可是，它在實際上卻是沒有的。】

應成派主張：一法存在與否，決定於語言文字，但不一定任何語言文字所成立的對象就會存在，因為必須是正

確的語言文字才能安立諸法。例如「敲瓶子的聲音」與「執著瓶子的分別心」能成立瓶子的存在，卻無法成立柱子，因爲「敲瓶子的聲音」與「執著瓶子的分別心」能正確地描述瓶子，卻無法描述柱子。

應成派許可「諸法『唯』由語言文字或分別心安立」的時候，並非只有「能詮聲」與「分別心」存在，而否定其餘諸法的存在，「唯」不是遮止「能詮聲與分別心以外的諸法」，也不是否定「語言文字所成立的諸法需由正量成立」。

應成派認爲諸法之所以暫時存在，是因爲在不仔細思惟、不觀察的情況下，只由能詮聲與分別心才能安立。一旦仔細思惟與觀察，任何一法的存在性，終究是遍尋不著，無所有、不可得。

例如瓶子，我們之所以認定瓶子存在，是在不仔細思惟、不觀察的情況下，任憑「敲瓶子的聲音」與「執著瓶子的分別心」而成立瓶子的存在。可是，一旦仔細思惟與觀察，到底瓶口是瓶子？瓶身是瓶子？還是瓶底是瓶子？便發現：即使在瓶子所在之處仔細尋找瓶子，也是遍尋不得。

然而，應成派以外的其餘諸派卻認爲除了「能詮聲」與「分別心」成立諸法外，必須在那一法的當體，找出眞

實的存在，即實有，才能說是有，若找不出實有，只能說是無。應成派卻認爲由語言文字、能詮聲、分別心所成立的諸法，只是很表面的存在，經不起推敲，因爲認眞搜尋諸法當體後，將找不到「實有」。總之，如果最終能在境上找到實有，代表諸法由自性、自相所成；反之，如果最終無法在境上找到實有，代表諸法無法由自性、自相、自體所成。這部分內容，宗喀巴已在《菩提道次第廣論》廣加解釋。

【師父分析：以「皇帝」爲例，大家比較好了解。最初，某朝某代的皇帝並非皇帝，他只是年幼的太子。經過上一任皇帝的抉擇與大臣們的權力爭奪戰後，如果太子一系的人馬勝出，並經過登基儀式後，他才能成爲新任的皇帝。此時，我們不會去管對方的頭、腳、身體是否爲皇帝，而是語言文字直接賦與他爲皇帝。此時，如果皇帝走過來，我們心中確實現起「皇帝走過來了」。

所以，皇帝之所以爲皇帝，是在我們不仔細思惟、不觀察的情況下，任憑「大眾叫皇帝的聲音」與「執著皇帝的分別心」而成立皇帝的存在，也就是由「皇帝」這個語言文字、能詮聲與分別心所成立的皇帝。

但是，皇帝這個名稱，經不起仔細思惟與觀察。皇帝若是實有，爲何他以前叫太子，不叫皇帝？如果父皇看他不順眼，或太子一系的大臣在鬥爭中垮台，太子也無法成

為皇帝。皇帝在大軍保護下，才貴為皇帝，若有一天，被惡人突破重圍而劫走，皇帝在賊人面前，只能任憑賊人拳打腳踢與種種虐待，失去皇帝的威風與作用。又或者過了幾年後，異軍突起，他成為末代皇帝，被吊死，成為孤魂野鬼，不再叫皇帝。所以，「皇帝」一詞在經過仔細的推敲後，皆無法在那個人身上直接得到皇帝的實有之法，也就是說，在某人身上，找不到皇帝的自相、自性、自體，皇帝一詞一旦經過檢驗，便灰飛煙滅，遍尋不得。

皇帝的道理如此，其他官位也如此，世界上所有由語言文字所成立的名聲或諸法，皆如此。願大家讀完之後，不再執著虛名、虛位、虛利，不再執著諸法。大家仔細研究，我們執著的，充其量，不過是語言文字暫時施設的假名而已，沒有任何實質性啊！】

7・解釋問難

【原文】
若佛如所有智，能得勝義諦者，云何入中論釋說無所見唯見真實，如云：「設作是念，如是行相之自性，豈非無可見，諸佛如何見彼性耶。曰，實爾。然即無可見名之曰見。」又引證說，真實義諦，超過一切智境，又說，佛地全無心心所行。若謂佛不見蘊等，則十力時說知一切法，如何不違。曰，言以無見為見者，非說都不見一切境，是說，若無明眩翳力所見諸法真實有者，則聖根本無漏智應

有所得。然由全不見彼等，乃見彼等之真實。以有所遮應有可得，由無可得，即安立為已破所遮故。又說，無見即是勝見，亦應如是知。般若攝頌亦云：「若不見色，不見受，想不可見，不見思，若亦不見心意識，如來說彼見正法。若眾生說見虛空，當觀虛空云何見，佛說見法亦如是，餘喻不能表見法。」此說不見者為五蘊，見者為正法，此即真實義。如云誰見緣起，即見正法。又如虛空，唯遣礙觸。言見彼或知彼者，謂礙觸若有，應有所得，由不見礙觸，即見虛空。此所見者為虛空，不見者為礙觸。若非如此喻而見，謂見真實如見藍色，即末後二句所遮。經說不見五蘊者，謂無漏根本智見真實義前，不見有法。入二諦經云：「天子，真實義諦，超過具一切勝相一切智境。非如所言真勝義諦。」此說言勝義諦時，心中別現能所二相，不如是見，故言無二相之據，非是佛地，不知勝義之據。入中論釋亦云：「若都不觸所作有法，惟證本性，由證真性，故名為佛。」此說諸佛如所有智見真實前，全不觸依他起，唯證法性。言無心心所行者，是說證真實義時，無分別行，非說無心心所。顯句論云：「分別即心行，由離彼故，說真實義都無分別。」如經云：「云何勝義諦，謂都無心行，況諸文字。」此說無心行義，即無分別行。又入中論釋說，於有學聖根本定時，非畢竟滅。要成佛時，乃畢竟滅。彼釋又說，若無彼性，則諸菩薩為證彼故，修眾苦行，應成無用。並引經證，如云，眼等本性為何，曰，謂不造作，不觀待他，是離無明翳慧所通達之本性。此性有耶。曰，誰云此無。此若無者，諸菩

薩眾・復為何義・修學波羅密多道。然諸菩薩實為通達此法性故・如是勤行百千難行。」又引經云・「善男子・若無勝義・則修梵行徒勞無益・諸佛出世亦無有益。由有勝義故諸佛菩薩名勝義善巧。」此說若無勝義諦・則為證究竟涅槃之梵行而修諸行・應成無用。眾生既不能證彼・則佛出世為令眾生證彼・亦成無用。諸大菩薩亦應非善巧勝義諦。此既引經成立有勝義諦・故有說此師宗說勝義諦非所知法・及說聖根本定・無證真實義智・唯是倒說。入中論釋又云・「故由假名安立通達真實・實無少法能知少法・能知所知俱不生故。」其初句義・謂智與真實分成心境・立為通達真實者・唯就名言識前而成・非就彼智前而立・言能知不生者・謂於自性不生之義・如水注水也。論云・由於此智真實義境・諸心心所畢竟不轉・故說唯身證者・意謂真實為所證之業・內智・謂能證之作用・受用身為證彼之作者・知者。如是證時・即如前時全無心心所之分別行。如釋論云・「若身現證此真實義。即說此身為寂滅性・由其永離心心所故。」若謂諸佛不見蘊等・則是謗佛盡所有智・及謗一切盡所有義・以有與佛不能知成相違故。以是當知・盡所有智須觀盡所有義。由無行相・而知非此宗意・故是現相而知。所現盡所有境・復有二類・一・未被無明習氣所染之佛相好等・二・已被無明習氣所染之不淨情器等。初者佛地毋須滅除・次由佛無此因・故無彼果。顯現之理・如未斷無明之有情・現佛相好・實無自相現有自相・此非彼境・是由無明習氣所生而現・是因彼心自由無明習氣所染增上而現。以此非因於他有情如是

顯現，故於此心亦如是顯現，是由自身如是顯現故。又未斷無明者，見色聲等境，實無自相現有自相。此於諸佛盡所有智，亦如是現。此則由於有無明染污之有情如是現故，於佛始現。若不待他如是顯現，諸佛自身必不現起。故諸佛了知色等實無自性現有自性，是因具無明者如是顯現而知，非不待他有情如是顯現，諸佛自身亦如是顯現，故佛雖如是現，亦無錯亂之失。此雖非佛智有染污故如是顯現，是由佛智要知一切所知故爾。如是當知，盡所有智本身，見一切法皆虛妄如幻，無我無性，不見實有。其具無明者，所現一分，彼智亦能見者，唯見他有情見為實有也。六十正理論云：「善巧法性者，見諸法無常，欺誑法虛偽，空，無我，遠離。」釋論亦說：「所作究竟，故見如是。」如是二諦論云：「遍計性遠離，唯如是顯現，一切依緣生，一切智現見。」此說盡所有智明見一切法。又云：「若時都不見，能，所知，自體，彼不生諸相堅住故無起。」此說佛住寂滅二相之三摩地中永不起定。若未如實了解彼二說之理趣，則說僅能許一理，俱許二說自成相違。然實不相違。以見如所有性智與見盡所有性智，體雖是一，然觀待各別二境，即成理智與名言智，無少相違故。此於因位見時，要善知於一法上，理智與名言量所得不同，而無少分相違。果位二智緣境猶不止此，若能善知於彼境上，二量成何量，則亦能知境雖不定，二種有境，仍各別不同。二諦相之細分亦由此應知。

有人提出問難：

「假如佛陀的如所有智能得到勝義諦，爲什麼《入中論釋》說『無所見，只看見眞實』，例如《入中論釋》說：『假如看不到諸法行相的自性，那不是無所見嗎？這樣子諸佛又如何見到諸法自性呢？答：確實如此，然而，無所見，就稱爲見到了。』其他經典又說，眞實義諦超過一切智所能了知的境界，所以佛的一切智對於勝義諦無所見；又說佛地完全沒有心與心所的變動，所以無所看見。若因此而說佛不見五蘊等法，那麼在說明佛陀的十力時，怎麼又說佛能知一切法，前面說無所見，後面說能知一切法，這不是相違與矛盾嗎？」

宗喀巴答：

「雖然佛經裡說『佛無所見，就是見到了』，這樣的說法並不是說佛完全看不到任何境界。而是說，一個沾染無明習氣的人所見到的諸法，如果是眞實實有的話，那麼同樣的這些法，在聖者進入根本定並動用無漏智來看那些法時，應該有所得；可是實際上卻非如此，聖者進入根本定並動用無漏智來看那些法時，完全看不到諸法的眞實性，反而看到諸法的空性，空性才是諸法的眞實性。諸法若是實有，在聖者的根本定與無漏智中，應是有可得的；若是無可得，便知諸法不是實有。

問難中提到『無所見，便是殊勝的見到』，也是同樣的道理，沒有看見諸法的實有，只看見隱藏於諸法背後的殊勝的空性。《般若攝頌》也說：『在根本定中，若不

見色受想行識的實有，而是見到五蘊的空性，如來說這個人見到正法。就像眾生說自己看見虛空時，應當了解虛空是如何被看見的？是因為見不到房子、山、牆壁等物，我們就會說看到空洞的虛空。同樣的，如果諸法是實有存在的，應該是有可見的，可是，如果諸法的實有是不可見的話，就會說我們是見到空性、證得空性了。佛陀在說明見法的時候，以虛空作為譬喻，較好理解，如果用藍色、黃色或其餘諸物等來做比喻的話，我們可能比較不容易了解什麼是見法或見空性。』」

　　以上解說中，沒看見的，是五蘊的實有，看見的空性，是正法，這就是諸法真實義，如同佛說誰見到緣起法，誰就是見到正法。又如虛空，只是透過遣除障礙及接觸的性質來獲得，一個人說見到虛空或知道虛空，是指若有碰到障礙物，應有見到色法，由於沒碰到什麼障礙物，即是見到虛空。這裡被看見的對象是虛空，沒被看見的對象是可碰觸的障礙物。若不是用此種方式來譬喻見法，而是把見到真實義、真理，以「見到藍色」作為譬喻來解說的話，那就是《般若攝頌》最後兩句的意思，即：「如果用藍色、黃色或其餘諸物等來做比喻的話，我們可能比較不容易了解什麼是見法或見空性。」

　　經文講「不見色受想行識」，指無漏根本智見到五蘊背後的真實義──空性，因而不見實有的五蘊法。《入二諦經》說：「諸位天子！勝義諦之所以殊勝，是因為它超

出能所，如果凡夫用比量的方式，透過語言文字來了解勝義諦，那麼就變成勝義諦是被了解的境，比量的心成為能了解的主體，以這種能所對立的二元方式來了解勝義諦，與佛在遣除一切二元對立的分別心後而趣入的勝義諦，是完全不同的。」

【師父分析：比量指類比、推論，凡是透過理論思惟、邏輯方法而加以分析、分別的，都是比量。】

《入中論釋》也說：「若都不觸及因緣所生的種種世俗法，而是在甚深禪定中，直接觸證本性，以現量證得空性的方式來體證勝義諦，故稱為佛。」這是說諸佛以「如所有智」觸證勝義諦，完全不必接觸依他起性的世俗法，便可以直接證得勝義諦的法性。

【師父分析：諸佛以「如所有智」體證勝義諦，諸法的法性便是勝義諦，如所有智則是遠離能所二元對立的般若無分別心；諸佛以「盡所有智」了解一切由能所二元對立的結構、依他所起、因緣所生的世俗法。

如所有智是無分別的，用來了解勝義諦。

盡所有智是無分別的分別，由般若無分別心中，轉出的價值判斷，以此分別心來分辨因緣所生法，即用來了解世俗諦。

以前大家對如所有智及盡所有智完全無概念的話，這裡的分野，應當說得很清晰了。】

前面有問難提及：「佛地完全沒有心與心所的變動，所以無所看見。若因此而說佛不見五蘊等法，那麼在說明佛陀的十力時，怎麼又說佛能知一切法，前面說無所見，後面說能知一切法，這不是相違與矛盾嗎？」

沒有心與心所的變動，是指在證得真實義的當下，心無分別，並非說心與心所不存在。月稱菩薩的《顯句論》說：「分別即是心行——心的遊行，說證真實義的時候都無分別，是因為遠離心行。」《顯句論》引用經文加以說明：「什麼是勝義諦？證勝義諦的當下，尚且沒有任何心行，何況語言文字！」這裡說沒有心行的意思，指心無分別。

而且《入中論》說：「有學聖者入空性根本定時，分別心並非完全滅除，要等到成佛的時候，才能夠完全滅除分別心。」《入中論》又說：「如果沒有空性，那麼這些菩薩何必為了證得空性或勝義諦的緣故，修種種苦行，豈不是無用了嗎？」《入中論》又引經文為證：「問：『眼睛等等的本性是什麼？』答：『不透過因緣而造作的、也不用等待其他因緣來助成的空性，這就是遠離無明的智慧所通達的本性。』問：『這種本性或空性有嗎？』答：『如果沒有，諸菩薩們又為什麼修學種種波羅蜜？事實上，諸菩薩確實是為了通達此法性的緣故，精進修行百千萬種艱難的苦行。』」

《入中論釋》又引用經文說：「善男子！如果沒有勝義諦，那麼修習梵行，便徒勞無功，沒有利益，諸佛出現在世間也沒有任何利益。正是由於有勝義諦的緣故，才會說諸佛菩薩對於勝義諦已得善巧。」

　　這是說如果沒有勝義諦，那麼為了證得最究竟的涅槃而修的種種苦行、梵行，都成為無用的了。沒有勝義諦的話，眾生既然都無法證得勝義諦，那麼佛陀出現於世間，是為了幫助眾生證得勝義諦，也成為無用的事了。而且沒有勝義諦的話，也不能說諸大菩薩於勝義諦已得善巧。這裡就是引用經證來證明有勝義諦，所以如果有人問難，說勝義諦不是所知的對象，說根本定中沒有證得真實義的智慧，都只是顛倒的說法而已。

　　《入中論釋》又說：「證勝義諦的當下，能知的心與所知的境同時不生起的緣故，實在沒有一點點的主體能認知一點點的客體，主客俱泯，所以只能暫時用語言文字說明一個人通達真實義。」

　　「用語言文字說明一個人通達真實義」，把證得空性的智慧和所證的空性真實義稱為能知的心與所知的境，這兩者是根據語言文字的分別心而安立的，並不是根據現證空性智而安立的。現證空性智，當下只有空性的對象而已，其他什麼都沒有，空性智不會看到自己──能知的

心，空性智就只有看到空性而已。所以，在現證空性智的當下，沒辦法去安立能緣心和所緣境，因為空性智只對準空性而已。

在現證空性的根本定當中，能知的識和所知的空性——即自性不生，能所兩者就像「水注入水」一樣，體性是一，不會另外再出現能知的心，因為能所兩個已經混在一起了，所以才說，在現證空性的根本定當中，只剩空性這個對境而已。我們將智和真實義，安立為能緣心和所緣境，這是根據語言文字的分別心來安立的，並不是根據現證空性的根本智而安立的。

《入中論釋》引用《入中論》說：「由於現證空性的智慧與空性這個真實義境中，分別心與心所完全不入於這當中。所以，聖位菩薩在專注於空性的根本定與空性智中，唯有證得報身而已。」

意思是：空性真實義為所證的對象，內在證空性的智慧為能證的作用，受用的報身為證悟的作者。報身所依的空性智，當它如是證得空性的時候，就像前面說過的，完全沒有分別心與心所的遊行。（即心與心所不會劇烈生滅或跑動）如同《入中論釋》說：「當報身現證此空性真實義時，報身將處於『寂滅性』的狀態，因為它永離心與心所的變動。」

【師父分析：成佛必須積聚三大阿僧祇劫的資糧，積聚資糧的整個過程中，並不是透過身和語的積聚，而是透過我們的心，事實上，並不需要三大阿僧祇劫那麼長的時間才能圓滿資糧，你可以在很短的時間內圓滿資糧。

比如，有一工作，在工作與玩樂並行的情況下，原定一個月之內可以完成，如果這個人很認真賣命去做，搞不好他十五天就可以完成了。所以，菩薩雖然需要積聚三大阿僧祇劫那麼久遠的資糧，他也可以在很短的時間內圓滿三大阿僧祇劫所要積聚的資糧，只要他全心專注在自心的修持，而非半修行、半留意世間。

資糧積聚圓滿之後，在最初證悟成佛時，是以報身來成佛的。《入中論》的根本頌提過，「心滅身現行」，在分別心滅的時候，報身就同時現行了，菩薩在根本定當中，不需要出定，只要持續在空性的根本定中，修到分別心滅的同時，就現證報身了。任何一個有情最初成佛時，是要以報身來成佛的，所以，沒有任何一個佛是沒有報身的。】

如果有人說諸佛不見五蘊……等法，這就等於毀謗佛陀的盡所有智。佛的兩種智是如所有智和盡所有智，盡所有智可以了知一切世俗諦的法，說諸佛不見五蘊，等於謗佛具有了知一切世俗諦法的盡所有智了，同時也是撥無因果。因為沒有任何一法是佛所不知的，如果說佛不見世俗

諦的法，等於說世俗諦不存在，成了「撥無因果」。凡是世間有的，佛智必然知道，如果是世間無的，佛當然不知道。

　　佛的盡所有智，是用來觀察盡所有義的，即世間一切法。用盡所有智去了知盡所有義時，盡所有義並不是以無行相的方式被了知，一定是以有行相的方式被了知的。主張盡所有義以無行相而被了知的是說一切有部，可是，應成派則說：凡是盡所有智去了知盡所有義時，是以有行相去了知的，也就是世間法顯現出行相而被了知。

　　所顯現的盡所有境，即世間一切法，分為兩類，一類是未被無明習氣所沾染的佛的三十二相、八十隨行好，盡所有智顯現出佛的相好，而佛的相好並沒有被無明習氣所沾染；另一類，指被無明習氣所沾染的不清淨的情器世間，也就是受到無明習氣所影響的有情與器世間。器世間，含蓋四大所構成的山川、河流……等等，還有被無明習氣所沾染的有情眾生。被無明習氣所沾染的情器世間，都是屬於世俗諦的法，這些也是佛的盡所有智所顯現的對境。佛的盡所有智將顯現以上這兩類對境。

　　第一類在成佛時就有了，不需要將它滅除。佛的相好是在有學位的階段累積無量無邊的福德資糧所感得的果報，這個果報在成佛時成熟，因此不需要將它滅除。第二類被無明習氣所沾染的不清淨的情器世間，其原因是無明

發起所造作的業，佛已經將這樣的因完全滅了，因此，在佛地只顯現清淨的佛國土，不會顯現不清淨的情器世間的果報。

不清淨的情器世間和佛的相好，兩類都是佛的盡所有智的顯現，它是如何顯現的呢？顯現的道理是，在未斷除無明的有情面前，有可能顯現佛的相好報身，修行者與佛有特殊因緣或相應時，相好會顯現出來，那些相好實際上乃無自性的，可是在有情面前，卻顯現為有自相。執著「佛的相好」有自相，不是因為境界被無明習氣沾染而造成的，而是因為有情的心識被無明習氣所沾染，因而執著佛的相好有自相。凡夫的心所顯現的對境有自相，並非受他人影響，所以自己的心所顯現的對境才跟著成為有自相，不是如此，完全是自己未斷除無明習氣的緣故。

而且未斷無明的凡夫看見色聲等境界時，色聲等法實際上無自性，卻以某種自相顯現在凡夫面前。佛的盡所有智在看色聲等境時，一樣會看到不同的色聲等境的自相，但佛了知它們實際上無自性，凡夫卻不知道。那是因為凡夫被無明習氣沾染，佛的盡所有智能以凡夫的角度去認識色聲等境，因而明白凡夫所見到的世界充滿自相。當佛不需考量有情所認識的境界時，色聲等境將被佛了知為無自性，自相必不會現起。

所以，諸佛了知色等諸法無自性，只是顯現出來的時

候，暫時好像有某種自性、自相或特性，完全是因爲無明者的心識把色等諸法顯現爲有自性。佛爲了與世人溝通方便，才跟著世人如是了知色等諸法，即把顯現的諸法視爲有自相，並非不參考其他有情所認知的世界，諸佛自己就如此認知。所以，諸佛雖然認識顯現的諸法有自相，卻不犯下錯亂的過失，因爲諸佛心裡仍然了知諸法無自性。

諸佛認識顯現的諸法有自相，這雖然不是由於佛的智慧有汙染的緣故，才如是顯現自相，而是由於佛的智慧要知道一切法的緣故，佛也必須了知普通人所見的諸法。所以，應當知道盡所有智本身看見一切法的時候，皆知一切法虛妄，如幻化之物，也知它們是無我、無自性的，不見其中有任何實質性。

被無明習氣所沾染的人，在他們的心智中所顯現的諸法，佛的智慧也都能夠顯現出來。佛智知道其他有情把所見到的諸法誤認爲實有。《六十正理論》說：「善巧觀察法性的人，見到諸法是無常的、欺誑世人的、虛僞的、空性的、無我的、應遠離的。」

《六十正理論》的《釋論》說：「所應做的修行，已達究竟的佛，當然見到諸法如上所說。」《二諦論》說：「一切依名言和分別心所安立的諸法，並不眞實存在，所有一切依於因緣而形成的諸法，佛的一切智當下是可以見到的。」這是說佛的盡所有智能夠清楚明白地見到一切

法。

《二諦論》又說：「佛在任何時刻中，都不會見到自性。不見能知的自性，不見所知的自性，也就是能所二境都不會顯現自體或自性，佛心如此堅固地住在無我的禪定中。」這是說佛住在能所俱寂滅的無自性三摩地，永不出定。

【師父分析：意思是佛即使在行動中，心仍不出能所俱寂滅的無自性三摩地。修行者若處於有學位階段，出根本定，處於後得位時，主要是積聚福德資糧，之後又要入根本定，再積聚智慧資糧，然後又要出根本定，於後得位來積聚福德資糧。在有學位的時候，福德資糧和智慧資糧是交替積聚的，沒有辦法在同一個時間同時積聚福德資糧和智慧資糧。佛一旦入了空性的根本定當中，就不會再出定了，「永不出定」就是這樣的意思。】

前面講到佛安住於能所二相俱寂滅的三摩地，永不起定，即專注於空性的根本定而永不起定。如果未能如實了解《二諦論》前後兩段的理趣，可能會說：只能承許其中一理而已，如果兩者都承許的話，就會產生相違。事實上並不相違。

（之前宗喀巴曾引用《二諦論》的兩段文：
一、一切依名言和分別心所安立的諸法，並不真實存

在，所有一切依於因緣而形成的諸法，佛的一切智當下是可以見到的。

　　二、佛在任何時刻中，都不會見到自性。不見能知的自性，不見所知的自性，也就是能所二境都不會顯現自體或自性，佛心如此堅固地住在無我的禪定中。）【師父分析：這兩段話，一段說可見，另一段說不見，看似相違，實不相違。】

　　因為見到「如所有性」的智慧與見到「盡所有性」的智慧，體上雖然是同一個智慧，然而兩種智慧在觀察各自的境界時，即成為理智與名言智，沒有任何相違。【師父分析：理智、如所有智，觀察真如或勝義諦的境界；名言智、盡所有智，觀察世間法或世俗諦的境界。一個房間裡有一隻狗，當我們從東窗外面看進屋裡的時候，會看到東窗裡的狗；從西窗外面望進屋裡時，會看到西窗裡的狗，其實是同一隻狗，只是名字上取名為東窗裡的狗或西窗裡的狗而已，事實上是同一隻狗。同樣的，佛的智慧也只有一種，悟得空性的智，就稱為如所有智；悟得世俗諦法的智，就稱為盡所有智，是同一個智。】

　　一個人未成佛前，還在因位修行時，在同一法上，用理智和名言智所量得的，是兩種不同的量。理智所量得的量，是勝義諦；名言所量得的，是世俗諦。以瓶子而言，不真實存在這一點，就是勝義諦；但瓶子有盛水等作用，則屬於世俗諦。佛同時了知瓶子的勝義諦與世俗諦，同時

了知二諦並不會有什麼互相矛盾之處。了知瓶子不真實
存在的智，就是如所有智，了知瓶子有它世俗上的作用的
智，就是盡所有智，佛同時具足二智。

成佛之後，盡所有智和如所有智緣取對境，並不止於
此而已。若能善知在同一個瓶子的境界上，以理智衡量瓶
子的空性，以名言智衡量瓶子的作用，那麼就能知道兩種
智慧所衡量的對境是一樣的，並沒有差別。可是，理智量
不能成為名言量；名言量也不能成為理智量。二者仍各自
不同。

二諦的種種細節，由上以來，應該明白了。

8・勝義諦的差別

【原文】

勝義諦差別・入中論釋說・空性・廣分為十六空性・中分
為有性無性自性他性四種空性・略分為人法二無我。餘論
有說二種者・謂真勝義與順勝義。中觀明論云・「此無
生理順勝義故名為勝義・然非真實・真實勝義超出一切戲
論故。」中觀莊嚴論云・「由順勝義故・此名為勝義・真
實勝義諦・離一切戲論。」二諦論亦如是說。二諦自釋與
莊嚴論亦說破勝義生名為世俗。昔諸先覺解釋彼義・多分
是否異門二種勝義・說於色等破勝義生所顯空性・為異門
勝義。此乃假名勝義・實是世俗。說非異門勝義・非所知

攝‧任何覺慧皆不能緣也‧此非彼諸論義。當作是釋‧雖真實勝義是法性境‧然亦多說理智心名勝義者‧如二諦論云‧「由無欺誑故‧正理名勝義。」中觀明論云‧「言勝義無生等當如是許‧由正聞思修所成諸慧‧一切皆是無倒心故‧同名勝義‧是此（心）之勝義故。」理智有二‧謂聖根本無分別智‧與依正因量度真實之有分別理智等。分別熾然論說‧勝義中有無分別智與隨順慧二種之意趣‧與中觀明論說二種勝義之意趣相同。故解二種勝義‧不約心說‧唯約境勝義說‧非是論義。其中初者‧能於自境頓斷實有與二相戲論‧是真勝義。經說超過一切戲論‧義亦指此。第二‧雖於自境能滅實有戲論‧而不能滅二相戲論。由與出世勝義行相相順‧故名隨順勝義。於色等法破勝義生等之境勝義‧亦可作二種解釋‧謂空性境‧於無分別理智之前‧是離二種戲論之真實義‧於有分別理智之前‧則僅離一分戲論‧故非離二種戲論之真勝義‧非說真勝義諦也。以是實空‧除於少分慧前能離一切二相戲論外‧多不能離一切二相戲論。有說‧凡勝義諦‧須離一切二相戲論‧非論義也。理成如幻派說五蘊事與實空相‧二事合聚‧唯理智比量所成立義為勝義諦者‧亦是隨順勝義‧非勝義諦。其以離實有一異相‧成立芽等無實相‧於有無實有未斷疑之智者‧不能成立彼義。於已斷疑者前‧彼因亦不成正因。中觀明論說‧離一異之因法‧俱屬但遮。（但遮──僅遮而不表）說非一異及無一異‧任以何作因皆同者‧勿作非遮解‧由彼論舉喻即可了知。故彼定非靜命父子與獅子賢論師所許也。於所現事破戲論中‧有遮表二

義，任何大中觀師亦不許唯比量所量之表義，為勝義諦。菩提道廣論中說，此等建立時，由此道理亦應詳知。

二諦論自釋說，破生等為隨順勝義之後，又云：「由餘唯執真實。亦字即是攝義。若以正理觀察，則唯世俗。何以故，所遮若非有，遮亦真實無。」此說餘唯識宗，於所遮事遮遣法我，計彼滅空為真實有。自宗則說由無所遮法我，故遮彼之滅亦非真實。故論說破勝義生等為世俗者，亦是世俗有義，非說是世俗諦。彼釋敘外難云：「如真實生等，有法現時即便不現，是倒世俗。則破真實生等，亦成倒世俗，以所遮有法現時，彼即不現也。」次答云，非即不現，以與有法體無異故。此說如青色現時，彼之實空亦顯現者，非說無實之但遮，眼等識亦能見，是約非遮而說。此雖實是世俗，其但遮實有之空性，為勝義諦，亦無相違也。中觀莊嚴論云：「雖遮勝義生等是正世俗，由與勝義相順，故名勝義。」真勝義者，遍離有性無性等一切戲論網，此戲論網，如二諦論自釋云：「是故此非空，非不空，（非）有無，非生非不生，佛作如是說。」又云：「何以故，此無戲論，以真實義遍離一切分別之網，」此說分別網為戲論網。此於現證真實義之智前乃滅，故此是真勝義。其未能如是之理智及境，則僅隨順前者，如前已說。又破真實生等，有能破之理智，與彼所量之二事，說為正世俗攝之理，亦應於彼上了知。上說離二諦戲論網之理，是多處所共需者也。

關於勝義諦的差別，《入中論釋》說：「空性，詳細

可分為十六種空性，少一點可分為四種空性 ── 有性、無性、自性、他性，最簡略可分為二種空性 ── 人無我、法無我。」其他的論典，如自續派的，有分為兩種空性的說法 ── 眞勝義與順勝義。

自續派蓮花戒論師的《中觀明論》說：「悟得自性無生的比量或推理的分別心，比量心的對境是空性，用推理的方式悟得自性無生的空性，並不是現證空性的方式。由於不是以離能所、離戲論的方式悟得空性，所以，稱它為隨順勝義。眞正勝義離能所，只有在超出一切戲論的根本定中，才會顯現出來。」

自續派可以分為隨經部行和隨瑜伽行，隨瑜伽行的靜命論師（蓮花戒論師的上師）所寫的《中觀莊嚴論》說：「悟得自性無生的比量心和這個比量心所現出來的空性，都只是推理、隨順於勝義而已，因而取名為順勝義。眞實勝義諦，就是聖者在根本定中，比量心與對象悉皆消融，只剩下空性而已，無能所、無戲論，因此才稱為眞正的勝義諦。」

自續派隨經部行的清辨論師所寫的《二諦論》也如此說，《二諦自釋》與《中觀莊嚴論》也說破除了勝義生，就是世俗有。

【師父分析：還好《菩提道次第廣論》有解釋勝義生

即自性生，中觀一切論師廣破種種自性，任何一法有自性，皆不可能與其他因緣發生變化，所以自性生是不存在的。中觀論師破除自性生，是爲了讓世人明白唯有無自性，才有各種現象的生起可言，世間一切現象皆因無自性而生生不息，所以破除了勝義生的邪見之後，便剩下無自性生的正見，世間萬有皆因無自性而生生不息。一法有自性的話，無法繼續結合眾因緣而生起其他現象，它將永遠固定不變，這違反常理。】

古來西藏有眾多的覺者，他們在解釋勝義諦時，曾根據「異門」分爲異門的勝義和非異門的勝義。

在色聲香味觸法……等等上，破除勝義生（即自性生）所顯的空性，稱爲異門的勝義，這不是眞正的勝義，只是取名爲勝義而已，實際上是世俗的。非異門勝義是眞正的空性、眞正的勝義，不屬於所知境，不是任何的心（覺慧）能夠作爲對境的。異門的勝義和非異門的勝義，不是前面提及的幾部論的論點。

前面提及的幾部論，下面開始說明它們的論點：自續派如此解釋，眞實的勝義是指以法性作爲所緣境，然而也有很多自續派的論著說以悟得法性的理智心，稱爲勝義。例如《二諦論》說：「在悟得空性的理智前，理智緣取的空性，是無欺誑的。因此，這個正確的理智也被稱爲勝義。」

《中觀明論》說：「佛經中，講到非常多勝義無生、勝義無滅等等法義時，應當許爲如下的意義：聽聞空性的聞所成慧、思惟空性的思所成慧及修持空性的修所成慧，三種慧都是無顛倒的心，因此也取名爲勝義，就是這邊所說的意思——指心的勝義。」

　　【師父分析：當我們在聽聞空性的法義時，經由耳朵去聽聞師父講解空性法義的聲音，所生起的耳識不是聞所成慧，而是在耳識聽聞空性的意義後，內心勝解作意空性，即印可、肯定、確認空性與事實無誤時，才能稱爲聞所成慧。

　　生起聞所成慧後，若不繼續加以觀察，就沒辦法成爲思所成慧。思所成慧，必須在聞所成慧之上，以經教、法義、道理來觀察，觀察之後所生起來的比量才稱爲思所成慧。因此可說，所有的比量都是思所成慧。經由比量，再透過很多正因思惟，內心得到非常堅固的了解，也就是得到非常肯定的「決定解」之後，用止與觀的方式去修，修後得到奢摩他與毗婆舍那的成就，才稱爲得到修所成慧。

　　根據《中觀明論》，他們說聞所成慧、思所成慧和修所成慧全部都稱爲勝義。他們是站在理智心的角度作這種解說的，很多中觀自續派的論著是站在理智心的角度來解釋勝義的。】

理智是悟得空性的心，或稱爲空慧，分兩種：

一、聖根本無分別智，簡稱無分別智：聖者在根本定中，專注於空性的根本智，這個根本智是無分別的。不是所有的根本智都是無分別的，一般凡夫也會入根本定，因而有根本智，可是，他們的根本智並不是無分別的。這裡說的根本智是指聖者在根本定中的根本智──空性智慧，聖者的根本智一定是無分別的。【師父分析：根本智＝空性智慧＝般若波羅蜜，成就般若波羅蜜的聖者，一定兼具禪定波羅蜜，所以聖者的空性智慧是無分別的。】

二、依正因量度眞實之有分別理智，簡稱有分別智：就是依於正因、正確的道理，以比量去衡量眞實義──空性──所生起來的有分別的理智，這是屬於有分別的。

自續派清辨論師所寫的《分別熾然論》說：「勝義諦分爲兩種，一種是無分別智，另一種是隨順慧，就是隨順於勝義的慧，這樣的講法與《中觀明論》所說二種勝義諦──眞勝義與順勝義──的意趣相同。」

所以，解釋眞勝義和順勝義等兩種勝義諦時，如果不就「心」來解說，僅僅就「對境」來說的話，眞勝義和順勝義的區分就不是論典的意思了。

剛才講到無分別智和有分別智，前者，即無分別智，

專注於空性的時候，能夠頓斷實有和能所二元對立的戲論，這就是真勝義。專注於空性的根本智，所緣境是空性，也是斷除了實有與能所。就好像從眾多的東西中取其精華一樣，去蕪存菁，專注於空性的根本智，只有取空性而已，其他實有或能所等二元對立，全部都斷除，這樣的根本智就可以稱為真勝義。經典裡說超越一切戲論，此時無分別智的對境只有空性而已，就是這個意思。

後者，即有分別智，指依於正理、正因悟得空性的智慧，以比量或有分別的理智來悟得空性。雖然在悟得空性的同時，已經滅除諸法的實有，實際上，並沒有滅除能所的二元對立。所以，用這種方式來悟得空性，只是片面悟得而已，並沒有全面性悟得空性。只斷掉一分，斷掉實有這一分，另外一分就是能所，還沒有斷掉。可知，這不是真正全面悟得空性，只是隨順於空性而已，因而稱為順勝義，並非真勝義。

前面提到兩種勝義諦，乃就空性智慧而分成兩類，即針對理智分類。現在針對理智的所緣境 ── 空性 ── 來做勝義諦的分類。
　　一、空性這個所緣境，在聖者的無分別智、根本智或現證空性慧面前，是離二種戲論之真實義，已經遠離實有和能所二種戲論，這是真正的勝義諦。
　　二、於有分別的理智面前，即以比量的理智分別心而言，只離了實有這一分戲論而已，並沒有離能所二取的戲

論，所以，一般不說這樣的空性是真勝義諦。

所以，空性，除了在聖者的根本智前，能夠遠離一切能所二取的戲論外，其他多數人的空正見，由於尚未進入無分別智，無法超越能所二取的戲論。但不能因為修行者位於有分別智的階段，尚以比量推論空性的時候，便說此種空性不是勝義諦。當有人說：「勝義諦一定要遠離能所二相的戲論」，此觀點不是自續派論典中的法義，因為他們仍允許低階空性的存在性。

現代人都說西藏的中觀派分為應成派和自續派，可是，以前西藏的一些祖師不是這樣分的，他們只將中觀派分為「理成如幻派」和「極無所住派」，以下宗喀巴說明理成如幻派的論點：

「五蘊」和「實有空」兩者的和合，才是理智以比量所衡量的對境，他們主張這就是勝義諦。宗喀巴大師說：雖然他們稱為勝義諦，可是，僅僅是隨順勝義諦而已，並不是真正的勝義諦。五蘊和實有空聚合，就成立為勝義，這是我們不能承許的，這只是隨順的勝義，真正的勝義是在五蘊上破除實有，才能立為真正的勝義，才能立為空性。

所以，理成如幻派的勝義諦論點，宗喀巴不認同。

前文提及理成如幻派（也就是自續派）把「五蘊」和「空性」的和合，當作勝義諦。宗喀巴認爲這是藏地人士的誤解，因爲就算是理成如幻派自己，也只是把「五蘊」和「空性」的和合，當作世俗諦而已，如果硬要把此當作勝義諦，充其量，只能當作隨順於勝義諦而已，不是眞的勝義諦。因爲只要是中觀宗，不論是理成如幻派（自續派）或極無所住派（應成派），都認爲勝義諦僅爲「無遮義」，而無遮義，怎麼能把「五蘊」和「空性」和合呢？

【師父分析：這裡必須先講解一點攝類學，什麼是無遮？什麼是非遮？分得清楚後，才能了解上面講的道理。

無遮：僅遮止所遮法，不引出其他法，例如「教室沒有蛇」，只是遮止蛇的存在，並不會引出「教室有大象」。

非遮：除了遮止所遮法，還會引出其他法，例如「田中沒有雜草，苗芽長得特別好」，不只遮止了雜草，還引出苗芽。

請大家先把無遮與非遮熟讀，搞清楚後，再往下看。】

平常我們忽然看見景物時，心直接呈現景物的樣子，此時並沒有特別遮破什麼東西。可是，空性非常特別，空性僅僅遮破實有，實有是空性所應遮止的對象，完成對實有的遮止，才是空性，然而，空性在遮止實有後，並沒有想再成立其他東西，例如，空性遮止杯子的實有後，它並

沒有想引出一棟房子。所以，空性只是無遮，空性不是非遮。若空性遮止杯子的實有後，又引出一棟房子或其他任何東西，那麼空性就是非遮，然而，空性並非如此，所以我們才會說空性只是無遮。

回到本文最初處，「五蘊」和「空性」的和合，之所以只屬於隨順於勝義諦，卻不是眞正的勝義諦，是因爲此句用法違反了無遮的意義。如果「五蘊」和「空性」同時在修行者心中顯現，那麼這只能說修行者以比量來推論「五蘊是空性」，好像也是勝義諦，但無形中，卻引出了空性，變成非遮，不是無遮了。

爲什麼？因爲空性本來只打算遮止五蘊的實有，遮止完就結束了，這就是修行者眞正進入根本定並住於根本智的眞實狀態，空性智慧遮止任何呈現於心中的諸法的實有（空性智慧僅遮止實有，無法遮止諸法的出現），遮止後，就結束了，並沒打算再引出空性的概念來。

可是，「五蘊」和「空性」和合後，修行者以比量推論出「五蘊是空性」，修行者雖然了知空性可以遮止五蘊的實有，遮止後，並沒有結束，又引出了其他法──空性，這不是無遮了，變成非遮了。而且引出其他法，也不是聖者現證空性智慧的根本定狀態，因爲在修習空性智慧的禪定中，只是不斷遮除諸法的實有，不會再引出其他法，當然也不會引出空性的觀念了。

假如你明白這裡講的無遮義，就能明白《大般若經》二十種空裡的第四種──空空，空卻對空性的執著。當你修習空性後，引出對空性的執著，那就修錯了，變成「非遮義」。唯有空卻對空性的執著，你才能返歸空性的「無遮義」，回到空性修法的正確道路。

　　如果以「離實有一」與「離實有異」為理由而成立苗芽無實有，對於那些還在懷疑苗芽是否為實有的人來說，無法藉此道理成立苗芽無實有，因為他們還不明白實有的道理，你卻想以「離實有一」與「離實有異」為理由而成立苗芽無實有，對於還在懷疑的人來說，這種努力是徒勞無功的。而對已明白苗芽無實有的人來說，根本不必講什麼原因來說服他，因為他本來就已經知道了。

　　【師父分析：苗芽和實有的關係，在一個人的心裡呈現時，不外乎：
　　1. 苗芽是實有…………同一的關係
　　2. 苗芽不是實有………相異的關係
　　然而，1與2皆不能成立，因為1若成立，苗芽將永遠是苗芽，無法開花結果，人也無法摘除它，可見1無法成立；2若成立，苗芽與實有是相異的兩個東西，應該在一個人的心裡同時呈現出兩個東西，可是事實上，當一個人看見苗芽時，心裡只呈現苗芽，並沒有同時呈現苗芽與實有，所以2也無法成立。

因此，不論苗芽是不是實有，苗芽皆無法與實有成立同一與相異的關係，故破除苗芽的實有後，將確立苗芽離實有。

　　本來可以用上述的道理來證明苗芽無實有，但是宗喀巴說，懷疑者對實有的意義尚不了解，你再用一異的推理來說明，對懷疑者來說，更難理解了。而對已無疑惑的人來說，也不必講這些大道理，因為他們已明白，無需再說道理。】

　　【師父提醒：讀下文前，請先複習前面說明的「無遮」及「非遮」，不然看不懂下面講的。】

　　《中觀明論》說：「以離一異為正因，證成諸法無實有，兩者都屬於但遮（即無遮，僅遮除而不引生其他法）。」

　　舉正因時，不論是說『某法與實有非相同、非相異』或說『某法與實有無相同、無相異』，意思沒什麼不同，都是無遮義，莫解為非遮義，從論典前面所舉的例子就可以明白。如果錯認為非遮，這絕對不是靜命論師、蓮華戒論師這對師徒及獅子賢論師的論點。

　　【師父分析：離一異的正因和所立法（無實有），兩者都屬於無遮。無遮，僅是否定的意思，只是將某法否定

掉、遮除掉而已，並不再另外成立其他法。

舉例：苗芽無實有

苗芽是諸法之一；無實有，是「所立法」；「離實有一，離實有異故」（亦即苗芽既非是實有，也非不是實有，論證過程請看P.296），這是「因」。在這裡，所立法是「無實有」，這個所立法只讓我們了解它是遮除實有而已，並非還要成立其他的東西。不論是所立法「無實有」，或正因「離實有一異」，皆屬無遮義，無意再引生其餘諸法。

其實，這裡點出相當重要的空性修證心要，禪修時，修習空性應切記：只是不斷遮除妄想的實有，妄想跑出來沒關係，你不要把它當真就好，使用「正念」，令自己知道所有妄念不是實有，莫當真，有時候又開始把妄念當真、把夢境當真，趕緊再用「正念」把自心拉回空性智慧的無遮義，再度把一切妄念當作虛妄的、非實有的。一切妄境都是虛妄的，莫把妄境錯當真實。空性智慧的作用，只是發揮無遮的功能，每當你開始將所緣境當真，空性智慧便把它遮除，令心歸零。如果歸零後，引生其他妄境，那就是非遮了，不是空性的真實義，因為空性只是無遮，不會引生其他妄境。如果引生其他妄境，在引生之初，你要立刻「正知」妄境的出現，然後以「正念」回憶空性乃無遮修法，拉回正確的空性修法。如此反覆修持後，你就能真正證得空性智慧。無遮空性的反覆修持，其實很像反覆持咒，持咒一定是反覆持，空性之無遮，何嘗不是反覆

修持呢？原理都是一樣的，願大家參透、悟透。】

　　極無所住派（應成派）的中觀師認為：於所顯現的世俗法中，破除戲論，可分為兩種，一種是遮，另一種是表。遮，指否定；表，指肯定。破戲論的方式分為否定和肯定這兩個方式，如果僅僅以比量所量的表義，就承許其為勝義諦，這是任何大中觀宗師所不允許的。因為在破除實有後，假如心中生起肯定的感受，表示當下的對境是非遮法，而非無遮法，真正的空性應該是「僅遮除實有的無遮法」，不應再衍生其餘肯定的對境。在《菩提道次第廣論》中，對於這一些建立的道理，講得很詳細，亦應知道。

　　前面在《二諦論》的自釋當中，在介紹完「破除勝義生等為順勝義」後，接著提到：「唯識宗把破除法我的空性當作實有的圓成實性，但中觀宗認為所破的法我本來就不是實有的，所以破除法我的空性當然也不是實有的。」這是說唯識宗於所遮的對象上，遮遣法我，然後把滅除法我之後的空性，當作實有。中觀宗自己認為，由於不存在實有的所遮對象，即法我，故滅除法我的空性，也非實有。所以，論典中說「破除勝義生等為世俗」，這裡的世俗指世俗的現象，而非世俗諦。

　　【師父分析：破勝義生，即破自性生，即無生，無生說明了萬物生生不息而存在的道理，無生讓世俗裡的一切

現象有了合理生成的道理，所以破除勝義生，恰恰令世俗一切的現象得以成立，但不要誤以爲是世俗諦。

世俗諦在很前面的時候介紹過，就是把暫時存在的世俗現象執爲實有。有世俗現象，且現象都會變，如果你把生滅的世俗現象執爲不變的實有，即成世俗諦，是顛倒與愚癡的。

空性僅僅遮除世俗現象的實有，並不遮除世俗現象。

再延伸而論，空性僅僅遮除妄想的實有，並不遮除妄想。所以，人有妄想是正常的，只需做到不把妄想當作實有，不認同妄想，不跟隨妄想走，就可以了。】

《二諦論自釋》中敘述外人的問難：「就像前面說過的，魔術所變化出來的馬，或是將陽燄看爲水，或是夢中看到的馬或象，或是幻想出來的女人，這些事物在世俗中不是眞實顯現的，所以稱爲倒世俗。那麼，破除苗芽勝義生或自性生的空性，由於沒顯現的緣故，也應是倒世俗，因爲當空性所遮除的苗芽等法顯現時，空性就不見了。」答：「並非不顯現，苗芽顯現時，空性沒有消失，因爲空性與所遮的苗芽，體性並無相異，兩者皆無實有，皆是空性。」

這意思是說，例如青色顯現時，青色的空性也會跟著顯現，並不是說眼睛能看到「無遮之空性」，而是說眼睛見到青色時，也能明了青色是空性，這是約「非遮義」而說。「空性的青色」雖然是世俗諦，「青色的空性」爲勝

義諦，兩者並不相違。

【師父分析：如果還不懂無遮與非遮，請看P.294，之前解釋過。這裡在說明，不要以為看見世間事物時，就看不見空性。不是移除一件物品，空性才顯現，這等於把空性誤解為虛空了。把教室裡的木魚拿到外面的草地上時，教室裡木魚的位置確實出現了虛空，但現在講的是空性，不是虛空。空性遍存於一切色心二法，遍一切法皆通用。所以，當我們看到任何事物時，同一時間，空性智慧了知這件事物無實有性，是空性，事物與空性並存。

當我們禪修，單修空性時，空性是無遮義，不斷遮除顯現諸法的實有，並且不引生其餘諸法。但是當我們出定，在生活中接觸諸法時，在我們看到任何人事物的當下，同時立刻知道那些人事物皆是空性，也就是說，看到青色時，引出空性，這是非遮義。

由此可知，禪修時，空性修法純粹是無遮義；回到生活中時，看到任何景物，皆引生空性，則是非遮義。無遮之空性，是勝義諦，不是世俗諦。如果我們看到景物，執以為實有，便是顛倒的世俗諦；看到景物而不執以為實有，知道它們是空性，那麼所見到的景物便是正確的世俗諦。確實，一切世間萬物都會改變，怎麼可能實有呢？看到世俗的東西，結合勝義諦空性，才能產生正確而不顛倒的世俗諦。

理成如幻派（自續派）把世俗法與空性結合的「現空雙合」，當作是勝義諦。宗喀巴認為多數人搞不清楚無遮與非遮，他認為無遮才是真勝義，非遮只能算是隨順勝義。】

《中觀莊嚴論》說：「雖然比量的空性理智能破除色等諸法的勝義生（即自性生），因而了解色等諸法為空性，用這種方法能正確了解世俗的諸法，由於隨順於勝義諦，故可稱為勝義。」

然而，真正的勝義諦是在禪修的根本定中證得空性，遠離一切能所、有無等二元對立的戲論網，此戲論網有如《二諦論自釋》說的：「內外一切諸法：一、非空，現象上是有的；二、非不空，實有並非不空；三、非有無，即非有非無，實有非有，現象非無；四、非生非不生，實有非生，現象非不生。佛陀這樣說。」

又說：「何以故？真勝義諦中沒有二元對立的戲論，因為現證空性真實義的心，當下遍離一切分別心所編織的網。」這是說分別心編織的網為戲論網，這在現證空性真實義的理智前，已經滅了，所以在根本定中的空性根本智，才是真正的勝義諦。無法達到離二取或離二元對立的比量理智及比量理智的對境，僅能說是隨順勝義諦而已，前面已經詳細說過。

而且破真實生（即破勝義生）的道理，有能破真實生的理智與所破的對境，這兩者配合起來，說明了「正世俗」所攝的道理，前面已經詳細講過，應當了知。講到世俗諦時，往往配合很多的戲論網作了解；講到隨順勝義諦時，也少許配合戲論網來了解。可是，在現證空性（真勝義諦）時，要完全遠離戲論網，才能以現量證得。這一大段，雖然依據自續派的論著談到「離二諦戲論網」的道理，事實上，並不是只有自續派需要說明離二諦戲論網的道理，其他的派別也都很需要宣說離二諦戲論網之理。

　　【師父分析：宗喀巴講了自續派的論著，提到真勝義和隨順勝義等等，因為配合自續派的論著來做解說，就顯得非常艱深難懂。應成派的論著中，根本就不提這些。到此為止，我們已經將勝義諦和世俗諦講完了。一切所知，除了勝義諦和世俗諦之外，並沒有第三諦，這是宗喀巴的認知。但天台智者大師是講三諦圓融的，空、假、中在一心當中，同時起觀而圓融無礙。宗喀巴的二諦與智者大師的三諦，其實都來自龍樹菩薩的中觀思想，只不過宗喀巴堅持了真俗二諦的論述脈絡，智者大師則看出了「中」，因為《中論》有一句話：「眾因緣生法，我說即是空，亦為是假名，亦名中道義。」這句話裡，空、假、中同時出現，智者大師特別注意到了，並衍生發揮，宗喀巴沒特別注意「中道」的中，所以繼承龍樹的學說，只論述二諦。】

9・解釋以二諦決定數目

【原文】

若法決斷為虛妄欺誑，則必遮其為不欺誑，故欺不欺誑，是互遣之相違。此復遍於一切所知互遣而轉，故亦更無第三類法。是故當於所知中二諦決定。父子相見經云：「如是證知世俗勝義，所知亦唯世俗勝義二說。」此說一切所知唯是二諦。見真實會亦云：「所謂世諦及勝義，離此更無第三法。」此中明說二諦決定也。若能善知二諦差別，則於佛語不致愚迷。設若未知，即不能解聖教真實。此復應如龍猛菩薩所決擇者而善了知。入中論云：「出離龍猛論師道，更無寂滅正方便，彼失世俗及真諦，失此不能得解脫。由名言諦為方便，勝義諦是方便生，不知分別此二諦，由邪分別入歧途。」故求解脫者，善巧二諦最為切要。

【師父提醒：應成派認為觀待於世俗的人而言，是可以分為正世俗和倒世俗。世間凡夫如果知道是顛倒的，這個法就是倒世俗，如果他們不知道是顛倒的，這個法就是正世俗。比如魔術師的變化、陽燄、鏡中臉龐或種種的幻化，世俗凡夫都知道這些是顛倒的，因此，這些都屬於倒世俗。另外，瓶子、柱子等無常的事物，世俗人並不知道這些事物現在暫時的顯現和它們未來將會無常而滅去，兩者不相符合，也就是他們不知道這些事物是顛倒的，因此，就將這些法立為正世俗。

就廣義的角度來講勝義諦，可分爲十八空、十六空、四空……等等。用狹義的角度來講勝義諦，可分爲人無我和法無我。人無我和法無我，現證空性慧當下，顯現爲無自性，因此，它的顯現和實際情況是相符合的。不管任何法，全部都可以攝於此二諦當中，除了二諦之外，並沒有第三諦。我們用這些道理來思惟，凡是屬於虛假的，都是世俗諦的法；勝義諦則是無虛假、無虛妄的。】

凡是任何法已經被斷定爲「虛妄欺誑的」，必然就遮遣掉「不欺誑」這一點。欺誑與不欺誑，已經窮盡一切情況，一切所知的境界不是欺誑、就是不欺誑，更無第三類的法了。

【師父分析：

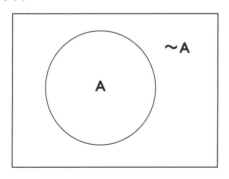

其實，哲學上的范恩圖解法，就能很好解釋了。矩形內的範圍，泛指宇宙內的一切法，而一切法不外乎A與～A，A加上～A便是一切法。所以，矩形內的任何一個小點，不是A，便是～A。宗喀巴上述講的邏輯，恰恰就是

哲學的范恩圖解法，東方哲學與西方哲學不謀而合。A可以用任何描述語代入，例如貪愛，任何一個人不是貪愛者，就是不貪愛者；A也可以用解脫代入，任何一個人不是解脫者，就是未解脫者。諸如此類，可以有無窮的代入方法。】

基於以上的道理，使用種種正理成立的一切諸法，皆總攝於二諦當中，因此，在一切所知法當中，全由二諦來決定。任何一法不是世俗諦，便是勝義諦，世俗諦及勝義諦囊括了一切法。

宗喀巴引用《父子相見經》，父親是淨飯王，是世尊的父親，兒子是世尊。佛陀在成佛之後，初次返國晉見他的父王，於是有了這一番對話，因此有這一部經的出現。《父子相見經》說：「佛陀所了知的，也不外乎是世俗和勝義二諦而已，除了世俗和勝義二諦之外，並沒有第三諦。」這是說一切所認知的對象，不會超過二諦。《見真實會》也說：「離開世俗及勝義，更無第三法。」這裡說明：確定只有二諦。若能善加了解二諦的差別，那麼對佛法便不再愚癡與迷惑了。如果遲遲不能了解二諦的差別，便不能了解聖教的精髓。

想對二諦的差別有所了知，就應該深入龍樹菩薩所抉擇的二諦，若不依著龍樹菩薩所抉擇的二諦而加以學習的話，可能會誤入歧途。《入中論》說：「如果離開龍樹菩

薩所抉擇的二諦道路，那就失去令心寂滅的善巧方便，如果無法分辨世俗諦及勝義諦，便不能得解脫。以假名施設的世俗諦作爲善巧方便，勝義諦得以依此生起。能分別二諦是正分別，不懂分別此二諦是邪分別，邪分別將使修行者誤入歧途。」

所以，求解脫者，能善巧應用二諦，最爲重要。

10・修觀的差別

【原文】

若備前說修觀資糧，獲得通達二種無我之正見，則當修觀。然觀有幾種耶。曰。此中非說地上諸觀，正說異生位所修之觀。此觀具足分別，有四體性觀及三門觀、六尋求觀、四種即解深密經所說之正思擇等四。具正思擇，謂緣盡所有性、最極思擇，謂緣如所有性。初中又有周遍尋思周遍伺察之二。第二亦有尋伺之二義，爲粗細思擇。此如聲聞地與般若教授論等所說也。

三門，如解深密經說，一者有相毘婆舍那、二者尋求毘婆舍那、三者伺察毘婆舍那，此三體相，如於無我義，初者但緣所解無我思惟彼相，不多決擇。第二遍於未了法中爲善了故思惟決擇。第三遍於已了解義，復審觀察。

六種尋求，謂遍尋求義、事、相、品、時、理。既尋求已，復善觀察。其中尋求義者，謂善尋求此文詮如是義。尋求事者，謂善尋求此是內事、此是外事。尋求相有二，

謂善尋求此是自相‧此是共相‧或名共不共相。尋求品者‧謂由過失過患門中尋求黑品‧及由功德勝利門中‧尋求白品。尋求時者‧謂善尋求於過去時已如是生‧於未來時當如是生‧於現在時今如是有。尋求理者‧理有四種‧一‧觀待道理‧謂諸果生‧觀待因緣。復由各別門中‧尋求世俗‧勝義‧及彼所依。二‧作用道理‧謂一切法各有作用‧如火有燒用等。復善尋求此是其法‧此是作用‧此法能作如是作用。三‧證成道理‧謂不違正量成立其義‧即善尋求於此義上‧有無現‧比及聖教量。四‧法爾道理‧謂火熱性‧水濕性等‧即彼法性。此當信解世間共許法性‧不思議法性‧安住法性‧不應更思其餘道理。如是安立六尋求者‧以瑜伽師所應知事‧唯有三種‧謂諸文義‧盡所有性‧如所有性‧依第一義立第一尋求‧依第二義立事尋求與自相尋求‧依第三義立餘三尋求與共相尋求。初說四種毘婆舍那‧其門有三‧尋求有六。故三門與六尋求仍是前四中攝。前說之力勵運轉等四作意‧聲聞地說‧是止觀所共。故毘婆舍那中亦有四種作意也。

　　修觀（毗婆舍那）之前，必須先聚足資糧：一、依止一位能夠無顛倒闡釋經典法義的善知識，二、要尋求聞思無垢之空性的法義，三、如理作意，得到二無我法義的時候，就應該要去實修。

　　然而，觀法有幾種呢？答：這裡說的觀，並不是地上諸觀，並非登地後層次很高的菩薩的觀法，而是說凡夫位

所應修的毗婆舍那。觀若詳細分類，分為四體性觀、三門觀、六尋求觀，這是根據《大乘莊嚴經論》來做區分的。

四體性觀即《解深密經》所說之四種觀：

一、正思擇：緣念於盡所有性，盡所有性就是世俗諦的法。

二、最極思擇：緣念於如所有性，如所有性指空性，也就是緣念於勝義諦的法。

正思擇再開為兩小類，最極思擇也再開為兩小類，總共四類，故稱四體性觀。正思擇展開為：

一、周遍尋思：緣念於粗品世俗諦的法，如瓶子、柱子等等。

二、周遍伺察：緣念於細品世俗諦的法。

世俗諦可分為粗糙和細緻。如瓶子、柱子、人等，是我們親眼可以經歷到的對象，這些都屬於粗品；細品，則是指雖然看不見，可是在語言文字上能發揮作用，是合理的，例如在心裡想的事或聊天時講出來的事物。當我們以粗細世俗諦作為修觀的所緣境時，便屬於「正思擇」的範圍。例如最近沸沸揚揚的新冠肺炎，你把這件世俗諦拿來修觀，想通很多道理時，得到很多啟發，便屬於「正思擇」。

最極思擇也開為兩點：

一、周遍尋思：緣念於粗品空性，如空掉能獨立自存的人我，在這一點上來做觀察就稱為周遍尋思，這是屬於比較粗品的。

二、周遍伺察：指比較微細的空性，如空掉法我。

空性的奢摩他（止），指唯有專注於無實有的心理狀態中，遮止昏沈與掉舉，且唯有專注於無實有的心理狀態，這就稱為奢摩他。空性的毗婆舍那就不是了，毗婆舍那除了要專注於無實有這一點之外，內心還要毫無動搖的加以思惟無實有成立的理由、緣起的理由或離一異的理由。不斷思惟、分析、觀察後，心對無實有的理由越來越清楚，空性的證悟就越來越提升。

以發起瞋恚來說，當我們被某人傷害後，如果一直在被傷害這一點思惟的話，瞋恚可能會越來越強烈；貪欲也是如此，見到可愛的對境，要是在可愛相這一點不斷去增益它的可愛，貪欲就會越來越強；某個人對你有恩惠，若不斷思惟他人的恩惠，你對他的感恩也會越來越強烈。奢摩他和毗婆舍那就如這樣，若無分別專注於無實有的狀態，禪定將越來越深；若在無實有之理由上不斷加以思惟、不斷分別或分析的話，我們對於毗婆舍那的體悟將越來越增加。

正思擇和最極思擇各分為兩個，各有粗細品，這樣一共就有四個。這種分類法是根據無著菩薩《瑜伽師地論·

聲聞地》及寂源論師《般若教授論》的說法，最主要還是根據《大乘莊嚴經論》來做解說的。簡而言之，這四者就是緣念於粗細的世俗諦及粗細的空性。

前面提過修觀的種類中，有一種是「三門觀」，哪三門呢？如《解深密經》說：「一、有相毘婆舍那，二、尋求毘婆舍那，三、伺察毘婆舍那。」這三種體相中，最初的有相毘婆舍那，指緣取已了解的無我而思惟無我義，不思惟過多的道理而做抉擇；第二類的尋求毘婆舍那，指對於未了解的無我、空性等諸法，為了尋求了解的緣故，以眾多道理加以抉擇；第三類的伺察毘婆舍那，指對於所有已通達的義理，一而再、再而三地審察、觀察。

修觀種類中，另一種是「六尋求觀」，指普遍尋求義、事、相、品、時、理，尋求這六點後，需要妥善觀察。

一、尋求義：妥善尋求經文所詮釋的法義。

二、尋求事：妥善釐清這是內在的事或外在的事。

三、尋求相：妥善釐清這是自相或共相，自相也稱為不共相。自相是自己的特色，共相是共通的特色。例如桌子不叫椅子，表示桌子有它不共於其他事物的特色，使它稱為桌子。然而，不論桌子、椅子、人、山河大地……等等，都有共通的特色，例如無常、空性、無我……等等。

四、尋求品：品指黑品或白品，於過失或過患中尋求黑品，於功德勝利中尋求白品。例如愛發脾氣，於好發脾

氣的過患中尋求它的缺點是容易引發中風或高血壓；例如精進修行，於修行的殊勝功德中發現心得自在與解脫。修行者應當避免黑品，精進白品。

五、尋求時：妥善釐清過去已發生的事、未來可能發生的事、現在發生的事。

六、尋求理，又分四種：

1. 觀待道理：種種結果的產生，觀察其因緣。又由各類中，尋求世俗諦、勝義諦和世俗勝義兩者的所依處。

2. 作用道理：一切法各有其作用，例如火有燒的作用，且能釐清誰是造作者、此造作者能發揮什麼作用。

3. 證成道理：不違背正理而成立某一法的意義，即妥善釐清成立某一法的意義，有沒有現量、比量及聖教量作為證明。

4. 法爾道理：例如火的熱性，水的濕性，也就是諸法的法性。火性是熱的、水性是濕潤的，布施能得圓滿受用，守戒能得善趣，這些皆是法爾如此，因為我們沒辦法進一步思惟它的理由。業果的道理，是屬於不可思議的法性，例如全人類遭遇肺炎病毒的劫難，是因為過去世眾多有情的共業，今世全人類感得相同的果報。至於是哪一世，大家造了什麼惡業，才感得今日的病毒果報，只有佛的智慧才知道，像這一類，屬於極隱蔽的法性、不可思議的法性。

上面安立了六尋求觀，禪修者只需知道三件事：一、諸文義，二、盡所有性，三、如所有性。依於「諸文義」

而成立六尋求觀的「尋求義」；依於「盡所有性」而成立「尋求事」及「尋求自相」（尋求相的一種）；依於「如所有性」而成立剩餘的三尋求與「尋求共相」（尋求相的另一種）。

從上以來，說明了四體性觀、三門觀、六尋求觀，三門觀及六尋求觀可總攝於四體性觀。以前說明《瑜伽師地論・聲聞地》的「九相心住」時，也曾提到「力勵運轉」等四種作意，那時候就說四種作意是修止觀的共通點，所以，修觀時，也會有這四種作意。

【師父補充：四種作意為，一、力勵運轉作意，二、有間缺運轉作意，三、無間缺運轉作意，四、無功用運轉作意。九住心的前二心屬於力勵運轉作意，接下去的五心屬於有間缺運轉作意，第八心屬於無間缺運轉作意，第九心屬於無功用運轉作意。】

11・依「止」修「觀」

【原文】

解深密經說・先修成止後乃修觀。慈尊諸論・菩薩地・聲聞地・清辨論師・靜天師・蓮花戒之三篇修次・及般若教授論等・亦多作是說。此等意趣・非說先不緣無我・隨緣一種所緣・生奢摩他已・後緣無我修習・名（進行・做）毘婆舍那。以止觀二道・非由所緣分故。般若教授論亦說

緣二取空性．先生奢摩他．後乃緣彼性．以觀察修．生毘婆舍那故。無著菩薩亦說．緣盡所有性之毘婆舍那．先生止已．後依於止修粗靜行相之毘婆舍那故。又說彼是內外聖凡所共修之道故。以是若未先得奢摩他．今新修者．除專住任何一所緣外．不可於所緣境多相觀察而修。以如前修即能成辦。若如後修必不能成奢摩他故。諸先已得奢摩他者．較但如前安住而修．若能於如所有性或盡所有性隨所修義．以慧思擇觀察而修．其後能引最勝心一境性妙三摩地。如此所成最極有力心一境性妙三摩地前．專住一境不能辦．故稱讚觀察而修也。但此修法．是先求止．後依於止修觀之法．如無我義．是一所緣．可作止觀二種不同修法．理由即此。別如觀察上下諸界功德過失．修粗靜行相毘婆舍那．與以觀慧觀無我義．修無我相毘婆舍那．尤須引生猛利堅定．斷所治品．乃有力也。又緣盡所有性之毘婆舍那．非唯斷除煩惱現行修粗靜相者．即般若教授論所說．思擇十八界相之觀修．亦是緣盡所有性者。以此為例．餘凡思擇盡所有義而修觀者．應知皆爾。雖般若教授論說於引生緣如所有性止觀之前．先當引生瑜伽師地論所說緣盡所有性之止觀。今如靜天與蓮花戒等所許．先修隨一奢摩他已．即可修緣如所有性毘婆舍那。

【師父提醒基本佛學術語：奢摩他＝止，修定；毘婆舍那＝觀，修慧。任何時候，請謹記這兩組詞語，快速切換。】

《解深密經》說：「先修成止，之後才修觀。」彌勒菩薩寫的諸本論著、《瑜伽師地論》的〈菩薩地〉及〈聲聞地〉、清辨論師的論著、寂天菩薩《入菩薩行論》的〈禪定品〉、蓮花戒論師《修習次第》的上中下三篇、寂源論師的《般若教授論》，都有類似的說法。

這些論著的意思，並不是說一開始修奢摩他的階段時，先不緣取無我，只緣取其他所緣境，等到奢摩他完成而修觀時才緣念無我，並不是這樣的意思。如果是這樣的話，毗婆舍那和奢摩他的所緣境就不同了。因為止與觀的修法差異，並非由所緣境來區分。

《般若教授論》也說：「先緣念於能所二取的空性，生起奢摩他，之後仍然是緣念於二取空性來修觀，因而生起毗婆舍那。」如果是這樣的話，止和觀的所緣就是一樣的。

先前有人說奢摩他是緣念於粗品世俗諦的法，毗婆舍那則是緣念於細品勝義諦的無我，如果這樣講的話，止和觀的所緣就變成不同了。無著菩薩也說：「有緣念於盡所有性的毗婆舍那，先生起奢摩他之後，再依於奢摩他，修粗靜行相的毗婆舍那。」

【師父分析：粗靜行相，就是指心的粗與靜，心越靜越往上走，心越粗越往下走。往上走，便往欲界天、色

界、無色界上升；往下走，便往下三道下降。

　　眞正的奢摩他，屬於上界（色界和無色界）的心識所攝。初次得到奢摩他時，會先得到初禪天的心，雖然修行者的身體屬於欲界身，可是，他的心入初禪的緣故，已進入上界心。

　　依於奢摩他之後，進一步可以得到毗婆舍那，得毗婆舍那的時候，就會去觀上界的功德與下界的過患，上界功德屬於粗靜行相的「靜」，下界過患屬於粗靜行相的「粗」。上界的功德有長壽、無病、無苦、無戰爭、無飢荒、有神通、有先知、身上發出光芒及具足種種妙色，這些就是上界的功德。下界（欲界）有怎樣的過患呢？短壽、多戰亂、多對立、多競爭、飢荒、沒有身光、有很多苦、沒有神通等等，以毗婆舍那來觀下界的過患。

　　觀上界功德、觀下界過患的毗婆舍那，就稱爲粗靜行相的毗婆舍那。如此來修持會帶來怎樣的好處呢？會生起想要斷除欲界貪愛的心。如果現在有兩個東西，你一直觀其中一個東西的瑕疵，自然不會生起喜歡它的心；若去觀另一個東西的圓滿、好處，很自然的，會生起貪愛、喜歡它的心。觀上界的功德和下界的過患也是如此，觀上界的功德時，我們會生起貪求上界的心；觀下界的過患時，會滅除貪求欲界的心。

用這種方法修粗靜行相的毗婆舍那，只能暫時壓伏貪欲而已，無法究竟斷除。暫時遮止貪欲的現前，可投生上界，可是，也是依著業和煩惱而投生上界。因為修行者一直觀欲界的過患，暫時將欲界的煩惱壓伏，因而投生上界。

這種粗糙的修法，只有暫時將欲界的煩惱壓伏，並不是以空性或無我的方法將煩惱完全斷除，不管他在上二界的壽命有多長，等到壽命盡的時候，還會再去投生，投生時一定還會再生起欲界的心，此時就直接從上界往下掉。

雖然是很粗糙的方法，初修行者還是需要修，因為大乘資糧道的階段，尚無法緣念於空性或無我來作修持。所以，一開始仍然可作為修行的善巧方便。而且，不觀察粗與靜的話，你將始終追求欲界的吃喝玩樂，對於上界的禪定樂，全然不知不見，更別說超三界的解脫樂了。因此，粗靜行相的觀察雖然不究竟，仍必須修。

另有一些人雖然也修了粗靜行相，在他還沒有投生到上二界之前，先前暫時壓伏的欲界煩惱，仍會再次生起。不管你怎麼修粗靜行相的毗婆舍那，都僅僅成為投生到上二界的因而已，無法成為解脫的因。事實上，這個方法是共通印度外道的，外道也用此法修禪定，以求死後生到上界天。如果要使毗婆舍那成為解脫的因，絕對要緣念於無我來修。】

上文提過，「依於奢摩他，修習粗靜行相之毗婆舍那」，這是內道、外道、聖者、凡夫所共通修行的方法。所以，之前沒有先修得奢摩他、剛開始修奢摩他的人，除了要無分別、非常專注於所緣境之外，不可對所緣境分別過多、用太多方法修觀，如果毗婆舍那修太多的話，就無法成就奢摩他。初次修奢摩他者應多安止於所緣境而修習，才能成就奢摩他；如果對所緣修太多毗婆舍那的話，便無法成辦奢摩他。

　　之前已經成辦奢摩他的修行者，如果繼續專注於所緣境而修奢摩他，完全不修觀的話，這樣的修法對這個人並無大利可言。成辦奢摩他後，在如所有性或盡所有性等對境上，以分別觀察慧（即毗婆舍那）加以觀察而修，這樣就能引生最殊勝的心一境性的妙三摩地。

　　已經成就奢摩他的人，不應該終生就處於根本定中，一直修奢摩他，這將使修行停滯不前，此時應該使奢摩他成為背景的狀態，以毗婆舍那作為主修，去觀察所緣境。比如說，一個人已經得到緣念於空性的奢摩他，接著就應該要讓奢摩他進入背景的狀態，然後用毗婆舍那去觀察所緣境空性的意義，例如觀察「不淨相為何是空性」、觀察「呼吸為何是空性」、觀察「五蘊為何是空性」……等等，有無限多所緣境可以觀察空性的意義。

這樣持續修下去，要是奢摩他勢力變太弱，就應該暫時放下分別觀察慧，然後令已式微的奢摩他得以增長。但，奢摩他的力量又增強後，如果安住在奢摩他太久，毗婆舍那可能也會有式微的危險性，此時就應該再讓奢摩他進入背景的狀態，讓毗婆舍那（分別觀察慧）再增長。也就是在還沒有得到止觀雙運前，奢摩他和毗婆舍那兩者必須要輪流修，一直持續這樣修，直到最後得到止觀雙運，《瑜伽師地論》稱為止觀雙運轉道。

　　在奢摩他還未消退之前，利用觀慧修習毗婆舍那，這樣做的話，就可以使奢摩他成為最極有力之心一境性的妙三摩地。若不修觀，只是心一境性地專住在對境上，那就無法成就最極有力之心一境性的妙三摩地，為此特別稱讚毗婆舍那的修習。只修奢摩他，並不能成就最極有力之心一境性的妙三摩地，必須要配合毗婆舍那，才能成就。

　　例如緣取空性的奢摩他而得定後，進一步用分別觀察慧修毗婆舍那，將使空性的奢摩他更為增強，它的能量更為增長，這個奢摩他更為輾轉增長。但此修法中，是先求得止之後，更進一步依於止來修觀的方法，例如止的所緣境是無我義（空性），在這個所緣境上，可以分別做止和觀兩個不同的修法，理由就在這裡。

　　毗婆舍那可分為這兩種：一、觀察下界過失和上界功德之粗靜行相的毗婆舍那（之前的文章講解過），暫時壓

伏煩惱；二、以觀慧觀察無我義、修無我相的毗婆舍那，永斷煩惱。對於這兩個方法，我們應該引生非常猛利的決定解，使得已生起的堅定與強烈的奢摩他和毗婆舍那不退轉，且讓它持續增強。這樣修的話，對於斷除所應對治的煩惱，力量將變得非常強大。

緣取盡所有性的毗婆舍那，並不是只有暫時壓伏煩惱現行而修的粗靜行相而已，《般若教授論》說思惟十八界的這種伺察修，也屬於緣取盡所有性的毗婆舍那。除了十八界之外，另外也可以緣取苦諦、集諦、道諦，凡是盡所有性總攝的一切法，都可以緣念，修毗婆舍那。就像這樣，其他凡是思擇盡所有性而修觀的，應知都差不多。

【師父分析：輪迴可以分為三界九地。三界中的欲界就算一地，色界分為四禪天，所以算四地。無色界可以分為空無邊處、識無邊處、無所有處和有頂天（非想非非想處），因此也是分為四處。

要斷除欲界煩惱，會先觀色界初禪的功德及觀欲界的過失，用粗靜行相的方式來修。從初禪要到二禪，也一樣觀二禪天的功德及觀初禪天的過失；從二禪天到三禪天也是用這種方式來修；要到達有頂天，就觀無所有處的過患及觀有頂天的功德。

有頂天仍然有煩惱在，若用粗靜行相的毗婆舍那來修

的話，沒辦法斷除有頂天的煩惱。想斷除有頂天的煩惱，必須再觀更上界的功德，這樣才能將有頂天的煩惱斷掉。可是，輪迴的最頂端就是有頂天了，已經沒有其他功德可以再觀了。因此，如果是修粗靜行相的話，無法斷除有頂天的煩惱。

達到有頂天的行者，因為無法斷除有頂天的煩惱，因此必須去修另一法。因為之前都只有修粗靜行相，將下界的煩惱暫時壓伏而已，沒有將下界煩惱的種子斷除。所以，在他達到有頂天的時候，就必須回頭從欲界開始，將欲界煩惱種子，一個一個慢慢斷除，斷到最後有頂天的煩惱種子時，還是沒辦法斷，此時修行者就不得不修無我了。

一位利根者應該在最初的時候，就以無我義來修毗婆舍那，否則，就要做雙重功夫（修完粗靜行相，再修無我義，做兩份工）。若比較修粗靜行相的速度和修無我義道的速度而言，修粗靜行相而成就阿羅漢果的速度會快一點，因為單修無我義，將欠缺禪定，證阿羅果較慢。但是，若單修粗靜行相，修到有頂天時，當他無法斷除有頂天的煩惱時，就必須回頭，再從欲界的煩惱種子開始斷，再逐次斷上去，直到遭遇有頂天煩惱的種子時，又不得不去修無我義，這樣才能將有頂天的煩惱種子斷除。因此，修粗靜行相的行者，必須做雙重工作。與其如此，不如從一開始就以無我義來修，問題是：有幾個利根者懂無我義

是好料的？多數人都充滿自我，皆鈍根，都想發展自我、壯大自我，又有誰把無我義當作好東西呢？沒人修啊！】

　　雖然《般若教授論》說：「要生起緣念於如所有性的止觀之前，必先生起《瑜伽師地論》所說的緣念於盡所有性的止觀。」但是寂天菩薩和蓮花戒等論師所許可的論點是：「可以先緣念於如所有性或盡所有性的任何一者來修成奢摩他，之後即可緣取如所有性，修毗婆舍那。」

　　【師父分析：寂天菩薩的《入菩薩行論》及蓮花戒論師的《修習次第》三篇中，他們講得比較多的是緣念於如所有性的毗婆舍那。修緣念於空性的毗婆舍那，並不像《般若教授論》所說的，必須先緣念於盡所有性或世俗諦的法來修粗靜行相，不需如此，而是先緣念於任何一個所緣，先成辦奢摩他或毗婆舍那。】

12 · 止觀法門屬於大小乘的哪一乘

【原文】

如是次第修止觀法，是依大小何乘，顯密何教而說耶。曰，此是三乘與四宗所共，亦是密宗下三部所共者。各別諸續與注疏論師之所許，密宗道次第中已廣說。無上瑜伽部義，般若教授論云，「集密經云，善觀察自心，諸法住心中，法住空金剛，俱無法法性。」如楞伽經云，「當依止唯心，勿觀察外境。」謂經說三種瑜伽地，一緣唯心，

二緣真實‧三名無相。初二地中以止修觀修‧修習止觀如前解說。緣如所有性生觀之理‧亦許相同。自宗則說‧無上瑜伽時引生正見‧須如中觀論說。引生之法‧於生起次第與圓滿次第後得位中‧雖亦有觀察真實義之作意‧然在已得結身能力之圓滿次第者‧於根本定修真實義‧雖亦必須安住見上而修‧然不須如餘論所說之觀察也。故於爾時‧放捨觀察修後‧莫併放棄專住正見修真實義。可如是修習之理由‧此中不便明講。故此僅說餘道須如前修之理由也。

按照以上如是的方法次第修止觀，是依照大乘或小乘？是依顯教或密教而說的呢？答：止觀法門是三乘與四宗所共通的修法，也是密教下三部共通的修法。

【師父分析：三乘為聲聞乘、緣覺乘、菩薩乘；四宗為說一切有部、經部、中觀宗、唯識宗；四部密續為事密、行密、瑜伽密、無上瑜伽密，前三者又稱為下三部密。】

下三部密續的根本續中及其根本續的注疏論師們都認同這一點，另外，宗喀巴大師自己寫的《密宗道次第廣論》中，也有詳細講解。

【師父分析：奢摩他以止住修為主；毗婆舍那以伺察修為主。毗婆舍那屬於一種特別的伺察修，不是一般的伺

察修。一般的伺察修，指你在心中生起無我的比量，即無我的推論，一般的伺察修不需要有奢摩他的支持，可是，毗婆舍那的伺察修，一定要有奢摩他才可以。

以「無我」來說，最初要生起無我的比量，必須依於思惟教理之後，才能夠生起，所以，要生起無我的比量，一定靠伺察修而生起。生起無我的比量後，為了使這個比量增強，就必須緣取無我修奢摩他，一旦成就奢摩他，想安住在無我的三摩地多久，就可以隨心所欲地安住多久。

成就了奢摩他後，就應該更進一步修毗婆舍那。剛成就奢摩他，要修毗婆舍那的時候，無法同時進行奢摩他和毗婆舍那，必須讓已成就的奢摩他進入背景的狀態，心加強於伺察修的部分。可是，這樣持續修下去，可能因為觀察的力量太強，使用次數太多，使得先前已成就的奢摩他式微、退轉。

此刻，應該再將毗婆舍那暫時放下，再回頭加強奢摩他，這樣持續修下去，有可能使先前生起的毗婆舍那又退轉、式微，此時再將奢摩他放下，加強毗婆舍那。在止與觀兩者輪修的階段，還不算得到真正的毗婆舍那，要等到兩者能夠勢力相當、同時運行，沒有一強一弱的情形時，才算真正證得毗婆舍那，正式證得止觀雙運。

舉例來說，剛開始學唱歌時，要有音樂伴奏，所唱的

歌才會好聽。同時唱歌和伴奏，兩個要配合在一起，剛開始也是很生疏的。若著重在歌詞上，可能音樂就沒有演奏得那麼好，若著重在音樂的演奏上，歌詞可能就沒有辦法唱得那麼好，兩者需不斷練習與配合，最後唱歌和伴奏兩者都配合得非常好，這就是雙運了。以這種方式進行止觀的修習，聲聞、緣覺、菩薩三乘、四部宗義及密宗的下三部密續都是一樣的。】

至於無上瑜伽部，印度的論著《般若教授論》引《密集經》說：「諸法皆在自心中，瑜伽者善觀察自心之法性，諸法在空性智慧的觀照中，通達諸法及法性皆無自性。」《楞伽經》也說：「當依止唯心，勿觀察外境。」【師父分析：因為一切外境皆由心所映射出去，根本在心，修行者應回到根本修，莫追逐枝微末節。】

無上瑜伽部引《密集經》而說三種瑜伽地：一、緣唯心；二、緣真實；三、無相。前二地中，以止和觀來修學，修習止觀方法如前所說。由此可知，無上瑜伽部也認同「緣取如所有性，依次生起奢摩他與毗婆舍那」的道理。

上文提到，無上瑜伽部也認同「緣取如所有性，依次生起奢摩他與毗婆舍那」的道理。這樣的主張，宗喀巴大師沒有完全認可，他認為即使在無上瑜伽部，要生起空性的正見，也必須依著《中論》所說的空性正見。簡而言

之，無上瑜伽部的行者在後得位的階段（即出定後），也會用伺察修來修毗婆舍那，但在最主要的修持階段，是以止住修來修奢摩他。

接著講到引生之法，無上瑜伽部提到生起次第和圓滿次第這兩種修持方法，下三部密續中是沒有的，也就是說，生起次第和圓滿次第是無上瑜伽部所獨有的。修的時候，先修生起次第，等到生起次第達到究竟之後，再修圓滿次第。

生起次第和圓滿次第中，各有根本定和後得位，雖然在後得位的時候，也要把注意力投向如所有性，觀察真實義，然而那些已經趣入要義、又有能力的圓滿次第的行者，當他們處在根本定中，必須將心安住在先前已得決定解的無我義，單單安住在無我義而修奢摩他，便能成就毗婆舍那，也就是單憑修止，便能生起緣取空性的止觀雙運。而不需要像其他論著所說的，還要修毗婆舍那的觀修。

所以，圓滿次第的行者在這個階段，放捨觀察修的毗婆舍那後，不可一併放棄專注正見而修真實義的奢摩他。至於圓滿次第者為何如此修習的理由，宗喀巴說牽涉到密法，在此不便明講。所以，此處介紹的，是針對無上瑜伽部以外的大小乘及下三部密續所說的「先修止、後修觀」的概念。

13・正式說明依「止」修「觀」的方法

【原文】

若未得無我正見，隨如何修，終非修真實義，故當先得無我正見。縱有彼見，若修真實義時，不憶彼見安住見上而修，亦非修真實義。即先思正見一遍，後便心中都不思惟，亦非修真實義。即憶正見唯安住見上而修，亦僅是前修奢摩他法，仍非別修毘婆舍那法之教義。故於無我義，當如上說以慧觀察而修。若但觀察修，則前所生止或當退失。故當乘奢摩他馬觀察修習，及時時間雜修安止也。又若觀修太多，住分減少，便當多作止修，恢復住分。若因止修太多，不樂觀察，及不趣觀察內心自然而落住分，則當多作觀修。止觀平均而修，其力最大，當如是行。修次下篇云：「若時多修毘婆舍那，智慧增上，由奢摩他力微劣故，如風中燭，令心動搖，不能明了見真實義，故於爾時當修正奢摩他。若奢摩他勢力增上，如睡眠人，亦不明了見真實義，故於爾時當修智慧。」如是觀察修時，妄計一切分別皆是執相而破除者，不應道理，實執分別僅是分別之一分，前已數成立故。有見凡是分別所取皆被正理違害者，是理所破太過之損減見，已數成立彼非經義。有說雖於餘法不如是許，若於法性心有所取，則皆是執實之相執，此亦是執錯之過，非凡一切所取皆爾。以希求解脫之異生，皆須以教理多門決擇真實義故。設作是念，若修真實義，為引生無分別者，由觀察慧彼則不生，因果二法須隨順故。曰，世尊於此已明白解答。迦葉問品云：「迦

葉．譬如兩樹為風所吹．乃互相棖觸．便有火生．其火生已．還燒兩樹。迦葉．如是有正分別生聖慧根．聖慧生已．還燒分別。」此說分別能生聖慧。修次中篇亦云．「如是以慧觀察．若瑜伽師不執諸法勝義自性．便能悟入無分別定．證一切法無自性性。若不以慧觀察諸法自性．唯修放捨作意．彼分別心終不能滅．終不能證無自性性．無慧光故。如世尊說．從正分別生正慧火．燒分別樹如鑽木出火。若不爾者．則從有漏出生無漏．從於世間超出世間．有情成佛．從凡成聖．皆不應有。因果二法不相同故。」釋菩提心論云．「若見有分別．彼豈有空性．如來悉不見．能所分別心。若有能所別．彼即無菩提。」此說若執能所分別實有．則無菩提．若謂是破正分別慧．及破能所分別．則彼論中以多門觀察決擇真實．應成相違。以彼二心若佛不見應非有故。又彼論云．「無生與空性．及所說無我．修下劣空性．彼非能修空。」此亦非破緣自性不生之空無我性而修．是遮執彼實有修下劣之空性。如出世讚云．「佛說甘露空．為除一切執．若復執彼空．佛說極可呵。」寶鬘論云．「如是我無我．真實不可得．是故佛俱遮．有我無我見。」此亦是說．我與無我俱非實有．故遮彼二實有之見．非遮無我見。如前引迴諍論說．若非無自性即成有自性故。如是般若攝頌云．「菩薩若計五蘊空．行相非信無生處。」般若經云．「若行色空無我．亦是行相．非行般若波羅密多。」此亦是說執空等為實有。若不爾者．則不應說「非信無生處」以信彼處亦是行相故。又彼經云．「若知諸法無自性．是行般若波羅密。」

又云‧「若為無為黑白法‧慧析塵許不可得‧於世說預慧
度數。」三摩地王經云‧「若於諸法觀無我‧既觀察已善
修習‧此因能得涅槃果‧餘因不能得寂滅。」又心經中舍
利弗問‧菩薩欲行甚深般若波羅密多‧當如何學。觀自在
菩薩答曰‧當觀五蘊自性皆空。與如是等皆成相違。以是
當知‧如法界讚云‧「能淨心法門‧厥為無自性。」又
云‧「由執我我所‧便遍計外界‧若見二無我‧即滅三有
種。」入中論云‧「若見我‧我所‧皆空‧諸瑜伽師得解
脫。」故當修無我與無自性也。修次初篇云‧「入無分別
陀羅尼云‧由無作意斷色等相。」此中意說‧以慧觀察‧
見無所得‧即不作意‧非說全不作意。入無想定‧暫伏作
意‧非能永斷無始時來色等貪著。凡佛經中說修不作意能
斷相執者‧皆是先以觀慧觀察‧見無塵許實執所緣。即於
此所解義‧安住正定。修次中篇亦云‧「又於內心亦當尋
思了解為空‧次更尋思能了解心所有自性‧亦知其空。由
是了解便能悟入無相瑜伽。此顯要先觀察‧方能悟入無
相‧亦明顯說‧若唯棄捨作意‧及不以慧觀察法性‧則定
不能悟入無分別性。」此引寶雲經說‧要先如理觀察。故
若未得真實義見‧則定不能於真實義無分別轉。修次下篇
亦說‧經中宣說‧不可思議超心境等‧是破妄執‧唯聞思
慧能證深義。故說彼義‧唯聖內證‧餘人難思。又為破除
非理思惟‧執甚深義以為實有。非破觀慧如理觀察。若破
此者‧便違無量聖教正理。又云‧「此修雖是分別為性‧
然是如理作意為性‧故能出生無分別智。樂此智者‧當修
彼修。」當知此等是破支那堪布說雖不以教理決擇真實求

得正見，只要全不作意而住，便能通達真實，最為切要。如是修法，昔諸道次教授中亦有說者，如博朵瓦碑崩論云，「有於聞思之時，以理決擇無性，修時唯修無別，如是非真對治，別修無關空故。是故修時亦以緣起離一異等，修何即當觀察，亦略無分別住。此修能治煩惱，覺窩弟子所許。欲行到彼岸法，此即修慧方便。又先修人無我，次法如是隨轉。」覺窩亦云，「由何得證空，如來記龍猛，現見法性諦，弟子名月稱，依彼傳教授，能證法性諦。」此引導法，如覺窩中觀教授所說，與蓮花戒論師意趣相同，唯稍廣而已。如是修觀時，所有六加行法，正行，結行，中間所應作事，尤應遠離沈掉而修，皆如前應知。

前面談了很多的空性，毗婆舍那主要是修習空性，所謂空性，就是無我正見。要生起真正的毗婆舍那，一定要先尋得無我的空性正見才可以。當我們緣取對境而修時，不管所緣是粗品或細品，都必須先對自己的所緣境有正確無誤的了解，之後再進一步修奢摩他，成辦奢摩他後，再於自己所緣念的粗、細品對境，更進一步尋求無我義，用這種方式才能得到所緣境的空性正見。

如果還沒明白無我正見，不論你怎麼修，終究不是修習真實義，所以應當以尋得無我正見為先決條件。縱然已尋得無我正見，如果修真實義的時候，不憶念無我見，並安住在無我見而修持的話，也不算修習真實義。即使你先

思惟無我正見一次，之後心中不繼續思惟，也不算修習真實義，甚至有墮入斷見的危險性。

即使憶念無我正見，而且只安住在無我見而修，完全不去作觀察，這樣僅是前面提過的奢摩他的修法，仍然不是修習毗婆舍那的教義。因此，對於無我義，毗婆舍那的修持法應該像之前說過的，以分別觀察慧加以觀察而修。

【重點整理：宗喀巴說修奢摩他，須先尋求無我正見，得到無我正見之後，必須憶念起無我正見，心專一安住在無我正見上。如果心唯有專注在無我正見上，不作其他觀察，那只會成辦先前所修的奢摩他而已。所以，心憶念起無我正見，安住在無我之後，進一步以分別觀察慧來做觀察。】

如果一直修觀的話，觀的力道太強了，那麼，先前所生起來的止力會有退失的危險。所以，應該乘著「奢摩他」這匹馬來修觀，止與觀要間雜著修，兩者輪流修。

接著講到修止和修觀如何輪流修？當修觀所使用的次數多且力道太強時，心安住於所緣境的止力可能會變弱，此時就應該加強心專注於所緣境，加強修止。修觀太強，將導致心動如風中燭，心會變得非常不穩定，此時多以無分別心安住在所緣境而修止，恢復止力。若修止太多，便不樂於觀察真實義，只想安安靜靜坐在那裡，什麼都不想

做了，此時應當多多修觀。

修觀太多、太強，住分將會減少，此時就應該加強修止，恢復住分。若修止太多、太強，此時就沒辦法做種種觀察，導致心太過內斂，此時就應該多修觀。一直修到止觀均等，力量最大，當如是修行。

蓮花戒大師的《修習次第‧下篇》說：「若修毗婆舍那的時間太久，智慧獲得增長，奢摩他的力量卻轉而微劣，就像風中的油燈，燈火搖晃，看不清書裡的文字；同理，慧風太強，令心動搖，無法穩定明了地看清諸法真實義。所以，此時應當轉為正修奢摩他。但要注意，如果奢摩他的勢力太過，如睡眠中的人，也是看不清諸法真實義的，所以，此時應當再修分別觀察慧。」

【師父叮嚀：止觀的奧祕，就是修到止觀均等、定慧等持，便是達到最佳狀態。此時便可放捨，無需再修，因為在最佳狀態中，你的任何起心動念都會破壞最佳狀態。若未達止觀雙運，切莫放捨，必須一再精進與加行，未達等持而放捨，稱為放逸懈怠，實為不智之舉。】

慧本身是屬於分別心，若認為分別心都會執著外相，就應該要破除分別心，那就錯了。分別心有很多不同的分別心，比如聞所成慧、思所成慧及修所成慧，甚至生起了悟無常、無我的比量，都屬於分別心。該要破除的分別

心，是顛倒的分別心，例如，執著喜歡的人為恆常的分別心、執著對象為實有的分別心，這些是應該被破除的。以上列舉，雖然都屬於分別心，並不是所有的分別心都要被破除。

貪瞋癡三毒，皆是顛倒的分別心。癡的範圍很廣，執著實有的無明、不明業果的無明、不知如何取捨四諦或善惡的無明、認為沒有三寶或認為皈依所帶來的利益不存在……等等的這些見解，都是屬於癡。若以為癡或妄念全都是執著實有的話，那是錯誤的，因為執著實有只是愚癡或妄念的一部分而已，以前已數次成立這樣的道理。

辨別愛滋病病毒與新冠肺炎病毒，用的是分別心，若認為這種分別心都應該用正理來破除的話，那就破得太超過了，落入損減見，已數次說明這種見解並非佛在經典中所要闡釋的意義。因為在日常生活中認識諸法，都要以分別心來取境，若認為凡是分別心都應該用正理來破除的話，就會落入損減邊了。

如果認為凡夫階段所緣念的無我、止、觀或止觀雙運的修持，都是屬於妄念與分別心而都應該被遮止的話，那就太超過了，這樣等於完全無法修止觀了。

【師父分析：應破的，是顛倒分別，例如把無常、苦、無我、不淨的諸法，當作常、樂、我、淨。

不應破的，是正確的分別慧，例如正確分辨紅綠燈、算出正確的火箭發射公式、了悟諸法皆空、正確無顛倒地覺察諸法實相……等等。】

對於世俗諸法，不必以正理將它破除。我們用分別心分辨桌子、椅子……等等世俗的法，因爲人們對這些法沒有執爲實有，只是方便大家溝通而已，所以不必用正理將它破除。如果我們對法性執爲實有的話，反而才是應該用正理加以破除的。所以，分別心所執取的對象，不一定全是執爲實有。一位希求解脫的凡夫，必須以多方面的經典和正理，探究諸法眞實義。

外道提問：「如果修學空性眞實義，是爲了引生無分別的現證空性慧，現證空性慧將永不生起。因爲毗婆舍那的觀察慧是有分別心，以分別心起修的話，無分別心的現證空性慧將不會生起，因爲「因和果」二法必須相隨順的緣故。分別心爲因，怎麼可能生起無分別心之果呢？一個有分別，一個無分別，因果不相隨順，不可能生起！」

宗喀巴回答：世尊早就清楚回答過了，世尊在《大寶積經》的〈迦葉問品〉中很清楚地回答：「以分別心修習，可以生起無分別心」。〈迦葉問品〉世尊說：「大迦葉！譬如兩棵樹被風吹動，互相摩擦，便有火花生起，火生起後，回過頭燒毀兩棵樹。大迦葉！同樣的，正確的分別心（有異於顛倒的分別心）生起神聖的智慧，神聖的智

慧生起之後，回過頭燒毀分別心。」這裡說明分別心能生神聖的智慧。

【師父補充：上面《大寶積經》〈迦葉問品〉的內容，是直接翻譯《菩提道次第略論》的原文，這裡再提供《大寶積經》〈迦葉問品〉漢譯本的原文給大家，更加簡略與明了，漢譯本的原文在《大寶積經》卷112〈普明菩薩會第四十三〉裡，「迦葉！譬如兩木相磨，便有火生，還燒是木。如是迦葉！真實觀故，生聖智慧，聖智生已，還燒實觀。」(T11,no. 310,p. 634a28-b1)】

《修習次第‧中篇》也說：「瑜伽師以毗婆舍那的分別慧，觀察諸法的體性，若不執著諸法有其自性，便能悟入無分別的禪定，證得一切法皆無自性。若不以有分別慧，觀察諸法到底有沒有自性，只是修習『放捨作意』，即放捨注意力，打坐時，只是放鬆，沒有任何所緣境，那麼，他的分別心終究無法究竟滅除，最終無法證得諸法無自性，因為當下缺乏智慧之光，無法照破無明的黑暗。就像世尊說：『從正確的分別心，生起正慧火，回過頭燒毀分別心之樹』，猶如鑽木取火時，所生起的火回過頭燒毀樹枝。若沒有經歷如此的修行過程，以下的情況不應產生：從有漏法生出無漏法、從世間超出世間、從有情成佛、從凡夫成為聖人。因與果二法，完全不相同的緣故。」

【師父分析：前面外道質疑，以有分別心的毗婆舍那慧為因，不可能生出無分別的現證空性慧，因為因果二法完全不同類。宗喀巴廣引經論破斥外道邪說，甚至連《修習次第‧中篇》也說，若沒有修習有分別的毗婆舍那，便無法成就現證空性慧，也就是說，沒經歷分別觀察慧，便不可能「從有漏法生出無漏法、從世間超出世間、從有情成佛、從凡夫成為聖人」；換句話說，若能精進修習觀慧，即使因地與果地看似不同類，照樣能成就「從有漏法生出無漏法、從世間超出世間、從有情成佛、從凡夫成為聖人」。】

龍樹菩薩的《釋菩提心論》說：「若修行人執著實有的心很強烈，他就不可能證得空性。如來能區別能所二取心，但他見不到能取心的實有和所取對象的實有。修行者把『能所』執為實有的話，他便未覺悟。」這裡所講的，不是破除能所分別，也不是破除分別觀察慧，如果破除能所分別及分別觀察慧的話，與《釋菩提心論》中，以多種法門修觀而抉擇空性真實義的主張，互相違背。

【師父分析：因為龍樹主張使用毗婆舍那之觀慧，以確定空性是真實義，所以，一定要動用分別觀察慧，以取得最終的修行成就。在此情況下，龍樹不可能同時主張要破除分別觀察慧。】

若佛陀看不見「能所分別心」及「分別觀察慧」此二

心，就表示此二心是不存在的，因此佛陀才會見不到。
【師父分析：實際上，佛有看見此二心，他只是沒看見此二心的實有，而非沒看見此二心的存在現象。例如：我們看見椅子的存在現象，但不會認為椅子實有，因為椅子若是實有，將永遠不會壞掉。】

　　《釋菩提心論》又說：「空性、無生、無我都是修空性，要是把空性、無生、無我執為實有的話，那就是修下劣的空性，並沒有修真正的空性。」這不是破除緣取自性不生而修的空性或無我，而是遮除此種空性或無我之實有而修的下劣空性。

　　【師父分析：我們不破除空性、無生或無我，所要破除的是執為實有的空性、執為實有的無自性和執為實有的無我。其實，把這些勝義諦執為實有，等於法執，這裡主要在破法執。】

　　龍樹菩薩寫的《出世讚》說：「佛宣說的空性，如同甘露，醍醐灌頂，目的是為了要去除一切的顛倒執著，如果又執著佛所說的空性為實有的話，佛說這是極可呵責的，會被佛罵一頓。」

　　也是龍樹菩薩寫的《寶鬘論》說：「外道的我見，原始佛法的無我見，皆無真實性可得，所以，佛在勝義諦上的做法是，一起遮除我見及無我見。」這也是說我與無我

二者皆非實有，所以一起遮除這兩種實有的見地，也就是說，在勝義上沒有實有的我和無我，要遮除的是實有的我和無我，並不是要遮除掉無我，因爲我們所要證得的就是「無我見」，而非證得「無我實有見」。

像前面引用《迴諍論》的說法：「若破除了無自性，那將成爲有自性。」《般若攝頌》說：「菩薩如果執著有漏五蘊的「空性」，就等於他執著實有了，這樣，他並非眞正相信無生。」《般若經》說：「若行於色的空及無我中，又執著色空和無我爲勝義上實有、有自性，這樣便著相了，那就不是行於般若波羅蜜多了。」

宗喀巴解釋以上的引文是執著空性爲實有，若不是如此的話，就不應說「並非眞正相信無生」，因爲當你相信無生時，信本身也是分別心，用分別心來信無生，等於把無生當作一種實有的行相而加以執著，這不是眞正的無生智慧。

【師父分析：眞正的無生智慧，不需要被相信，當你通達「諸法無自性而生」時，你自然會生起無生慧，無生無法用信的，當你去相信「無生」時，你等於把無生當作一種實有的行相而加以相信。所以，眞正相信無生的意思，是指通達諸法無自性，這才是眞相信。如果你未通達，只是看佛法講無生，你就相信，那不是眞相信，那是把無生執爲實有。】

《大品般若經》又說：「若了知諸法無自性，就是行持於般若波羅蜜。」又說：「在任何時刻當中，對於有為法、無為法、惡法和善法，以分別觀察慧在『有為法、無為法、善法和惡法』的安立處上觀察分析，得知這些都沒有一點點的自性，那麼在這個世間，此人可說已進入般若波羅蜜的行列了。」

　　《三摩地王經》說：「對於諸法，以分別觀察慧觀察無我，觀修之後，再好好實修，以此修習為因，能得到涅槃的果報，其他原因不可能得到涅槃的寂滅果報。」

　　而且《心經》中有一段舍利弗和觀自在菩薩的問答，舍利子問：「一位菩薩想要行持甚深的般若波羅蜜多，應當如何修學？」觀自在菩薩回答：「當觀五蘊的自性皆空。」觀自在菩薩並非說觀五蘊皆無，這樣將變成五蘊不存在的意思；觀自在菩薩是說當觀五蘊的自性皆空。

　　【師父分析：漢文心經的翻譯太簡略，只譯成「照見五蘊皆空」，易被讀者誤解為五蘊都是空的、不存在的，讓我重新翻譯的話，肯定譯成「照見五蘊之自性皆空」，這樣就能正確理解五蘊以無自性的現象存在，而不會錯解為五蘊都沒有。如果五蘊都沒有，你怎麼還活著？怎麼還在動？是吧！】

所以，當觀自在菩薩說「觀照五蘊的自性皆空」時，修行者必須動用毗婆舍那的分別觀察慧，正觀察五蘊的自性到底有沒有？觀察五蘊到底是實有？還是幻有？修行者生起精進力，全心全意觀修，不像前面其他宗派所說的全不作意而修，那等於沒在修，只是在休息、放逸懈怠。觀自在菩薩的回答正好與前面其他人的主張完全相反。

龍樹菩薩曾提到，修無常、苦、四聖諦，不管哪一種修法，都只是淨化心的善巧方便而已，在眾多方便當中，最殊勝的就是修諸法無自性這一點。龍樹的《法界讚》說：「能清淨心地之法門，乃是無自性。」

《法界讚》又說：「若是執著自我和我的，將會遍計外界一切法，即執著外界一切法，生起無邊的虛妄分別心，這些都將成為輪迴的因。若能見到二無我 —— 人無我、法無我，將可滅掉輪迴三界的種子。」

《入中論》說：「瑜伽師如果見到我和我所都是自性空的話，他們將得解脫。」所以應當修習無我與無自性。
【師父分析：《入中論》非常廣泛談到法無我和人無我。講到法無我時，分成兩個方向討論，一是講「我自性」不成立，另一個方向講「我所自性」不成立。討論之後，最後一句就是上面所引的原文。】

蓮花戒大師的《修習次第・初篇》引用《入無分別陀

羅尼經》說：「由無作意，斷色等相。」有些人認爲《入無分別陀羅尼經》這一句話，指心全不作意而言，可是，蓮花戒論師的說法並不是這樣，他認爲應該先用智慧觀察對境之後，確定無所得，才不作意，也就是要破除實有之後，對於實有這一點，再也不作意。

【師父分析：以毗婆舍那觀察諸法而確定無實有之後，注意力投向任何色等諸法時，再也不會往實有這方面去想，完全不會注意任何一法爲實有了。並非從未生起慧觀，便對色等諸法毫不注意，不是如此。】

【師父提醒：無想定，不管是內道或外道都有，可說是內外道共通的。入無想定的行者誤認爲那是得解脫，事實上，無想天只是第四禪天的其中一層天，仍在三界內，並沒有解脫，但修行者會誤以爲是解脫，爲了得到解脫的緣故，會去修無想定。無想定怎麼修呢？他們完全不會生起任何想法，心王和心所的一切現行都沒有了。】

《修習次第‧初篇》說：「入無想定修持，不能斷除無始以來的煩惱種子，因爲僅僅以毫無作意的方式來修的話，不能斷除煩惱種子。求解脫者誤以爲無想定就是解脫，以致於他完全不注意色聲香味觸等諸法。」

凡是佛經提到不作意的修法可以斷除對於相的執著的內容，可是，要斷除相執，必須先以分別觀察慧如理觀察

後，才能見到沒有一點點的實有可執著，也就是執以爲實有的所緣不可得，針對如此通達的義理，再安住於正定中。

【師父分析：佛經雖說不作意可以斷除實執，可是，真的不作意就完全可以斷除實執嗎？這是不可能的。要斷除的話，必須先以毗婆舍那之觀慧加以觀察後，見到「對境」無微塵許的實有，此時再安住於那種禪定中，這樣才能斷除實有的執著。】

《修習次第‧中篇》也說：「對於心識本身，也應加以尋思，便能了解心識本身也是空性。這個能悟得空性的心，若我們再去尋找它的自性，就會了知這個能悟得空性的心，事實上也是自性空的。悟得空性而破除對實有的執著，這樣才能悟入無相瑜伽。很明顯的，要先觀察，才能悟入無相；而非什麼都不想，入無想定，這樣無法破除對實有的執著。也要很明顯地說，若只是棄捨作意，且不以智慧觀察法性，那麼一定不能悟入無分別的心性。」

【師父分析：如果什麼都不想，入無想定就能解脫，那麼有一種更快的解脫方法，即什麼都不做，直接睡覺。如果睡覺、什麼都不做，無法解脫的話，也可得知入無想定、什麼都不想，亦無法解脫。想解脫，必須破實有，才不會再執著諸法，不執著諸法，才能解脫。睡覺的人只有睡覺時稍不執著（他可能仍在夢中執著諸法），一覺醒

來，又開始執著諸法；入無想定也是如此，只有入定時稍不執著，一出定後，又開始執著諸法。所以，只要沒經過毗婆舍那之修習，破除實有執、自性執，只是睡覺或入無想定的話，是不可能解脫的。】

這是《修習次第·中篇》引用《寶雲經》的說法，肯定是要先如理觀察，以得真實義，若未得見真實義，心一定無法安住於真實義且無分別運轉。《修習次第·下篇》也說：「經教中宣說，空性是不可思議的，空性是不可能講說的，是不可能用思惟來了解的，超越普通人的心境，空性不是凡夫心的對境，凡夫的心無法如實了解空性的體性，必須用智慧才能加以了解。」

這是破除有些人認為只需聞所成慧和思所成慧就能夠證得甚深空性的錯誤執著。空性，唯有聖者於內在親證，其他人是難以思惟的。前面之所以說「空性是不可思議的，超越普通人的心境」，是為了破除那些對空性所作的非理思惟，執著甚深義為實有，並不是為了破除能夠如理觀察的智慧。若破此如理觀察慧，便違背無量的聖教與正理。

《修習次第》又說：「毗婆舍那之慧觀雖然以有分別心起修，然而，是依著正理而如理作意，所以最終能生出無分別智。樂於此種智慧的人，當修毗婆舍那。」當知此等說法是為了破斥支那堪布的邪說，他的邪說認為雖然不

以教理抉擇真實義，以求得正見，只需做到完全不作意、並安住於當下，便能通達真實義。蓮花戒論師的《修習次第》三篇中引用很多經典來破斥此種說法，最爲重要。

【師父分析：蓮花戒論師所破的支那堪布，其實就是來自中國禪宗的和尚，這件事頗爲著名，再看太虛大師爲支那堪布的翻案文章後，便可理解這件事表面看來，禪宗和尚似乎墮負而歸，實則不然。因爲雙方完全雞同鴨講，不是談同一層面的事。支那堪布這位禪宗和尚講的內容是頓門，蓮花戒講的是漸門，漸門即漸次修學的次第道，處在修行階段；支那堪布講的，已是頓悟後的境界，而非起修階段。雙方觸及的境界，一者在開悟前，另一者在開悟後，當然沒有交集。

如果是我同蓮花戒或宗喀巴討論法義，我肯定會站在他們立足點，讓他們明白禪宗的道理，我會這麼講：「禪宗所說的全不作意，不是起修階段，而是相當於你們所說的修完毗婆舍那後所生起的無分別智，此時親證空性，安住於空性中，無需再分別與抉擇，因爲該分析與抉擇的前面部分，已經全部修完了。親證時，安住於無分別心中，不必再作意，此即是你們依於《瑜伽師地論》九相心住的第九住心——等持，奢摩他得無加行、無功用任運轉道。再以分別觀察慧修習空性，直到親證空性時，此親證空性的無分別智同樣是安住於等持中，當然全不作意，若還需作意，表示毗婆舍那還沒修到四種作意的最後一種作意，

即無功用運轉作意。（四種作意的修法通奢摩他與毗婆舍那，兩者的最後階段皆是無功用運轉作意，即已作意完畢，無需再作意。）」

我相信支那堪布當初如果用藏傳佛法能接受的語言和他們溝通，舉出這些他們承認的經教與修法，相信蓮花戒或宗喀巴便無異議。蓮花戒在強調修行過程，必須如理作意，修習毗婆舍那；支那和尚在講修行結果，該修的已經修完，所作已作，所以不必再作意。只能說我生不逢時，不然我就幫他們調解，佛教史便能化解一場互不理解的事蹟。】

先以分別觀察慧來觀察對境，得到正見後，才能夠入無分別智（無相瑜伽），本論〈毗婆舍那品〉之前，一些道次第的教授中都曾提過，如博朵瓦、阿底峽、總敦巴都講過許多相關的教授。

【師父分析：對境是實有？還是實無？應該先加以觀察後，到底有或無，才有一個決定。如果起修階段就以全不作意的方式來修持，很難悟得空性，很難得到解脫。〈毗婆舍那品〉之前的下、中、上三士道內容中，有很多祖師提到相關的教授。對於瓶子、柱子……等等，我們不需要用正理來觀察，因為現前就可以知道了。但是，對於無我、四諦……等等，這些是凡夫心難以思議的，因此必須先聽聞經論。要了解佛所宣說的經典和論著的意義，就

必須先依止一位可以闡釋無顛倒論義及要訣的善知識，依著他聽聞關於四諦、空性、無我的法義之後，生起聞所成慧，再依著聞所成慧，進一步用思慧加以觀察，生起思所成慧，再實修，依著實修就可以證得果位。如果聽聞時，所聽聞的內容是無自性，思惟時卻全不作意，那麼，聽聞和思惟兩者就毫無關係了。】

　　例如博朵瓦的《碑崩論》說：「有人在聽聞、思惟時，以正理來抉擇無自性，實修時，卻用全不作意的方式來修，這樣的話，聞思和修之間就沒有任何關係了，空性變成另外一個東西，這樣子的修法不連貫，無法對治煩惱。聞思時若是聽聞無自性，修時卻是全不作意，就好像是修一些無關空性的東西一樣。所聽聞、思惟的是無自性，修的時候也應該跟無自性相關，修的時候，應該以緣起、離一異的正理來修，這些才是與空性相關的修法，不管你修的時候是用哪一個正理來做觀察，應該用那些正理來了悟空性，了悟後才安住於無分別心中。這樣的修法，才能對治煩惱，這種修持方法是阿底峽尊者及其弟子所共同認可的。想到達涅槃的彼岸，必須以毗婆舍那的慧觀作為修行的善巧方便。而且要先把『人無我』修好，修好後，『法無我』將如是跟著隨轉。」

　　【師父提醒：這就是我在二十五年前開始弘法之際，就已經一再強調原始佛教「無我義」的重要，在宗喀巴看來，小乘法只修人無我，但你們有沒有看到這裡的重點：

人無我修好後，法無我將跟著隨轉。所以，說到底，還是要先把人無我修好。甚至在我弘法之前，我已經聽到太多弘揚大乘法的人非常不重視基礎的四諦、三法印與禪修功夫，然而，現在你們已經看到《菩提道次第略論》的尾聲，講到大乘法的最高點——空性、法無我，仍不離透過聞思與禪修而先把人無我修好啊！一直以來，我的做法與多數弘揚大乘者相反，後者不斷鼓吹只修大乘而罵小乘，我則是不斷鼓勵大家把原始佛法修好，因為這是一切法的總基礎，唯有基礎修好，你才能成為大乘法中真正的大菩薩，基礎若不足，很容易墮落為《大智度論》所說的「敗壞菩薩」，修行者不可不慎啊！修行非常忌諱好大喜功、誇大不實。切記！慎之！記住：謙虛再謙虛，以最謙卑的心遍學一切法，才是大乘菩提心的本色，絕不可小看小乘法。】

阿底峽尊者也說：「若問誰證得空性？如來的授記是龍樹菩薩，他現見法性諦，他的弟子是月稱菩薩，依著月稱菩薩所傳的教授，也能證得法性諦。」從月稱菩薩一脈傳下來如何證空性的引導法，傳到阿底峽尊者，阿底峽尊者寫了《中觀教授論》；蓮花戒論師也寫了《修習次第》三篇，裡面所講到證空性的教授，意趣是相同的。宗喀巴這裡只是將他們兩人的意趣結合起來做解說，比較廣一點。

修毗婆舍那，主要是緣取空性而修習，在修空性的毗

婆舍那前，需先修六加行、正行、結行、每一座之間所應做的事，尤其應該針對遠離沈沒和掉舉而加以修持，前面都已教過了。

前面〈道前基礎〉所說的六加行法，如下：
一、灑掃居住、修行的處所，莊嚴地安置佛像。

二、不經由諂諛及誑語所得的種種東西，即如法得到的東西，拿來供養佛。

三、接著如《瑜伽師地論‧聲聞地》中所說的，「對治昏沈蓋時，必須起身經行，不要再坐著。除了昏沈蓋，對治五蓋的其餘四蓋時，應於自己禪修的地方，結跏趺坐，好好禪修。」

四、打坐安住後，緣取皈依境、發菩提心，決定讓這樣的心取代粗重煩惱，於當前的虛空觀想「廣大瑜伽行與甚深中觀見」的諸大祖師，也觀想無量的諸佛菩薩、阿羅漢、辟支佛及龍天護法，這些都是我們菩提資糧的福田。

五、若自己的修行資糧不夠，修行沒有順緣，那就要積集資糧，並去除逆緣，令業障獲得清淨。修止的條件不具足的話，禪定也生不起來，所以應修習「七支行願」，七支行願能淨治身心，七支統攝了集資與淨罪。修不上去，無非是資糧積集不夠、罪業尚未淨除。

六、經過集資之後，皈依境一定能明顯，這時要把三千大千世界觀想成釋迦牟尼佛的淨土，以最好的東西供養佛，並且以「猛利意樂」，在佛面前多次祈禱：「唯願諸佛加持：『從不恭敬善知識開始，乃至執著人我、法我二種我相，所有一切顛倒的分別心，急速滅除；從恭敬善知識，乃至通達無我的眞實義，所有一切無顛倒心，急速生起。內外一切障礙的因緣，悉當寂滅。』」

　　上述第五加行的七支行願，意思如下：
　　一、禮敬支
　　「所有十方世界中，三世一切人師子，我以清淨身語意，一切遍禮盡無餘。」緣取十方三世一切諸佛，以至誠心，以身口意三門總禮敬，不是看別人拜而跟著拜，應觀照三門而敬禮諸佛。智軍阿闍黎解釋：「若只是頂禮一佛，所得福德已經是無量，何況緣取十方三世一切佛。」

　　二、供養支：分爲上供及無上供
　　上供：「以諸最勝妙華鬘，伎樂塗香及傘蓋，如是最勝莊嚴具，我以供養諸如來。」
　　無上供：「我以廣大勝解心，深信一切三世佛，悉以普賢行願力，普遍供養諸如來。」

　　三、悔罪支
　　「往昔所造諸惡業，皆由無始貪瞋癡，從身語意之所

生，一切我今皆懺悔。」

四、隨喜支
「十方一切諸眾生，二乘有學及無學，一切如來與菩薩，所有功德皆隨喜」。

五、勸請轉法輪支
「十方所有世間燈，最初成就菩提者，我今一切皆勸請，轉於無上妙法輪。」

六、請住世支
「諸佛若欲示涅槃，我悉至誠而勸請，惟願久住剎塵劫，利樂一切諸眾生。」

七、迴向支
「所有禮讚供養福，請佛住世轉法輪，隨喜懺悔諸善根，迴向眾生及佛道。」

14・成就慧觀之證量

【原文】

由如是善觀察慧觀察修習，乃至未生如前輕安，是為隨順毘婆舍那。已生輕安，即是真實毘婆舍那。輕安體性與生起之理，俱如前說。此是已成正奢摩他未嘗退失，亦有由彼所生輕安，故非略有輕安便足，要由觀修自力能引輕

安方成毘婆舍那。緣盡所有性與緣如所有性之二種毘婆舍那，此理相同。如解深密經云，「世尊，若諸菩薩乃至未得身心輕安，於如所思所有諸法內三摩地所行影像，作意思惟，如是作意當名何等。慈氏，彼非毘婆舍那，是隨順毘婆舍那勝解相應作意。」般若教授論亦云，「彼由獲得身心輕安為所依止，即於如所善思惟義內三摩地所行影像，勝解觀察，乃至未生身心輕安，是名隨順毘婆舍那所有作意。若生輕安，即名毘婆舍那。」若能自力引生輕安，亦能引生心一境性。故由觀修自力引奢摩他，是先已得奢摩他之功德，如是善成奢摩他者，即觀察修亦能助成勝奢摩他。故不應執凡觀察修，便令住分減少。

　　按照前面所說的毘婆舍那修法，好好觀察與修習，會生起輕安，輕安還沒生起前，稱為隨順毘婆舍那；輕安已生起後，稱為真實毘婆舍那。輕安的體性與生起的原理，前面皆已說過了。

　　【師父分析：前面引用許多佛經、印度學者的論著、其他宗派的主張、自宗的主張，及如何做毘婆舍那的觀修，因為宗喀巴引經據典、全部都放在一起講，就會變成非常廣泛而難以了解，會使我們覺得沒有一個肯定的了解，所以，這裡再幫大家做一個修法的歸納。

　　實修空性的毘婆舍那時，一些資糧必須先準備好，資糧的部分已經講過了。修空性的毘婆舍那前，一定要先聽

聞空性的法義與相關論著，然後將所聽聞的法義加以思惟，用思惟的智慧加以觀察。

心中肯定空性的法義後，以止觀的「止」來修，先修成奢摩他。成辦奢摩他有一些方法，宗喀巴主要引用了《瑜伽師地論》的九相心住，達到第九住心時，止的修行就告一個段落了。

成就奢摩他後，接著就是要暫時放下止的修習，轉而用智慧去修觀，之後「止」和「觀」兩者輪流修。當你修觀時，若發覺心散亂到外境，此時要換成修止，也就是止、觀在尚未穩定的階段，須輪流修。

成就奢摩他之後，如果還持續修止的話，會使你不想積聚福德資糧，也不想修觀，發生這種情形，就要改成修觀，也就是用毗婆舍那的方式來修。如果修觀的力量太強，心容易渙散出去，先前修好的奢摩他有可能退轉，此時，應轉修止。所以，每一個當下，行者需根據當下的狀況、視自己的情況而決定怎麼修。心太渙散，就修止；沒有興趣去修觀時，或心昏沈時，那就要修觀，完全靠行者的修行經驗來決定。

事實上，宗喀巴在《略論》提到的止觀方法，沒有智者大師在《小止觀》裡面講得那麼活，《小止觀》更活用止觀。因為宗喀巴講修止或修觀所面對的情況是固定的，

例如心渙散就修止，心昏沈就修觀，模式完全固定；但是，智者大師說這種對治法無效時，就應「轉治」，例如心渙散時，本來應修止，修止若無效，則應轉修觀。心昏沈時，本來應修觀，修觀若無效，則應轉修止。不應呆呆地死守對治法，還要懂轉治法。智者大師確實把止觀修法的應用發揮到極致。

總之，止觀用輪流修的方式一直修下去，修到有朝一日，內心不僅可以非常專注地緣取奢摩他的所緣境，又可以同時修觀，當止觀二者可以同時進行時，那麼，修行者的身心會感受到極大的喜樂。當他生起這種極大安樂的感覺時，就表示他已經得到身心輕安，成就了止觀雙運，得到真正的毗婆舍那。若無輕安的感覺，就算你修得很專注，只能算是隨順毗婆舍那。】

先前已修成奢摩他，如果奢摩他沒有退失，禪定已經可以得到身心輕安，但還有比這個更殊勝的身心輕安，也就是毗婆舍那的身心輕安。然而，不能以禪定所得的輕安為滿足，還沒有修成真正的毗婆舍那之前，應不斷修持。

緣取盡所有性的毗婆舍那，需要由不斷修觀的力量來引生輕安；緣取如所有性的毗婆舍那也是如此。修毗婆舍那之前，雖然已經修成奢摩他，可是，在還沒有生起由毗婆舍那所引發的輕安之前，所修的毗婆舍那只是「隨順毗婆舍那」而已，生起輕安，才是真正的毗婆舍那。

《解深密經》的〈彌勒請問品〉說：「世尊！如果諸菩薩還沒修得身心輕安，那麼在禪定中思惟諸法的那些影像，注意力投向影像而加以思惟，這樣子的作意，叫做什麼呢？彌勒！那不是真正的毗婆舍那，只是隨順於毗婆舍那而於所緣境不移轉的相應作意。」

　　《般若教授論》也說：「修行者由獲得奢摩他所生起的身心輕安為基礎，對於禪定中所生起的影像，注意力不移轉地觀察，如果沒有進一步生起毗婆舍那的身心輕安，稱為隨順毗婆舍那的作意；若生起輕安，即稱為真正的毗婆舍那。」

　　若能經由毗婆舍那引生輕安，當然也能引生「心一境性」——禪定五禪支之一。所以，修習毗婆舍那，卻引發奢摩他的禪定，這是因為你之前已經修成奢摩他的功德。【師父分析：你先修得禪定，禪定的功德助你在修觀的時候，也引發禪定的心一境性。】

　　所以，善於修習奢摩他並已得成就的人，即使修觀，也能使奢摩他轉更殊勝。故不應該誤以為修習毗婆舍那，只會讓定力減少。【師父分析：這是一個良性循環，定力幫助你修成觀慧，觀慧又助你的定力轉更殊勝，更殊勝的定力又幫助你的智慧再往上提高，相輔相成，成為無限的良性循環。】

15・止觀雙運的方法

【原文】

若未獲得如前成就止觀量時所說之止觀，則無可雙運。故雙運時，必須先已得止觀二法。此復初得毘婆舍那時，即得雙運。其中道理，謂依先得正奢摩他，修觀之力，若時獲得如前奢摩他時所說，不作行任運運轉作意，即成雙運。聲聞地云：「齊何當言奢摩他毘婆舍那二種和合平等俱轉，由此說名雙運轉道。答：若有獲得九相心住中第九相住心，謂三摩呬多。彼用如是圓滿三摩地為所依止，於觀法中修增上慧。彼於爾時由觀法故任運轉道無功用轉，如奢摩他道不由加行，毘婆舍那清淨鮮白，隨奢摩他調柔攝受。齊此，名為奢摩他毘婆舍那二種和合，平等俱轉，由此名為奢摩他毘婆舍那雙運轉道。」修次下篇云：「若時遠離沈掉，平等俱轉，任運轉故，於真實義心最明了，當緩功用而修等捨。當知爾時，是名成就奢摩他毘婆舍那雙運轉道。」是從得真實毘婆舍那之界限而立。般若教授論云：「其後即緣有分別影像。若時彼心無間無缺作意相續，雙證二品，爾時說名止觀雙運轉道。止觀為雙，運謂具足，即互繫而轉也。」言無間缺，謂不須放置觀修別修無分別住，即由觀修便能引生無分別住。雙證二品，謂證緣無分別影像之奢摩他，與緣有分別影像之毘婆舍那。言相續者，謂觀察之觀與觀後安住之止，二非同時。然以觀力引生真實奢摩他時，則緣如所有性擇法之觀，與專住如所有性之三摩地止，相應俱轉。爾時止觀和合，即所謂平

等俱轉。然此要得修所成慧後始有。若僅不壞無分別止，兼能觀察無我空義，猶如小魚遊靜水中，只可說是止觀隨順，全無真實止觀雙運之義也。

如是止觀雙運之理，當知如彼清淨教典所說。餘增益說，不可憑信。菩提道次第之正理決擇，教證，修法，俱如廣論應知。

　　如果沒有獲得前面提及「成就止觀證量」時所說的真正止觀，則無法雙運。所以雙運之時，必須先修得止觀二法。當你獲得奢摩他後，修毗婆舍那而引生輕安，剛剛獲得真正的毗婆舍那時，便成就了止觀雙運。並不是依次證得「止、觀、止觀雙運」，而是當你剛證得觀時，便能成就止觀雙運。這裡面的道理，依於奢摩他之力而修毗婆舍那，若毗婆舍那的作意，能修到像奢摩他第九住心無功用、無加行、又任運而轉的地步，便成就止觀雙運。

　　《瑜伽師地論‧聲聞地》說：「什麼情況才能說奢摩他與毗婆舍那二種能和合且平等一起運轉，因而稱為雙運轉道呢？答：如果有人獲得九相心住的第九相住心，稱為三摩呬多，修行者使用如此圓滿的三摩地為基礎，於毗婆舍那中修持，令智慧增進，那個時候，毗婆舍那如果能修到像奢摩他那樣不必再加行，毗婆舍那便能任運而轉，不必再用功，也能運轉。此時，毗婆舍那的心非常清淨與鮮白，心也隨著奢摩他而更調柔、更攝受。到了這個狀態，稱為奢摩他與毗婆舍那二種和合且平等一起運轉，由此稱

為止觀雙運轉道。」

《修習次第·下篇》說：「此時若遠離沈沒與掉舉，心就能維持在平等心，很任運地安住在所緣境上而轉，這是心的最佳狀態，對於空性的真實義，心最清楚明了。達到此最佳狀態後，應當捨下用功的力度，令心自然而然維持在平等的最佳狀態。當知這個時候，稱為成就止觀雙運轉道。」

所以，止觀雙運的成立，是從有沒有達到真實之毗婆舍那的界限而說的。【師父提醒：真實毗婆舍那是相對於隨順毗婆舍那而立的，兩者的法義，之前已經說過，不明就裡的人請往前查找內容來看。】

《般若教授論》說：「修完奢摩他後，接著緣取有分別影像修毗婆舍那。如果心安住所緣能修到沒有間斷的地步，此時的相續作意便能雙證止觀二品，稱為止觀雙運轉道。止與觀，即是一雙，運意指具足，即止與觀綁在一起而運轉。」之所以說沒有間斷，指不需要捨掉毗婆舍那，另外修奢摩他，不必如此。修觀的同時，便能引發無分別的止。

【師父分析：奢摩他的所緣為無分別影像，毗婆舍那的所緣為有分別影像。修止的時候，心無需分別什麼道理，只需盯住一個對象，持續地安住，例如盯住呼吸，

無分別地安住，直至入定，故呼吸爲無分別影像；修觀的時候，心需分別某種神聖的眞理，除了持續盯住一個對象外，還要持續地分析，例如盯住空性，有分別地安住，直至分析透徹、通達諸法確實不離空性之理，故空性爲有分別影像。無分別影像及有分別影像皆有很多例子，這裡只是各舉一例。】

雙證二品，意指同時證得「緣取無分別影像的奢摩他」與「緣取有分別影像的毗婆舍那」。所謂的相續，原本止和觀的心識只能輪流出現，因爲止和觀輪流修的緣故，止的心識和觀的心識無法同時生起，但是，到了後面已經以毗婆舍那的力量引生出眞正的奢摩他，此時緣取如所有性的毗婆舍那和專住於如所有性的三摩地（奢摩他）兩者就會同時運轉，跟前面是不一樣的。前面的無間無缺作意，兩者的相續還是有前後之別，止觀二者不能在同一個心識上運轉。到了後面，因毗婆舍那的力量，引生了眞正的奢摩他，此時緣取如所有性和專住於如所有性的止和觀二者就可以同時運轉了。

到了這個時候，止觀融和在一起，即所謂的平等一起運轉。然而，這種成就要得到「修所成慧」之後，才會有止觀雙運。若尙未成就修所成慧，僅在無分別之奢摩他的狀態，用毗婆舍那觀察無我空性的意義時，猶如小魚游在平靜的水中，這種狀態還不能稱爲眞正的止觀雙運，只能稱爲隨順的止觀雙運而已。必須得到修所成慧之後，才能

稱爲眞正的止觀雙運，猶如小魚逆流而上，游回本源處。

　　以上止觀雙運的道理，當知皆如那些清淨的教典所說的道理。其他加油添醋的講法，沒有憑據，不可冒然相信。菩提道次第的正理抉擇、教證、修法，皆如《菩提道次第廣論》裡說的，應明白。

　　願以此弘揚佛法的功德，迴向一切有情離苦得樂
　　並迴向在大寂靜精舍供佛點燈的所有大德
　　也迴向捐款建寺、供養師父、助印經書的所有大德
　　祝福他們熄滅貪瞋癡，增長戒定慧
　　身證五分法身，體證三德祕藏

NOTE

NOTE

NOTE

NOTE

國家圖書館出版品預行編目資料

修習止觀之鑰：《菩提道次第略論‧上士道‧止觀品》解說 /
宗喀巴大師造論；法尊法師翻譯；大寂法師解說. -- 初版. -- 臺中
市：釋大寂出版；2022.05
　　面；　　公分. - -（實修實證系列；04）
ISBN 978-957-43-9332-9（平裝）

226.962　　　　　　　　　　　　　　　　　110015594

實修實證系列　004

修習止觀之鑰：《菩提道次第略論‧上士道‧止觀品》解說

造　　論　宗喀巴大師
翻　　譯　法尊法師
解　　說　大寂法師
印　　刷　華夏出版有限公司
　　　　　電話：02-32343788　傳眞：02-22234544
出 版 者　釋大寂
編 輯 部　大寂靜學會
　　　　　台中市梧棲區忠義路 92 巷 42 號
　　　　　電話：0920190822
總 經 銷　貿騰發賣股份有限公司
　　　　　電話：02-82275988　傳眞：02-82275989
　　　　　網址：www.namode.com
版　　次　2022 年 5 月初版一刷
特　　價　新台幣 500 元　　（缺頁或破損的書，請寄回更換）

ISBN13：978-957-43-9332-9
護持師父帳號：台灣銀行004信安分行
　　　　　　　240004159308 郭濟源（大寂法師）
尊重智慧財產權‧未經同意，請勿翻印（Printed in Taiwan）